토론으로 다지는
한 학기 한 권 읽기

토론으로 다지는
한 학기 한 권 읽기

초판 1쇄 인쇄 2019년 8월 26일
초판 1쇄 발행 2019년 8월 30일

지은이 | 박인보, 김택신, 김주현, 기세령, 권진아, 김형원, 유영석, 한승진, 권정희
펴낸이 | 박수길
펴낸곳 | (주)도서출판 미래지식
편 집 | 김아롬
디자인 | 플러스

주 소 | 경기도 고양시 덕양구 통일로 140 삼송테크노밸리 A동 3층 333호
전 화 | 02-389-0152
팩 스 | 02-389-0156
홈페이지 | www.miraejisig.co.kr
전자우편 | miraejisig@naver.com
등록번호 | 제 2018-000205호

ISBN | 979-11-90107-16-7   13370

이 도서의 국립중앙도서관 출판예정도서목록(CIP)은 서지정보유통지원시스템 홈페이지(http://seoji.nl.go.kr)와
국가자료종합목록 구축시스템(http://kolis-net.nl.go.kr)에서 이용하실 수 있습니다.
(CIP제어번호 : CIP2019030772)

미래지식은 좋은 원고와 책에 관한 빛나는 아이디어를 기다립니다.
이메일(miraejisig@naver.com)로 간단한 개요와 연락처 등을 보내주시면
정성으로 고견을 참고하겠습니다. 많은 응모 바랍니다.

토론으로 다지는
한 학기
한 권 읽기

서울초등토론교육연구회(박인보, 김택신, 김주현,
기세령, 권진아, 김형원, 유영석, 한승진, 권정희) 지음

미래지식

깊이 있는 독서와 생각이 깊어지는 토론

서울초등토론교육연구회Seoul Educational Debate Association는 학생들이 즐겁고 깊이 있게 책을 읽을 수 있는 여러 방법을 연구하는 모임입니다. 우리는 깊이 있는 독서를 위한 가장 효과적인 방법 중 하나인 토론을 널리 확산하기 위해 다양한 방법으로 노력하고 있습니다. 본 연구회는 20년 가까운 긴 세월 동안, 수업과 학급 운영에 활용할 수 있는 다양한 토론 기법과 적용 방법을 연구해왔습니다. 그뿐만 아니라 서울시초등학생독서토론대회 등을 통해 독서 토론 문화의 확산에 앞장서며 학생들이 책을 온전히 읽고 토론하면서 깊이 있는 생각을 구성할 수 있게 돕고 있습니다.

최근 교육과정에 도입된 '한 학기 한 권 읽기' 역시 그동안 연구회에서 진행하던 토론 중심 수업과 본질적으로 같은 내용입니다. '읽기-생각 나누기-표현하기'로 이루어지는 '한 학기 한 권 읽기'의 구성은 연구회에서 실천해오던 '독서-토론-논술'과 같은 맥락이기 때문입니다.

독서를 하고 좀 더 깊이 있는 생각으로 나아가기 위해서는 타인과의 토론이 필수적입니다. 토론은 우물 안 개구리의 시선에서 좀 더 넓은 지평을 접할 수 있도록 도와주며, 그것은 깊은 생각으로 나아가는 바탕이 됩니다. 최근 토론이 생각하는 힘을 키우는 데 중요하다는 인식이 확산되면서 교육방법론으로 각광받고 있지만, 학생들과 토론하는 것은 실제로 쉽지 않은 일입니다. 교사의 지도서에 '한 학기 한 권 읽기'를 위한 내용이 제시되어 있지만, 대화와 토론을 통한 깊이 읽기의 방안과 사례가 구체적으로 제시되어 있지는 않습니다. 그래서 '한 학기 한 권 읽기'가 도입되었지만, 이를 실시하는 데 있어 교사들이 가장 지도하기 어려워하는 부분이 바로 '생각 나누기(대화와 토론)'입니다.

이러한 문제의식을 바탕으로 '한 학기 한 권 읽기'를 실행하는 교사들에게 실질적인 도움이 될 수 있는 자료를 만들어보자고 이 책을 기획하게 되었습니다. '한 학기 한 권 읽기' 도입에 맞춰 그동안 연구해왔던 것들을 바탕으로 '토론을 중심으로 하는 한 학기 한 권 읽기'를 연구해보기로 한 것입니다.

'한 학기 한 권 읽기'를 지도하는 교사들에게 실질적으로 도움이 되는 자료를 만들기 위해서 연구회원들이 먼저 '한 학기 한 권 읽기'를 토론 중심으로 실행해보았습니다. 책을 선정하여 학생들과 함께 다양한 방식으로 읽고, 대화와 토론을 하면서 좀 더 깊이 있게 읽어보고, 읽어낸 의미를 다양한 방식으로 표현하기도 하면서 '한 학기 한 권 읽기'를 실천해 나갔습니다. 이러한 실행을 바탕으로 매달 자체 세미나를 열고, 책의 구성부터 실행과 검토에 이르기까지 수많은 논의를 했습니다. 밤늦은 시간까지, 때로는 주말에도 만나서 좀 더 좋은 실행 방안에 대해 고민하며 만들어낸 결과물을 이 책에 고스란히 담았습니다.

이 책은 교사들이 교실에서 바로 활용할 수 있는 구체적인 방법을 얻을 수 있도록 하자는 의미에서 시작한 만큼, 이론서라기보다 실용서에 가깝습니다. 어떤 종류의 책을 골라서 '한 학기 한 권 읽기'를 실시하더라도 참고가 될 수 있도록 다양한 장르의 사례를 수록하고, 실행 방안도 구체적이고 자세하게 안내하였습니다. 실제로 실행할 때 겪을 수 있는 문제점이나 고민들에 대한 나름의 해결 방법도 제시하였으며, 학생들의 결과물과 학습지도 부록으로 수록하였습니다.

이 책을 만들기 위해 '한 학기 한 권 읽기' 활동에 참여해준 학생들은 어느새 책 읽기를 좋아하게 되었고, 책을 읽고 토론하는 것을 즐거워 하게 되었습니다. 이러한 학생들의 변화는 연구회원들에게도 큰 보람으로 돌아왔습니다. 이 책을 바탕으로 현직에 있는 많은 교사 및 학부모들이 '한 학기 한 권 읽기'를 성공적으로 실행해 수많은 학생이 즐겁고 깊이 있는 독서를 경험하길 희망합니다.

저자를 대표하여

교사 박인보

1. 이 책의 특징

이 책은 '한 학기 한 권 읽기'의 3단계인 '읽기', '생각 나누기', '표현하기'를 모두 다루되 특히 '생각 나누기'에 좀 더 초점을 맞추어 집필되었습니다. '읽기(독서)'와 '표현하기(논술)'에 비해 '생각 나누기(대화와 토론)'는 학생들을 '말하게' 해야 하므로 실행하는 데 실질적인 어려움이 많습니다. 물론, '읽기'와 '표현하기'도 제대로 하려면 쉽지 않지만, '생각 나누기'에 비해 쉽게 실행할 수 있다고 생각합니다. 하지만 이러한 '읽기-표현하기'가 잘못 실행되면 '독서하고 감상문 쓰기'만 하는, 학생들이 가장 싫어하고 지루해하는 형태의 교육으로 변질되어 독서 의욕을 떨어뜨리게 만드는 주된 원인이 됩니다.

'생각 나누기'에 초점을 맞추는 것은 단순히 읽고 쓰기만 하는 독서 교육에서 벗어나 학생들의 사고 과정에 집중하여 책을 좀 더 깊이 읽게 하기 위함입니다. 책을 읽고 마치 놀이처럼 즐길 수 있는 다양한 '생각 나누기' 활동들을 통하여 좀 더 풍부하고 다양하게 사고하면서 내용적인 깊이를 더하는 것입니다. 혼자 책을 읽고 생각하고 표현하는 것에 비해 독서 토론과 같이 공동체적인 사고 과정을 거친 후 표현하는 것에는 질적인 차이가 있기 때문에 '생각 나누기'의 과정은 매우 중요합니다. 그래서 본 연구회는 십수 년 전부터 함께 생각을 나누는 '대화와 토론'을 중심으로 독서하는 방법에 대해 고민하고 연구해왔습니다.

이 책에는 교사가 중심이 되어 발문하며 사고 과정을 유도하는 대화 유형부터, 학생들이 중심이 되어 독서한 내용을 토론하는 자세한 과정 및 방법이 들어있습니다. 그리고 실제 학생들과 책을 읽고 토론할 때 겪는 어려움과 이를 해결하는 방법에 대한 팁이 있습니다. 이를 통해, 학생들이 즐겁게 읽고 생각을 나누며 표현하는 '한 학기 한 권 읽기'를 만들어나갈 수 있을 것입니다.

또한, 다양한 종류의 텍스트(그림 동화, 전래 동화, 성장 소설, 역사 소설, 고전 문학, 시)를 대상으로 한 '한 학기 한 권 읽기'의 사례를 모아 참고가 될 수 있도록 하였습니다. 특히, '시'로도 '한 학기 한 권 읽기'를 실행할 수 있으며 어떻게 진행하는지도 사례를 통해 자세히 살펴볼 수 있습니다. 아울러 '한 학기 한 권 읽기'를 실시하는 시기는 3학년부터이지만 1, 2학년을 대상으로도 얼마든지 실천할 수 있기에 1, 2학년의 사례를 넣어 저학년도 즐겁고 깊이 있는 독서를 실천할 수 있게 구성하였습니다.

2. 이 책의 활용법

1. 이 책은 학교에서 학생들과 '한 학기 한 권 읽기'를 실천하는 교사들에게 필요한 정보를 제공하기 위한 책입니다. 하지만 즐겁고 깊이 있는 독서를 경험하고자 하는 학부모, 독서 지도사, 일반인 등 누구든지 활용할 수 있습니다.

2. 책의 장르별로 '한 학기 한 권 읽기' 사례를 제시하였습니다. 여기서 소개된 내용을 참고한다면, 다른 책으로도 '한 학기 한 권 읽기'를 실시할 수 있습니다.

3. '한 학기 한 권 읽기'의 진행은 가급적 차시를 나누어 제시하지 않았습니다. '한 학기 한 권 읽기'를 실천하는 분들이 단순히 이 책의 흐름을 그대로 따르기보다는 교사의 역량, 학급 학생들의 수준과 특성 등 다양한 상황과 맥락을 고려하여 적절한 호흡을 가지고 실천하길 바라기 때문입니다. 그렇게 하지 않으면 깊이 읽기가 제대로 이루어지기 어렵습니다. 책에 제시된 흐름과 상관없이 좀 더 시간이 필요한 부분은 차시를 늘리고, 건너뛸 것은 건너뛰고, 줄일 부분은 줄이면서 상황에 알맞은 흐름을 찾길 바랍니다.

4. 이 책의 내용을 전부 다 활용할 수도, 관심 있는 부분만 선별하여 활용할 수도 있습니다. 제시된 사례 중에서 필요한 부분들만 골라서 적절히 조합하여 활용하고, 나머지는 각자의 아이디어로 채워나가는 것도 좋은 방법입니다.

5. 전체를 활용하지 않고 장르별로 골라서 사용할 수도 있습니다. 만약 관심 있는 분야가 '그림 동화'라고 한다면, 다른 부분을 읽지 않고 그림 동화와 관련된 부분만 읽어보고 활용할 수 있게 장르별 내용을 완결성 있게 구성하였습니다.

6. 학생들의 독서 토론 지도나 동아리 운영 등에도 참고할 수 있습니다. 기본적으로 독서 토론을 중심으로 원고가 구성되고, 그와 관련된 다양한 운영 노하우들이 제시됩니다. 다양하고 체계적인 독서 토론 실전 방법들은 독서 토론 동아리를 운영하는 데에도 많은 도움이 됩니다.

차례 c o n t e n t s

첫 번째로 만나는 '한 학기 한 권 읽기'
우리나라 그림 동화 김택신

두 번째로 만나는 '한 학기 한 권 읽기'
외국 그림 동화 김주현 · 기세령

5 다섯 번째로 만나는 '한 학기 한 권 읽기'
역사 소설 박인보·권진아

6 여섯 번째로 만나는 '한 학기 한 권 읽기'
고전 문학 유영석

7 일곱 번째로 만나는 '한 학기 한 권 읽기'
동시 한승진·권정희

부록 '한 학기 한 권 읽기'를 위한 학습지

'한 학기 한 권 읽기'에 대해서

1. 독서 토론의 구체적인 실천 과정을 담아

독서의 중요성은 누구나 알고 있습니다. 그래서 부모님과 선생님들은 학생들에게 책을 많이 읽히려고 합니다. 그러나 독서의 중요성에 비해 어떻게 읽혀야 제대로 독서를 하는 것인지에 대한 관심은 소홀한 편입니다. 최근 하시모토 다케시はしもとたけし의 '슬로 리딩Slow reading' 학습법은 책을 어떻게 읽어야 잘 읽는 것인가에 대한 우리의 관점을 전환시켜주었습니다. 그는 교과서 대신 소설 한 권을 3년에 걸쳐 천천히 읽으며 다양한 방면으로 텍스트에 접근하면서 마치 놀이하듯 책을 읽는 방법을 학생들에게 가르쳐주었습니다. 그리고 그러한 접근법은 하나의 책을 자연스럽게 아주 깊게 읽도록 만들었으며, 학생들이 크게 성장하는 계기가 되었습니다.

이러한 '슬로 리딩'의 영향과 확산은 기존의 독서 방법을 되돌아보게 하였고, 한 권의 책을 읽더라도 즐겁게, 깊이 있게 읽어보자는 움직임이 생겨났습니다. 이는 '양적 독서'에서 '질적 독서'로의 전환이며, 그러한 움직임이 교육과정에 반영된 것이 '한 학기 한 권 읽기'입니다. 사실 꼭 '슬로 리딩'의 영향만이 아니더라도, 교과서라는 지면의 한계로 인해 작품 전체를 온전히 읽을 수 없다는 문제가 끊임없이 제기되어 왔습니다. 그래서 책 한 권을 온전히 그리고 깊이 있게 읽으며 책을 읽는 즐거움을 느낄 수 있도록 하자는 것이 '한 학기 한 권 읽기'를 교육과정에 도입하게 된 취지입니다.

'한 학기 한 권 읽기'는 '읽기-생각 나누기-표현하기' 3단계로 구성되는데, 이는 '독서-토론-논술'의 흐름과도 일맥상통합니다. 책 한 권 혹은 그 이상의 책을 읽고 토론하고 논술하는 형태의 교육은 학교 현장에서 상당히 오래전부터 실행되었습니다. 서울시 교육청은 이미 10여 년 전부터 교과서 및 그 외의 텍스트를 활용하여 '독서-토론-논술'을 연계하면서 깊이 있게 책을 읽는 방안들을 장학 자료로 내놓고 연수를 진행해왔으며, 본 연구회도 그동안 서울시초등학생독서토론대회, 교사 연수 등을 통해 그 역사를 함께하며 실천해왔습니다.

책 한 권을 깊이 있게 읽기 위해서, 특히 개인적인 사고를 넘어 좀 더 발전적인 사고로 나아가기 위해서는 타인과 책을 읽은 내용으로 논의해보는 '독서 토론'의 경험이 매우 중요합니다. '한 학기 한 권 읽기'의 '생각 나누기' 부분은 이러한 독서 토론의 형태와 가깝습니다. 본 연구회는 십여 년 이상 독서 토론을 실천해온 노하우를 바탕으로 독서 토론 과정이 구체적으로 어떻게 진행되는지 이 책에 상세하게 소개하였습니다.

2. 질적인 독서를 위한 '한 학기 한 권 읽기'

2018년부터 '한 학기 한 권 읽기'가 초등학교 3, 4학년을 필두로 하여 고3까지 향후 10년간 지속적으로 실시됩니다. 다가올 미래 사회를 사람답게 살아가기 위해서는 인간애, 창의력, 협업과 소통 능력 등이 필요합니다. 이런 능력은 질문하며 책을 읽고, 함께 생각을 나누면서 기를 수 있습니다. 이를 위해, 국어 수업 시간에 글의 일부가 아닌 책 한 권을 온전히 읽고, 친구들과 자유롭게 생각을 나누며, 배우고 정리된 생각을 글로 쓰고, 발표하고, 만드는 '한 학기 한 권 읽기' 수업을 실행합니다. 이러한 수업을 학기마다 실시하고 10년간 지속하면서 학생들의 비판적·창의적 사고 역량, 자료·정보 활용 역량, 의사소통 역량, 공동체·대인 관계 역량, 문화 향유 역량, 자기 성찰·개발 역량을 키워주고자 하는 것입니다.

'한 학기 한 권 읽기'는 국어 교과에 '독서 단원'의 형태로 들어와 있습니다. 따로 교육과정을 재구성해야만 할 수 있었던 독서 토론을 쉽게 할 수 있는 길이 열린 것입니다. '한 학기 한 권 읽기'를 하면서 학생들은 독서하고 생각을 나누고 표현하는 즐거움을 느낄 수 있을 것입니다. '즐거움'은 무언가를 행하는데 있어, 강력한 동기이며 원동력입니다. 하지만 학생들이 독서의 참맛을 느껴보지 않고서 독서의 즐거움을 느끼기는 어렵습니다. 그래서 교사는 다양한 방법을 마련하여 학생들이 독서의 즐거움을 느끼도록 노력해야 하며, 이러한 과정을 통해 학생들은 책을 읽고 생각을 나누고 표현하는 것을 즐기게 되며 평생 독자로 성장할 것입니다.

이를 위해서, '한 학기 한 권 읽기'는 독서 결과물이나 독후감 등 독서의 결과만 가지고 평가하지 않아야 합니다. 그리고 먼저 독서할 수 있는 환경과 독서의 즐거움을 느낄 수 있는 분위기를 만드는 데 집중하고, 독서 후 생각하는 과정에 관심을 기울이는 형태로 운영되어야 합니다. 결국, '한 학기 한 권 읽기'는 단순히 책만 많이 읽는 양적 독서에서 벗어나 질적으로 깊이 있는 독서를 하고, 독후 활동 위주로 진행되던 결과 중심 독서에서 생각을 자라게 하는 사고 과정 중심 독서로 변화하기 위함입니다. 이러한 과정을 통해 학생들은 독서의 즐거움을 알고 사고력을 향상시키며 바른 인성을 함양할 수 있습니다.

3. '한 학기 한 권 읽기'의 진행 순서

'한 학기 한 권 읽기'는 기본적으로 '읽기-생각 나누기-표현하기'의 세 단계로 되어 있으나 반드시 그렇게 진행되어야 하는 것은 아닙니다. 읽고 표현한 뒤 생각 나누기를 할 수도 있고, 생각을 먼저 나누어본 후 읽어나갈 수도 있습니다. 여기서는 '한 학기 한 권 읽기'의 일반적인 절차와 그 과정에서 할 수 있는 활동들을 소개하지만, 진행 순서는 책의 성격 등 다양한 상황 맥락을 고려하여 교사가 재량껏 조정합니다.

1. 읽기

1) 읽기 전 활동

읽기 전 활동은 작품에 대한 흥미를 불러일으키고, 작품 이해를 위한 배경지식을 활성화하기 위한 목적을 가지고 있습니다. 제목과 표지를 보면서 어떤 내용일지 예측해보기, 글쓴이(상황에 따라 그린이, 옮긴이까지)가 누구이고 어떤 사람인지 살피기, 책과 관련하여 알고 있는 것이나 경험한 것 떠올리기, 목차 살펴보기 등 다양한 방법을 통해 각종 배경지식을 활성화하여 책을 가깝게 느끼고, 이해를 돕습니다.

2) 읽기 중 활동

읽기 중 활동은 학생 스스로 텍스트 내용을 파악하고 나름의 의미를 구성하면서 읽어나갈 수 있도록 진행합니다. 이를 위해 전체적으로 훑어 읽기, 책 읽어주기, 교사와 학생이 번갈아가며 읽기, 학생끼리 읽기, 내용 파악하며 읽기, 내용 요약하며 읽기, 질문하며 읽기, 예측하며 읽기, 추측하며 읽기(행간 읽기) 등 다양한 방법으로 읽으면서 내용에 대한 이해와 의미를 구성할 수 있게 합니다.

3) 읽기 후 활동

읽기 후 활동은 읽은 내용을 파악하는 것부터 읽은 내용에 대해 대화 나누기, 주제를 정해서 토의·토론하기, 책 읽은 후 감상을 글이나 말, 미디어로 표현하는 등의 과정이 모두 포함됩니다. '한 학기 한 권 읽기'의 단계로 말하면, '읽기' 이후의 두 단계인 '생각 나누기'와 '표현하기'까지가 모두 읽기 후 활동에 포함됩니다. 읽기 전과 중 활동이 책 내용을 제대로 이해하는 데 초점이 맞춰졌다면, 읽기 후 활동은 읽은 내용을 좀 더 깊이 이해하고 확장하는 데 집중합니다.

'한 학기 한 권 읽기'에서는 읽기 후 활동 중 '생각 나누기'와 '표현하기'를 별도의 단계로 구별하기 때문에 이 책에서도 그것을 따로 다루었습니다. '생각 나누기'를 진행하기 전 단계에서는 '읽은 내용 파악을 위한' 읽기 후 활동과 '읽은 내용을 심화·확장하기 위한' 읽기 후 활동을 구별하였습니다. 내용 파악을 위한 읽기 후 활동에는 책 내용을 간추려 1분 이내로 발표하기, 빙고 놀이하며 책 내용과 관련 있는 문장 만들기, 책 내용에 대한 독서 퀴즈 놀이하기 등이 있습니다. 이러한 읽기 후 활동들은 대체로 책 내용을 사실적으로 이해하는 것을 돕습니다. 사실적 이해는 그 다음에 진행할 대화와 토론, 표현하기가 제대로 되기 위한 전제 조건입니다. 독서 내용에 대한 올바른 이해 없이 토론과 표현이 잘 이루어질 수는 없기 때문입니다.

2. 생각 나누기

생각 나누기 부분은 '대화와 토의' 활동을 말하며, 이 책에서는 '토론'을 중심으로 설명했습니다. 일반적으로 토의는 '공동의 관심사나 문제에 대해 좀 더 자유로운 분위기에서 협동적인 결론을 얻는 것'이고, 토론이란 '쟁점이 분명한 문제에 대해 찬반으로 나뉘어 엄격한 절차에 따라 상대를 설득하는 것'입니다.

하지만 이러한 정의로는 '독서 토론'에서의 토론 개념을 설명하기 어렵습니다. 왜냐하면 독서 토론 과정을 살펴보면 토의적인 요소도 있고, 토론적인 요소도 포함되어 있기 때문입니다. 그래서 여기서는 토론의 개념을 '주제(안건, 논제, 사건, 사물, 현상, 개념 등)에 대하여 생각이 서로 다른 사람들끼리 의견을 주고받으면서 의견을 수렴하거나 보다 나은 판단을 얻기 위한 과정'이라는 '넓은 의미의 토론' 개념을 사용합니다. 즉, 대화와 토의, 토론을 포괄하는 의미라고 할 수 있습니다.

1) 토론 전 활동

토론 전 활동은 읽은 내용에 대한 각자의 생각을 정리하고 다른 사람과 대화를 나누면서 좀 더 깊게 생각해볼 주제를 찾는 단계입니다. 책에 대한 전체적인 느낌이나 생각을 나타내기, 인상적이었던 부분 찾기, 책 내용을 학생들의 삶과 관련 짓기, 간단한 서평 쓰기 등을 하면서 책을 읽고 느끼고 생각한 것들이 학생들의 마음속에 의미 있게 구성되도록 돕습니다.

읽어낸 책의 의미가 한 발 더 깊이 있게 나아가기 위해서는 공동의 주제를 정하여 함께 토론해보는 것이 효과적입니다. 이때 공동의 주제는 좀 더 생각해보고 싶고 함께 탐구해보고 싶은 질문 형태여야 합니다. 책을 읽으면서 자연스럽게 마음속에 떠오르는 질문들을 모으고, 이중에서 함께 논의할 질문을 정하여 논제(토론 주제)로 삼습니다. 그리고 결정된 논제에 대해 학생들 각자 생각을 준비하는 시간을 가집니다.

각자 생각한 것은 토론하기 전까지 글로 정리하고 다듬는 것이 좋습니다. 논제에 대한 생각의 준비가 잘 되어 있어야 토론도 잘할 수 있으며, 토론을 할 때 말을 잘하지 못하는 학생들은 말할 내용을 글로 준비하는 것이 큰 도움이 되기 때문입니다. 이런 과정을 생략한 채 바로 독서 토론에 들어가면 말 잘하는 학생들이 주도권을 잡고, 나머지 학생들은 들러리가 되는 상황이 생기며 논의의 질도 떨어집니다. 그러니 교사는 토론 전에 다양한 형태로 학생들이 논제에 대한 자신의 생각을 표현하고 정리해볼 수 있도록 기회를 주는 것이 좋습니다.

2) 토론하기

책을 읽고 좀 더 나은 생각으로 나아가고자 해도 혼자서 생각하면 책 내용에 대한 일원론적 해석으로 인해 발전에 한계가 있습니다. 우물 안 개구리에서 벗어나기 어려운 것입니다. 그래서 좀 더 깊은 사고로 나아가기 위해 '타자의 해석'이 있는 이원론적 해석 구조가 필요합니다. 토론은 다양한 타자의 해석이 존재하는 공간이며, 이 공간 속에서 논의를 통해 학생들은 새로운 시각과 해석을 접하며 사고를 심화·확장할 수 있습니다.

이 책에서 '토론하기'에 활용하는 토론 기법은 다양합니다. 교사가 학생들에게 질문하면서 생각의 절차를 안내하며 진행하는 '연속 질문 기법을 활용한 토론'이 있고, 일반적으로 잘 알려진 '신호등 토론', '원탁 토론', '찬반대립 토론' 등의 토론 기법도 있습니다. 토론 기법은 텍스트에 따라, 논제의 형태와 학생들의 수준에 따라 다양하게 적용할 수 있습니다. 이 책에서는 논제의 형태에 따라 다양한 토론 기법을 활용한 예시를 담았습니다.

3. 표현하기

표현하기는 '읽기'와 '생각 나누기' 단계를 진행하면서 학생들이 가진 생각을 다양한 형태로 드러내는 과정입니다. 내가 어떤 생각을 가지고 있는지는 직접 말을 해봐야 알 수 있는 것처럼, 어떤 형태로든 생각을 표현하는 것은 학생의 생각을 좀 더 분명하게 만드는 데 도움을 줍니다. 또한, 표현한 내용은 토론 전에 개인적으로 가지고 있었던 생각이 토론이라는 공동체적 사고 과정을 거치면서 어떻게 변화하였는지를 볼 수 있는 중요한 단서이기도 합니다. 독서 감상문, 일기, 만화, 그림, 포스터, 역할극, UCC, 뒷이야기 상상하기, 관점 바꾸어 쓰기 등 다양한 형태로 표현하는 활동을 통해 학생들이 읽고 생각을 나누면서 새롭게 가진 생각을 정리하고 재구성할 수 있도록 돕습니다.

이 책의 '한 학기 한 권 읽기' 진행 과정은 실제 사례를 들어 구체적으로 설명했으며, 특별한 경우를 제외하고는 '읽기-생각 나누기-표현하기'의 과정을 따랐습니다. 또한, 각 사례의 앞부분에는 '한 학기 한 권 읽기'의 전체적인 진행 과정을 한눈에 볼 수 있는 '흐름도'를 제시했습니다. '흐름도'에는 선정한 책의 이름과 종류, 대상, 선정 의도를 표기했습니다.

또한, 각 장의 앞쪽에 '한 학기 한 권 읽기'의 세 단계인 '읽기-생각 나누기-표현하기' 과정에서 어떠한 활동들이 진행되는지를 차례로 정리하여 전체적인 진행을 파악할 수 있도록 도식으로 나타내었습니다.

4. 성공적인 독서 토론을 위해 꼭 알아야 할 점

교사를 위한 '한 학기 한 권 읽기'의 전반적인 내용은 국어 지도서에도 잘 수록되어 있습니다. 이곳에서는 지도서에 있는 내용을 중복하여 설명하기보다는 '한 학기 한 권 읽기'를 '생각 나누기' 중심으로 실행할 때 알고 있어야 할 내용을 서술하는 데 초점을 맞추었습니다. '생각 나누기'는 대화와 토론을 통해 각자가 읽은 책의 내용에 대한 이해를 한 단계 업그레이드시키는 매우 중요한 과정이며, 이를 '독서 토론'이라고 할 수 있습니다.

성공적인 독서 토론이 되기 위해서는 왜 독서 토론을 하는지, 독서 토론에서 무엇을 중요하게 생각해야 하는지, 교사(혹은 학생들을 대상으로 독서 토론을 지도하는 학부모나 일반인)는 독서 토론에 있어 어떤 역할을 해야 하는지, 독서 토론에서 질문과 논제는 어떻게 다루어야 하는지 등을 살펴보아야 합니다.

1. 독서 토론을 하는 이유

1) 소통을 통해 책의 내용을 깊고 넓게 이해한다

독서 토론을 하는 첫 번째 이유는 책을 읽고 이해한 것을 타인과 나누며 그 이해를 확장하고 심화하기 위함입니다. 같은 책을 읽더라도 각자가 가진 배경지식과 경험 등이 달라 책의 내용에 대한 이해와 그 의미는 서로 조금씩 다릅니다. 독서 토론은 이러한 생각의 차이를 나누며 각자가 가진 책에 대한 이해를 공유하는 장입니다. 각자가 파악한 책에 대한 이해의 부족함을 인정하면서 대화와 토론을 통해 서로 부족함을 채워주고 배우는 자세로 독서 토론에 임할 때 그 이해는 한층 확장되고 심화될 수 있으며, 타인과 생각을 나누는 과정을 통해 자연스럽게 의사소통 역량과 공동체·대인 관계 역량도 키울 수 있습니다.

결국, 독서 토론은 여러 사람이 공동의 주제를 가지고 함께 의견을 나누며 각자가 가진 이해를 공유하고, 책에 대한 이해의 확장과 심화를 통해 더 나은 판단으로 향해가는 협동 과정입니다. 독서 토론 주제에 대해 함께 탐구해나가는 일종의 지적 공동체, 집단 지성을 발휘하는 장이라고도 할 수 있습니다.

2) 다차원적 사고력과 판단력을 기른다

독서 토론을 하는 두 번째 이유는 독서 토론을 통해 다차원적 사고력과 그러한 사고력을 발휘하고자 하는 사고 성향을 키우기 위함입니다. 독서 토론의 주제들은 삶의 다양한 문제와 가치, 상황, 맥락들을 다루고 있고, 이것은 어느 하나의 사고력만으로는 풀 수 없는 문제인 경우가 많습니다. 독서 토론에서 다루는 주제에 대해 지혜롭게 판단하기 위해서는 세 가지 차원의 사고를 종합적으로 고려해야 합니다. 독서한 내용에 대해 근거와 기준을 가지고 비판적으로 검토해보아야 할 때도 있고(비판적 사고Critical thinking), 제기된 문제의 해결을 위해 새로운 아이디어나 생각이 필요하기도 하며(창의적 사고Creative thinking), 등장인물의 입장과 감정(배려적 사고 Caring thinking)도 고려해야 합니다. 이러한 생각은 혼자서 하기보다는 여럿이 함께 생각하는 공동체적인 과정을 통해 좀 더 효과적으로 이루어집니다.

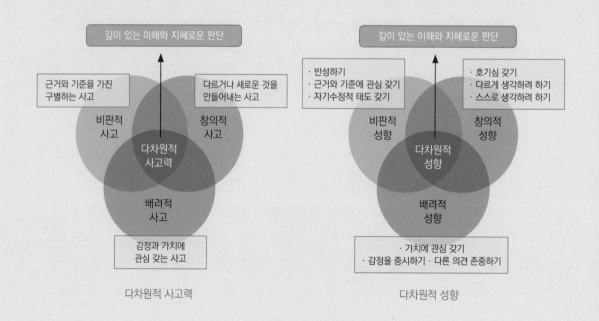

다차원적 사고력   다차원적 성향

이러한 협력적 사고 과정을 통해 책 내용에 대한 이해를 좀 더 확장하고 심화시킬 수 있습니다. 독서 토론을 하면서 타인과 생각을 나누는 과정에서 자연스럽게 다차원적 사고력이 발휘되며, 어린 시절부터 이러한 과정에 지속적으로 참여하면 다차원적으로 생각하는 사고 성향을 키울 수 있습니다. 이런 연습을 통해 합당한 판단력을 기를 수 있으며, 이는 학생들이 좀 더 지혜로운 판단을 하는 데 많은 도움이 됩니다.

3) 자기 성찰을 통한 깨달음을 삶과 연결한다

독서 토론을 하면 책을 읽고 타인과 생각을 함께 나누면서 자신의 삶을 돌아볼 수 있습니다. 각자가 가진 책의 이해를 바탕으로 토론하면서 타인의 생각을 듣고 나를 돌아보는 자기 성찰의 과정을 통해 새로운 앎을 형성하며 다차원적 사고력과 사고 성향을 발전하는 과정은 결국 학생들을 좀 더 지혜로운 사람으로 만들어줄 것입니다. 이러한 지혜로움이 학생들의 삶과 연결되어 삶 속에서 발휘될 수 있다면, 내적으로 풍요로운 삶을 살아갈 수 있습니다.

이러한 독서 토론을 하는 이유와 의미가 교사와 학생들에게 인식되고 공감대를 형성했을 때 독서 토론이 제대로 이루어질 수 있는 환경이 됩니다. 그래서 독서 토론을 시작하기 전에 학생들과 함께 독서 토론을 하는 이유와 의미에 대해 생각해보는 것이 좋습니다.

2. 독서 토론이 잘 되지 않을 때

1) '짬'의 부재

독서 토론이 실패하는 이유 중 하나는 교사와 학생 모두에게 '짬'이 없기 때문입니다. 보통 책을 많이 읽으라고는 하면서 학생들에게 독서한 내용에 대해 깊게 생각해볼 여유와 시간을 주지 않는 경우가 많습니다. 독서 토론이 효과를 보기 위해서는 아이들이 책을 읽고, 읽은 내용을 곱씹어볼 수 있는 시간적 여유가 필요합니다. 자유롭게 생각해볼 수 있는 짬은 창의력의 원천입니다. 창의력을 강조하는 기업들은 직원들이 자유롭게 생각할 수 있는 시간을 충분히 갖게 하는 것을 볼 수 있습니다.

교사 역시 독서 토론 준비를 위한 '짬'이 필요합니다. 독서 토론을 제대로 하기 위해서는 교육과정을 재구성하고 독서 토론을 준비할 수 있는 시간적 여유가 필요하지만, 현실은 그렇지 않습니다. 그래서 '한 학기 한 권 읽기'는 교육과정 개정을 통해 학습량을 줄이고 독서하고 생각할 수 있는 시간을 확보하여 학생과 교사 모두에게 '짬'을 주기 위한 변화이기도 합니다.

2) '틈'의 부재

독서 토론에 실패하는 가장 큰 이유 중 하나는 '틈'을 인정하지 않는 것입니다. 틈이 없다는 것은 완벽하다는 말과 연결되며 완벽한 것은 토론이 필요 없습니다. 내 생각만이 옳고 타인의 생각은 잘못되었다는 식의 생각, 내 생각에는 전혀 잘못된 점, 오류(빈 틈)가 없다는 생각 등 틈을 인정하지 않는 태도는 소통이 아닌 대결을 낳습니다.

교사나 학생들이 이러한 닫힌 태도(각자의 빈 틈, 불완전성을 인정하지 않는 태도)를 가진 경우, 독서 토론은 서로를 인정하지 않고 나의 논리(혹은 우리 편의 논리)만 고집해야 하는 구조가 됩니다. 결국, 독서 토론은 이기고 지는 언어 게임으로 변질되어 실패하게 됩니다. 또한, 틈을 인정하지 않는 닫힌 태도는 반성과 성찰을 불가능하게 만들며 이러한 환경에서는 독서 토론을 통한 더 깊고 넓은 이해, 더 좋은 생각을 얻기 어렵습니다. 우리가 생각한 것이 완벽하지 않을 수도 있음을 인정해야 서로 비집고 들어갈 수 있는 틈이 생기고 비로소 소통이 가능합니다.

3) 학생들의 질문이나 생각을 대하는 교사의 태도

교사가 학생들의 질문이나 생각을 어떤 태도로 받아들이는가는 독서 토론의 성패에 큰 영향을 미칩니다. 학생들의 질문이나 생각에 정답이 있다는 생각, 다시 말해 틈이 없는 닫힌 태도로 임하는 경우, 독서 토론은 성공하기 어렵습니다. 교사가 어떤 질문이나 논제에 대해 이미 답이 있다고 생각하면, 학생들도 그것을 느끼고 더 이상 말문을 열기 어렵기 때문입니다. 정해진 정답(결론)이 있으므로 더 이상 깊은 생각으로 진행하지 못하고 독서 토론은 활력을 잃게 됩니다. 또한, 학생들의 질문이나 생각을 엉뚱하다는 식으로 무시하는 경우에도 학생들은 말해봐야 받아들여지지 않는다고 생각하기 때문에 더 이상 입을 열지 않습니다.

교사가 책과 논제를 다루는 태도에 따라 독서 토론은 실패할 수 있습니다. 학생들은 교사를 본보기로 하여 자신의 독서 토론 자세를 만들어갑니다. 그래서 교사가 책과 논제에 대해 진정성 있는 태도로 임하지 않으면, 학생들도 그것을 느끼고 진정성 있게 독서 토론에 임하지 않게 됩니다.

4) 기초적인 사고 연습의 부재

독서 토론에서 질문하고 생각하는 것은 매우 중요하나 정작 무엇을 질문해야 하는지, 어떻게 생각해야 하는지 그 방법에 대해서는 잘 모르고 있습니다. 그저 학생들에게 '질문을 만들어보세요', '잘 생각해보세요'라고만 말하는 경우가 많습니다. 하지만 좋은 질문을 하고 잘 생각하기 위해서는 교사와 학생 모두 사고 연습이 필요합니다. 운동선수가 부단히 연습하여 높은 수준에 이르는 것처럼 질문하고 생각하는 방법 역시 연습이 필요합니다. 사고 연습이 되어 있지 않은 교사와 학생들은 질문을 하기도, 생각을 하는 것도 쉽지 않아 독서 토론이 쉽게 이루어지지 않습니다. 물론, 독서 토론에 참여하면서 자연스럽게 연습이 되지만, 이를 따로 익혀두면 교사는 독서 토론을 좀 더 나은 방향으로 이끌어갈 수 있고, 학생들은 좀 더 양질의 독서 토론을 할 수 있게 됩니다.

5) 학생들의 수준에 맞지 않는 독서 토론 기법을 적용

학생들의 수준과 특성에 맞지 않는 독서 토론 기법을 적용하는 것 역시 독서 토론에 실패하는 원인 중 하나입니다. 예를 들어, 학생들은 이제 막 독서 토론을 시작하였고 사고 연습도 충분히 되어 있지 않은데, 절차가 복잡하고 어려운 토론 방식을 가져와 적용한다면 토론이 원활하게 되지 않을 것입니다. 자신이 맡고 있는 학생들의 수준과 특성에 맞는 독서 토론 기법을 활용해야만 효과적인 독서 토론을 진행할 수 있습니다.

3. 성공적인 독서 토론을 위해서

1) 독서 토론을 위한 '짬'을 만들기

학생들에게 충분히 생각할 수 있는 짬을 주어야 합니다. 교사와 학생 모두 충분히 생각하고 준비하지 않은 독서 토론은 효과를 거두기 어렵습니다. 독서 토론 전에 독서 내용을 충분히 이해하고 생각해볼 수 있도록 재미있고 다양한 독서 활동을 시도합니다. 또한, 독서 토론 시에는 반드시 논제에 대해 자신의 생각을 정리하는 글쓰기를 시키고, 이 글쓰기의 준비 시간도 충분히 주는 것이 좋습니다.

독서 토론 전에 쓴 글은 교사와 학생이 함께 보면서 이것은 무슨 뜻인지, 왜 그런 생각을 하게 되었는지 등에 대해 이야기를 나누어봅니다. 그리고 학생이 가진 생각이 글에 충분히 표현되었는지 검토해보고 부족한 부분이 무엇인지 스스로 찾아보게 합니다. 교사가 더 보완했으면 하는 점을 조언해주는 것도 좋습니다. 하지만 절대 교사의 생각을 강요하거나 지적하지 않도록 주의합니다. 학생들 각자가 가진 생각이 진정성 있게 우러나오도록 도와주는 것이 무엇보다 중요합니다. 그래야만 토론에 진정성 있게 참여할 수 있기 때문입니다.

독서 토론을 할 때는 절차에 얽매이기보다는 생각의 과정에 집중하면서 의미를 곱씹을 수 있는 짬을 만들어나갑니다. 논제를 다루면서 중요하게 생각해봐야 할 것은 무엇인지, 미처 생각해보지 못한 것은 무엇인지, 다른 관점에서 볼 수 있는 부분은 없는지 등을 생각하면서 교사는 학생들의 독서 토론에서 부족한 부분의 논의 과정을 이끌 수 있도록 발문을 통해 유도하고, 때로는 교사가 직접 질문하여 학생들이 부족한 부분을 생각해볼 수 있게 짬을 마련합니다. 특히, 독서 토론을 시작한 초창기일수록, 학생들의 사고 연습이 잘 되어 있지 않아서 이러한 교사의 역할은 더 중요합니다.

독서 토론 후에도 생각을 정리하는 짬이 꼭 필요합니다. 독서 토론을 하면서 나온 다양한 생각들이 펼쳐지기만 한 채로 끝나서는 곤란합니다. 학생들이 토론한 내용을 정리하여 내적으로 재구성할 수 있어야 하며, 교사는 그 과정을 도와주어야 합니다. 그래야 독서 토론 내용이 학생들에게 의미 있게 남을 수 있습니다.

교사는 '한 학기 한 권 읽기' 관련 단원 외에도 짬을 내어 교육과정을 재구성하고 교과 연계를 통하여 독서 토론 기회를 만들 수 있도록 노력해야 합니다. 자주 접하고 많이 해본 것일수록 능숙해지기 때문입니다.

교사도 평상시 독서를 하고 토론하는 짬을 만들어 독서 토론에 익숙해져야 합니다. 교사가 잘할 수 없는 것을 학생들이 잘하도록 가르치기는 어렵습니다. 그래서 교사들부터 생활 속에서 독서 토론 문화를 만들어나갈 필요가 있습니다. 학교 내외에서 이루어지는 독서 토론 모임에 참가해보는 것도 좋습니다. 이러한 모임은 교사 스스로 생각하고 의미를 곱씹는 경험이 되어 독서 토론의 본질적인 의미, 구체적인 방법을 알아가는 좋은 기회가 됩니다. 또한, 모임에서 얻은 독서 토론에 대한 경험은 다시 학생들과 토론하는 데 중요한 자양분이 됩니다.

2) 인간의 불완전성, 빈틈을 인정하기

최근의 인지과학, 뇌 과학의 연구 성과들은 인간의 인식에 빈틈이 많으며 완전하지 않다는 것을 보여줍니다. 우리가 가진 인식이 완전하지 않다는 것은 우리가 인식한 것을 기초로 해서 내려지는 판단들도 불완전할 수 있음을 말해주고 있습니다. 그러니 내가 내린 판단, 혹은 우리가 내린 판단에는 오류가 있을 수도 있음을 항상 염두에 두어야 합니다. 불변의 진리처럼 믿어지던 첨단과학의 영역도 새로운 발견이나 실험을 통해 기존 지식이 오류로 판명되는 경우가 많습니다.

독서 토론도 마찬가지입니다. 내가 책에 대해 이해하고 판단한 것이 완전하다고 생각하거나, 혹은 그런 완전함을 강요하는 분위기에서는 토론이 되지 않습니다. 서로의 불완전함을 인정하고 공유할 수 있을 때 진정한 소통과 토론은 시작됩니다. 학생 자신의 생각이 틀릴 수도 있다는 것, 교사 역시 인간인 이상 틀릴 수도 있다는 것을 인정하고 서로의 틈을 받아들일 때 비로소 소통할 수 있으며, 불완전하고 조금 모자라야 마음의 틈을 만들어 서로에게 다가갈 수 있습니다.

이를 위해 평소 학생들에게 인간 인식의 불완전성을 보여주는 자료를 보여주거나 '그럴 수도 있겠다'라는 말을 자주 연습해보는 것도 도움이 됩니다. 무엇보다 교사가 학생들의 생각이 가진 빈틈을 인정해주면 학생들도 이를 모델링하여 좀 더 마음의 문을 열 수 있습니다. 서로의 생각에 실수가 있을 수 있으며, 때로는 다를 수도 있음을 인정하는 것은 독서 토론에 겸손한 태도를 가져오는 밑바탕이 됩니다. 각자가 내린 판단이 불완전할 수 있음을 인정하고, 서로 협력하고 상호 보완해주면서 더 나은 판단을 하는 데 독서 토론의 의미가 있습니다.

3) 기초적인 사고 연습하기

독서 토론의 핵심은 학생들이 양질의 질문을 하고 그에 대해 생각하면서 책에 대한 이해를 깊고 넓게 하는 것입니다. 하지만 정답 중심의 문화 속에서 기초적인 사고 연습이 잘 안 되어 있는 학생들은 질문하고 생각하는 게 쉽지 않습니다.

운동을 배울 때 먼저 기본적인 동작들을 배워야 그 운동을 제대로 할 수 있는 것처럼 생각 역시 머릿속에서 이루어지는 기본적인 동작들이 있습니다. 그리고 그 동작들을 기술적인 수준으로 잘 다룰 수 있게 된다면 좀 더 나은 생각을 하는 데 도움이 될 것입니다. 이러한 생각의 기본 동작을 '사고 기술' 또는 '생각톱니(초등학생에게 친숙하도록 바꾸어 명명한 것)'라고 합니다.

사고 기술을 활용하면 '잘 생각해보라'는 불명확한 요구 대신, 구체적인 질문과 생각을 할 수 있게 됩니다. 예를 들어, '이 두 가지의 공통점과 차이점은 뭘까?(공통점과 차이점 찾기)', '이 두 가지는 각각 무엇에 비유할 수 있을까?(비유하기)', '왜 그렇게 생각하니?(이유 찾기)'와 같이 질문하면 무엇을 생각해봐야 하는지가 명확해집니다. 다음은 사고 기술의 종류와 사고 기술의 발문 및 학생 발표 문장의 예시입니다.

〈사고 기술의 종류〉

생각톱니(사고 기술)	내 용	효 과
질문 만들기	궁금한 것을 질문으로 만들어요.	생각의 문이 열려요.
공통점과 차이점 찾기	비슷한 점, 같은 점, 다른 점을 찾아요.	모든 인식의 출발이에요.
상상하기	없는 것을 머릿속으로 그려요.	생각이 자유로워져요.
감정 고려하기	감정에 대해 관심을 갖고 생각해요.	감정을 이해할 수 있어요. 감정을 다스릴 수 있어요.

분류하기	같은 종류끼리 묶어요.	체계를 세우고 정리할 수 있어요.
비교하기	정도의 차이를 견주어요.	순서를 정할 수 있어요.
비유하기	다른 것에 빗대어 표현해요.	느낌이 생생해져요. 새로운 것도 쉽게 이해돼요.
이유 찾기	이유나 원인 혹은 근거를 찾아요.	깊이 있게 이해할 수 있어요. 의견도 튼튼해져요.
추리하기	알고 있는 정보를 이용해서 새로운 사실을 알아내요.	하나를 가지고 열을 찾아내요.
예와 반례 들기	구체적인 예나 반대되는 예를 들어요.	쉽게 이해할 수 있어요. 쉽게 반박할 수 있어요.
대안 찾기	문제를 해결할 수 있는 방법을 찾아요.	쉽게 좌절하지 않아요. 자주적인 사람이 돼요.
결과 예측하기	결과를 미리 추측해요.	신중한 사람이 돼요.
개념 이해하기	세상 모든 것의 의미를 정확하게 때로는 자기 나름의 언어로 이해해요.	생각이 정확해져요. 생각에 중심을 가져요.
달리 표현하기	다른 방식으로 표현해요.	번역 기술이 늘어요.
가치 고려하기	가치(중요한 것, 옳은 것, 좋은 것)를 기준으로 생각해요.	가치 있는 것을 지켜요.
장단점 찾기	장점과 단점을 찾아요.	선택을 잘할 수 있어요.
남의 입장에 서보기	다른 사람의 입장에 서서 생각해요.	다른 사람을 이해해요.
가설 세우기	모르는 것에 대한 설명에 도전해요.	새로운 사실을 발견해요.
숨은 전제 찾기	당연하게 생각하는 것을 찾아봐요.	편견이나 선입견을 피해요.
다양한 관점에서 보기	여러 측면에서 생각해봐요.	공정할 수 있어요.
오류 피하기	잘못된 생각을 찾아요.	생각을 바르게 할 수 있어요.

〈사고 기술 발문〉

생각톱니(사고 기술)	교사의 발문 예시	학생의 발표 문장 예시
질문 만들기	궁금한 게 있으면 질문해볼까?	~까?
공통점과 차이점 찾기	같은 점은 뭘까?	~ 와 ~는 ~가 같습니다. (비슷합니다. 다릅니다.)
상상하기	만약 ~라면 어떨지 상상해보겠니?	만약 ~라면,
감정 고려하기	~는 어떤 마음일까?	마음이 ~ (~를 느꼈습니다.)

분류하기	~은 어디에 속할까?	~ 은 ~에 속합니다.
비교하기	~와 ~ 중에서 어떤 게 더 ~할까?	~이 ~보다 더 ~합니다.
비유하기	~을 (~에) 비유해볼까?	~은 ~같습니다.
이유 찾기	왜 그렇게 생각하니?	왜냐하면 ~이기 때문입니다.
추리하기	이것을 보고 무엇을 추리할 수 있을까?	~를 추리할 수 있습니다.
예를 들기	예를 들어볼까?	예를 들면(반례를 들면), ~
대안 찾기	어떻게 하면 될까?	대안은 ~입니다.
결과 예측하기	어떻게 될까?	~면 ~될 거로 생각합니다.
개념 정의하기	~이란 뭘까?	~은 ~입니다.
달리 표현하기	(달리) 표현해볼까?	(달리) 표현하면, ~입니다.
가치 고려하기	중요한 게 뭐지?	~ 가 중요합니다.
장단점 찾기	장점은 뭘까?(단점은 뭘까?)	장점은(단점은) ~입니다.
남의 입장에 서보기	00의 마음은 어떨까?	00은 ~것 같습니다.
가설 세우기	왜 이런 일이 생겼을까?	아마 ~일 겁니다.
숨은 전제 찾기	숨겨진 가정이 뭘까?	숨은 전제는 ~입니다.
다양한 관점에서 보기	~면에서 보면 어떨까?	~에서 보면,
오류 피하기	어떤 오류가 있을까?	~는 ~오류입니다.

그림을 그릴 때 기술적인 것 몇 가지를 배운다고 해서 예술적인 그림이 나오지는 않는 것처럼 단순히 사고 기술만 연습한다고 해서 독서 토론을 잘하고 지혜로운 생각을 얻을 수 있는 것은 아닙니다. 하지만 이러한 사고 기술을 기본으로 하여 독서 토론이라는 장 안에서 이 기술들을 적절하게 활용하는 연습을 꾸준히 한다면 다차원적 사고 성향을 키우고 좀 더 합당한 판단을 할 수 있는 지혜의 문이 열리게 될 것입니다. 이 책의 사례 부분에는 이러한 사고 기술 발문을 활용하여 학생들을 깊이 생각하도록 유도하는 과정을 다루었습니다.

4) 교사의 태도 변화

자녀를 책 읽는 아이로 만들고 싶으면 부모부터 책 읽는 모습을 보여주라고 합니다. 이는 아이들이 어른들을 모델링하고 있다는 의미입니다. 가정에서 아이들의 행동을 변화시키고자 하면 부모부터 변화해야 하는 것처럼 학생들이 독서 토론을 잘하도록 만들고 싶다면 교사부터 변화해야 합니다. 교사가 학생들에게 독서 토론을 시켜야 한다는 생각으로 임하면 학생들은 자발적으로 독서 토론을 하고 싶은 마음을 가지지 못합니다. 그래서 교사가 먼저 독서 토론을 좋아하고 즐기는 모습을 보여주어야 합니다. 평상시 아이들과 함께 읽을 만한 책과 독서 토론 주제에 관심을 가지고 학생들의 생각을 진심으로 궁금해해야 합니다. 또 엉뚱한 생각도 받아들일 수 있다는 마음의 여유를 가지며, 진정성 있는 태도를 보여주면 학생들의 태도에도 서서히 변화가 찾아옵니다. 이러한 교사의 태도 변화는 학생들의 심리적 장벽을 낮추어 독서 토론에 참여하고 싶은 마음을 가지도록 도와줍니다.

5) 다양한 독서 토론 기법과 전략 익히기

독서 토론 초기에는 토론 기법을 위주로 접근하는 경우가 많은데, 그것만으로는 제대로 된 독서 토론이 이루어지기 어렵습니다. 위에서 말한 네 가지를 밑바탕으로 하여 독서 토론 기법을 적용할 때 성공적인 독서 토론이 될 가능성이 높습니다. 효과적인 독서 토론을 위해서는 학생들의 수준과 특성을 파악하여 그에 맞는 적절한 독서 토론 기법을 적용해야 합니다. 이를 위해 초등학생에게 맞는 재미있고 다양한 독서 토론의 기법과 전략을 익혀두어 학생들의 수준과 특성, 상황, 논제 등에 맞게 활용합니다. 이 책에는 실제로 '한 학기 한 권 읽기'를 실행하면서 적용한 다양한 독서 토론 기법들이 자세히 소개되어 있으니, 학급과 학생들에게 맞는 독서 토론 기법을 찾는 데 참고하기 바랍니다.

4. 독서 토론에서 교사의 역할

1) 격려자

격려자는 독서 토론에 참가하는 학생들의 심리적인 장벽을 낮추고 참여를 독려하는 역할을 말합니다. 교사는 편안한 분위기 속에서 자연스럽게 대화가 오갈 수 있는 분위기를 형성하고 학생들의 생각에 진심으로 귀를 기울여 학생들이 '선생님께서 내 질문과 생각을 들어주고 있구나!' 하는 것을 느낄 수 있도록 해야 합니다. 또한, 독서 토론 시에 학생이 발언한 내용, 질문과 의견에 대한 구체적인 칭찬을 통해 격려해야 합니다. 그 질문은 어떤 점에서 좋은 질문인지, 그 의견은 어떤 점에서 이번 독서 토론에 기여한 것인지 등을 칭찬하여 학생이 피드백을 받고 더 생각할 의욕을 가지도록 도와주어야 합니다. 이는 독서 토론 초기에 가장 중요한 역할이라고 할 수 있습니다.

2) 진행자

학생들이 정해진 독서 토론 절차와 규칙에 따라 토론을 진행할 수 있도록 하는 역할입니다. 규칙을 무시하고 발언하는 학생을 제지하거나 정해진 순서와 절차적인 부분, 제한 시간 등을 관리하고 통제하는 역할을 합니다. 이는 공정한 발언 기회를 제공하고 학생들이 독서 토론에 집중하는 데 도움을 줍니다.

3) 촉진자

촉진자는 질문을 통해 학생들의 생각이 활발하게 일어나게 하는 퍼실리테이터Facilitator의 역할을 말합니다. 촉매를 넣으면 반응이 활발하게 일어나듯 교사가 제시하는 양질의 질문들은 학생들의 사고를 자극하여 독서 토론으로 이어지게 만듭니다. 교사는 다양한 사고 기술을 활용한 질문을 통해 학생들의 사고를 촉진할 수 있으며, 이러한 질문은 일련의 체계를 가지고 연속적으로 제시될 때 보다 효과적입니다. 독서 토론을 통해 학생들의 책에 대한 이해를 확장하고 심화하기 위해서는 교사가 촉진자로서 역할을 잘 수행해야 합니다.

4) 발판 제공자

발판 제공자는 학생들의 발언을 정리하고 다음 단계로 이끈다는 의미와 좀 더 높은 수준의 생각을 할 수 있도록 발판을 만들어주는 스캐폴더Scaffolder의 역할을 말합니다. 학생들의 독서 토론이 좀 더 본질적이고 중요한 것에 접근하지 못하고 피상적인 수준에 머무르거나 논의가 정체되어 있을 때 논의를 한 단계 더 진전시키는 역할입니다. 그러기 위해서는 교사도 독서 토론하는 책의 내용과 주제에 대해 관심을 가지고 핵심을 꿰뚫고 있어야 합니다. 독서 토론에서 핵심적으로 논의되어야 하는 것이 무엇인지 모르는 채로 학생들에게 발판을 놓아줄 수는 없기 때문입니다.

5) 반론 제기자

반론 제기자는 학생들의 생각과는 다른 의견, 반대 사례를 제시한다는 의미의 반론을 제기하는 것뿐만 아니라 자칫 한쪽으로 고정될 수 있는 학생들의 생각에 그것이 꼭 맞는 것이 아닐 수도 있음을 알려주는 일종의 문제 제기의 역할입니다. 학생들에게 인지적 불균형을 일으켜 그 부분을 다시 한번 깊이 고민해보게 만드는 프로보커Provoker 역할을 하는 것입니다. 이는 학생들의 꺼져가는 생각의 불씨를 다시 지피는 역할을 해주고, 새로운 생각을 생산하는 연료 역할을 합니다.

6) 오류 지적자

독서 토론에 참가하는 학생들의 생각에 논리적인 오류나 내용상의 오류가 있을 때 이를 바로 잡아주는 역할입니다. 그러나 오류를 직접 지적하는 형태보다는 질문을 통해 학생들 스스로 깨달을 수 있도록 도와주어야 합니다. 그리고 학생의 생각에 오류가 있더라도 받아들여 그것을 오히려 독서 토론 주제에 대한 탐구의 원동력으로 삼을 수 있어야 합니다.

스무고개 놀이를 생각해보면, 스무고개가 정답으로 가기 위해서는 수많은 오답이 필요합니다. 여기서 오답은 잘못된 것이라기보다는 정답을 함께 찾아나가는 과정이며, 꼭 필요한 과정입니다. 학생들의 오류 역시 마찬가지입니다. 학생들의 오류를 교사가 바로 고쳐주기보다는 왜 이런 오류가 발생하게 되었는지 생각해보면서 학생들 스스로 오류에서 벗어날 수 있도록 탐구하는 과정을 경험하게 합니다. 이런 점에서 오류를 말한 학생은 우리가 그 오류를 인식하고 오류를 피해 더 나은 생각으로 진행할 수 있게 해주었다는 점에서 독서 토론에 기여했다고 말할 수 있습니다. 오류를 범한 학생에게 이러한 이야기를 해주면 학생은 오류를 범했다고 무안해하지 않고, 오히려 공동체의 탐구에 기여했다는 인식을 가지고 다음에는 더 잘하기 위해 노력합니다.

이러한 여섯 가지 교사의 역할은 독서 토론 초기에는 교사가 주도적으로 하고 학생들이 점차 독서 토론에 익숙해지면서부터는 조금씩 학생에게로 그 역할을 이양하는 것이 좋습니다. 가장 쉬운 것은 학생들이 격려자의 역할을 해보는 것이며, 매뉴얼이 정해져 있는 독서 토론이라면 학생이 진행을 맡아보는 것도 좋습니다. 나머지 역할들은 독서 토론을 꾸준히 연습하는 가운데 학생들이 자연스럽게 수행할 수 있도록 도와주어야 합니다. 학생들이 독서 토론에서 교사가 해야 하는 역할을 모두 수행할 수 있는 정도의 단계에 이르면 교사는 침묵한 채 학생들의 모습을 흐뭇한 미소로 지켜보게 될 것입니다.

5. 독서 토론의 질문과 논제

1) 질문의 종류와 질문을 대하는 태도

질문을 분류하는 방식은 무엇을 기준으로 하는가에 따라 다르며, 학자마다 다릅니다. 여기서는 학생들의 사고력 향상을 연구했던 앤 샵Ann sharp의 질문 분류를 살펴보고자 합니다. 앤 샵은 질문을 네 가지로 분류했습니다.

먼저 '닫힌 질문'과 '열린 질문'입니다. '닫힌 질문'은 답이 정해져 있는 질문입니다. 예를 들어, '지금 몇 시지?'라고 물으면 현재 시각을 답하면서 사고 과정은 멈추게 됩니다. 우리의 생각을 더 진행시키지 못하고 닫히게 만든다는 의미에서 '닫힌 질문'입니다. 이와 반대로 '열린 질문'은 우리가 생각을 멈추지 말고 계속 진행할 것을 요구하는 질문입니다. 예를 들어, '우정이란 무엇이지?'라는 질문이 주어지면 하나의 답으로 이 질문에 대답할 수는 없습니다. 각자가 가진 배경지식, 경험, 관점 등에 따라 수없이 많은 답이 나오게 되고, 이 답들은 논쟁의 여지를 가지고 있습니다. 그래서 이러한 질문은 우리의 생각을 계속해서 열어주는 역할을 하고 논쟁적이라는 점에서 독서 토론에 적절한 질문입니다. 하지만 '열린 질문'이 독서 토론에 보다 적절하다고 해서 '닫힌 질문'이 중요하지 않다는 것은 아닙니다. 책의 내용을 확인할 때는 '닫힌 질문'도 중요한 역할을 할 수 있습니다.

다음은 '내용적 질문'과 '절차적 질문'입니다. 독서 토론에서 '내용적 질문'은 책의 내용을 묻는 질문입니다. 예를 들어, '흥부는 자식이 몇 명이었니?'라고 묻는 것이 이에 해당합니다. '절차적 질문'은 내용을 묻는 것이 아닌 '왜?', '어떻게?'와 같이 구체적인 '사고의 절차'를 요구하는 질문입니다. 앞서 소개한 사고 기술을 활용한 질문이 이에 해당합니다. 예를 들어, '이야기의 결과를 예상해볼까?'라고 한다면, 이는 '결과 예측하기'라는 '사고의 절차'를 묻는 것입니다.

이러한 네 가지 질문을 조합하면, 아래 그래프와 같이 '닫힌 내용적 질문'과 '닫힌 절차적 질문', '열린 내용적 질문'과 '열린 절차적 질문'이라는 네 가지 질문 형태를 얻을 수 있습니다. 이중 독서 토론에 적절한 질문은 '열린 내용적 질문'과 '열린 절차적 질문'입니다. 앞서 말씀드린 것처럼 닫힌 질문들은 답이 정해져 있기에 더 이상 생각을 진행할 필요가 없고 토론은 거기서 멈추게 됩니다. 그러나 열린 질문들은 명확한 답이 있는 것이 아니라 다양한 답이 존재할 수 있기에 생각을 나누는 독서 토론에 적합합니다.

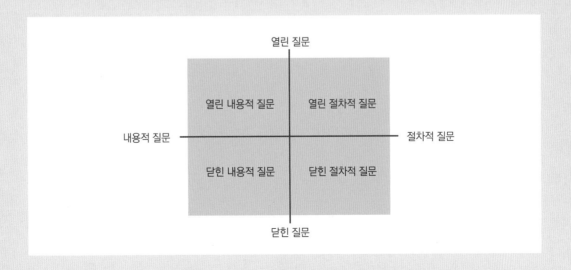

여기서 중요한 것은 독서 토론을 통해 학생들이 좀 더 생각하게 하기 위해서는 교사가 학생들의 질문을 '열린 태도'로 대해야 한다는 것입니다. 예를 들어, 흥부와 놀부를 읽고 독서 토론을 하던 중에 어떤 학생이 '흥부는 자식을 몇 명이나 낳았나?'라고 '닫힌 질문'을 했을 때 'OO 명 낳았다.'라고만 대답한다면, 이는 '닫힌 태도'로 질문을 받아들인 것입니다.

반면, 같은 질문에 이런 식으로 대화를 이끌어가는 경우를 생각해봅시다. "그런데 흥부가 자식을 몇 명 낳은 것은 왜 궁금해?", "제 생각에는 흥부가 자식을 너무 많이 낳은 것이 어렵게 살게 된 이유 중 하나인 것 같아서요.", "그래? 그럼 흥부가 그렇게 자식을 많이 낳은 이유가 뭘까?", "잘 모르겠어요. 저라면 그렇게 안 했을 것 같아요.", "그렇구나. 그럼 누가 흥부의 입장에서 생각해보고, 왜 아이들을 많이 낳았는지 그 이유를 말해볼까?", "제 생각에는 흥부는 아이들을 사랑했던 것 같아요. 그래서 많은 아이와 함께하고 싶었던 것이 아닐까요?", "그래, 또 다른 사람은 이에 대해 어떻게 생각하니?" (이하 생략)

분명 학생의 질문은 '닫힌 질문'이었지만, 교사가 이것을 '열린 태도'로 대하면서 '열린 질문'들을 하자 학생의 생각이 계속해서 이끌려나오는 것을 볼 수 있습니다. 이때의 교사는 '흥부는 자식을 몇 명 낳았을까?'라는 질문이 단순히 자식의 수를 묻는 것이 아닌, 보다 중요한 부분에 접근할 수 있는 질문임을 파악하고 '열린 태도'로 질문을 이어나갔습니다. 이처럼 교사가 질문을 대하는 태도는 학생들을 좀 더 생각하는 과정으로 열어갈 수도, 반대로 닫히게 만들 수도 있다는 점을 알고 '열린 태도'로 학생들의 질문을 대하며 독서 토론에 임해야 합니다.

2) 사고 기술을 활용한 질문과 연속 질문 기술

사고 기술(생각톱니) 질문은 앞서 소개한 사고 기술들을 질문으로 바꾸어 활용하는 것입니다. 그냥 '잘 생각해보세요'가 아닌 구체적으로 '어떻게' 생각하면 되는지를 알려줍니다.

예를 들어, 친구와 다툰 일에 대한 책을 읽고 독서 토론 주제로 '친구와 싸워도 될까?'라는 주제를 골랐다면, 이러한 질문을 해볼 수 있습니다. '친구와 싸우면 어떤 마음이 들까?(감정 살피기)', '친구와 싸웠을 때 마음을 색깔에 비유해볼까?(비유하기)', '왜 친구와 싸우게 되지?(이유 찾기)', '친구와 싸우면 어떤 일들이 일어날까?(결과 예측하기)', '싸운 친구의 입장에서 생각해볼까?(남의 입장에 서 보기)', '그러면 친구와 싸우고 싶을 때는 어떻게 하면 좋을까?(대안 찾기)'

이런 식으로 생각의 구체적인 사고 과정을 안내하면서 독서 토론을 이끌어나갈 수 있습니다. 위의 예시처럼 사고 기술 질문을 활용하여 주제와 상황에 맞게 질문을 이어나가는 것을 '연속 질문 기술'이라고 합니다. 이 책의 사례에는 이러한 연속 질문 기술을 통해 학생들의 생각을 유도하는 과정이 자세히 수록되어 있습니다.

교사의 사고 과정 유도를 통해 학생들의 생각톱니가 돌아가게 되고 독서 토론을 통해 사고 연습들이 누적되어 학생들의 내면에 쌓이면, 학생 스스로 생각톱니를 돌릴 수 있게 됩니다. 생각톱니를 활용한 질문은 독서 토론 초기에는 교사가 중심이 되어 예를 들어주고 모범을 보이는 형태로 진행하고, 학생들이 질문에 익숙해지면 그러한 질문을 학생들 스스로 할 수 있도록 하는 것이 좋습니다.

이렇게 학생들의 내면에 질문하고 생각하는 밑바탕이 형성되면 독서 토론은 매우 자연스럽게 흘러갑니다. 독서 토론이 협력적 사고 과정이라는 인식을 가지고 질문하고 생각하는 방법에 익숙해지면, 독서 토론은 자연스럽게 '협력하고 소통하면서 더 나은 생각을 찾아가는 과정'으로 흘러가며, 토론 방법이나 형식은 부차적인 것이 됩니다.

3) 논제를 선정하는 방법과 유의점

학생들이 책을 읽으면서 자연스럽게 떠오르는 질문들은 논제 선정의 밑바탕이 됩니다. 논제 역시 질문의 형태를 하고 있기에 좋은 논제를 학생들로부터 끌어내기 위해서는 학생들이 좋은 질문을 만들 수 있어야 합니다. 그래서 질문과 논제는 서로 뗄 수 없는 관계입니다. 먼저 양질의 질문을 만드는 연습을 충분히 진행하면서 다음에 제시한 논제 선정의 유의점을 참고로 한다면, 의미 있는 독서 토론을 만들어나갈 수 있습니다.

① 앞서 소개한 질문의 종류 중 '열린 질문'이 독서 토론에 적합한 질문이라고 했는데, 열린 질문 중에서도 '열린 내용적 질문'(예: 우정이란 무엇일까?)을 논제로 하는 것이 좋습니다. 그 이유는 '열린 절차적 질문(예: 친구의 입장에서 생각해보면 어떨까?)'은 사고의 절차만 안내할 뿐 무엇에 대해 생각해야 하는지 그 '내용'이 없기 때문입니다. 그래서 '열린 내용적 질문'을 논제로 하여 '열린 절차적 질문'을 하면서 생각을 이어나가는 형태로 독서 토론을 진행하는 것이 좋습니다.

② 논제는 학생들의 관심사, 생활과 밀접하게 관련되는 것이 좋습니다. 무엇보다 학생들이 책을 읽으면서 자연스럽게 생겨나는 궁금증이나 호기심을 바탕으로 논제를 정해야 합니다. 이는 학생들 마음속에 이미 그 논제와 관련하여 하고 싶은 말들이 많이 있다는 뜻이기도 해서 학생들의 내면이 독서 토론을 할 준비가 되어 있는 상태라고 볼 수 있습니다. 학생들이 궁금해하고 정말 이야기해보고 싶은 논제를 선택했을 때, 독서 토론은 이미 반은 성공한 것이나 마찬가지입니다.

③ 독서 토론 논제는 교사가 일방적으로 정하여 제시하기보다는 학생들과 함께 소통하면서 정하는 것이 좋습니다. 교사가 정말 좋다고 생각한 논제라도 학생들은 원하지 않을 수 있습니다. 학생들이 원하지 않는 논제로 토론했을 때, 학생들은 그 논제에 대해 궁금해하지도, 흥미를 느끼지도 못하며 강제적이라는 느낌을 받아 결국 독서 토론은 실패하게 됩니다. 되도록 학생들이 원하는 논제를 선택하되 교사가 꼭 논제를 제시하고 싶은 경우에는 몇 가지 선택지를 주고 그중에서 학생들이 가장 선호하는 것을 정하도록 하는 것이 좋습니다. 자신들이 선택한 논제이기 때문에 교사가 직접 제시한 논제보다는 훨씬 적극적으로 참여합니다.

만약 교사가 보기에 학생들이 정한 논제가 적절치 못하며 문제가 있다는 생각이 든다면, 학생들에게 이를 솔직히 말하는 것이 좋습니다. 어떤 점이 적절치 못하며 우려가 되는지 진정성 있는 자세로 이야기하면 학생들은 대체로 이를 수용합니다. 그런데도 우려되는 주제로 독서 토론을 하고자 한다면, 그것 자체를 또 다른 배움의 기회로 삼을 수도 있습니다. 실제로 그런 주제로 독서 토론을 경험하고 나면 학생들도 문제가 있다는 것을 느낍니다. 독서 토론 이후 느낀 문제점에 대해 학생들끼리 이야기를 해보게 하면서 어떤 논제가 좋은 논제인지를 판단하는 기준에 대해 생각해보는 시간을 가질 수 있습니다. 이러한 과정을 통해 학생들은 좋은 논제를 가려낼 수 있는 안목을 얻게 됩니다.

④ 논제는 학생들이 말한 것 그대로를 사용할 수도 있지만, 그 기술記述 형태를 좀 더 다듬어 가공하여 사용하는 것이 좋습니다. 예를 들어, 학생들에게 토론하고 싶은 논제들을 조사하였는데 말은 다르나 논의해보고 싶은 것은 본질적으로 같은 경우가 있습니다. 그러면 학생들에게 이렇게 질문해봅니다. "이 질문과 이 질문은 비슷해 보이는데 하나로 묶을 수 없을까?" 그러면 학생들 나름대로 질문들을 통합하여 새로운 논제를 만들어냅니다. 또, 무엇을 묻는지가 불명확한 질문이라면, 어떤 점을 논의하고 싶은지를 질문하여 좀 더 명확한 논제 형태로 바꾸어 쓰면 좋습니다.

논제의 기술 형태는 매우 중요합니다. 논제는 결국 질문의 형태를 하고 있고 어떤 방식으로 질문하는가가 우리의 사고를 제한하기도 하고, 이끌기도 하기 때문입니다. 예를 들어, '아파트에서 개를 길러도 되는가?'라는 논제가 있다고 하면, 이는 '개를 길러도 된다'와 '기르면 안 된다'의 양자택일兩者擇一적인 방향으로 우리의 사고를 제한합니다. 이는 이것 아니면 저것만 선택할 수 있는 상황이 되는 것이며, 이 제한된 틀 안에서 각각의 정당성을 논하게 됩니다. 비슷한 것 같지만 '아파트에서 개를 기를 때 발생할 수 있는 문제에는 어떤 것들이 있는가?'로 논제가 바뀌면 우리의 사고는 발생할 수 있는 문제점들을 찾아내는 형태로 움직입니다. 그러니 정말 논의하고 싶은 것이 무엇인지를 깊이 고민하고 논제의 기술 형태를 다듬는 작업이 필요하며, 이것 역시도 학생들과 함께 질문하면서 만들어가는 것이 좋습니다.

5. 그 밖의 궁금한 점이 있다면

'한 학기 한 권 읽기'를 진행하다 보면 궁금한 점이 생기게 마련입니다. 이 책에는 저자들이 '한 학기 한 권 읽기'를 실행하면서 고민했던 부분과 그에 대한 해결 방법을 팁으로 다루었습니다. 하지만 그 외에 '한 학기 한 권 읽기'를 실천하면서 겪는 운영상의 어려움이나 학생들 지도에 있어 힘든 점 등이 있다면, 저자들과 함께 그 고민을 나누기 바랍니다. '한 학기 한 권 읽기'의 목적이 아이들의 비판적·창의적 사고 역량, 자료·정보 활용 역량, 의사소통 역량, 공동체·대인관계 역량, 문화 향유 역량, 자기성찰·개발 역량을 키우는 것이라면, 그것을 운영하는 교사들도 집단 지성을 발휘하여 그러한 역량을 키워나갈 수 있어야 합니다.

이를 위해, 이 책의 저자들이 함께하는 '오픈 채팅방'을 만들었습니다. 아래의 QR코드를 통하여 오픈 채팅방에 들어오면 보다 나은 '한 학기 한 권 읽기'를 위한 집단 지성의 장에 참여할 수 있습니다. 꼭 '한 학기 한 권 읽기'뿐만이 아니라 독서, 토론, 논술 전반에 대한 의견 교환도 가능합니다. 서로 고민을 공유하고 아이디어를 나누면서 더 발전된 형태의 '한 학기 한 권 읽기'를 만들어나가길 바랍니다.

〈오픈 채팅방에 참여하는 방법〉

1. 스마트폰에서 아래의 QR코드를 검색하여 '토론으로 다지는 한 학기 한 권 읽기' 오픈 채팅방에 바로 접속합니다.

2. '카카오톡 오픈 채팅' 오픈 → '한 학기 한 권 읽기' 검색 → '토론으로 다지는 한 학기 한 권 읽기' 오픈 채팅방 접속

3. 오픈 채팅방에 접속할 때 '참여 코드'가 필요합니다. 참여 코드는 'seda(서울초등토론교육연구회의 영문 약자)'입니다.

우리나라 그림 동화

　우리나라 창작 그림 동화는 어린이의 눈높이에 맞추어 글에 그림을 더하여 구성한 책입니다. 요즘 그림 동화는 어린이나 청소년, 어른들까지도 그 의미를 묻고 따질 만큼 살아가는 데 필요한 가치와 세계관 등을 담고 있습니다. 그림 동화는 글의 내용은 물론이고, 그림만으로도 어린이들이 많은 내용을 느끼고 알 수 있도록 고안된 책입니다. 그래서 그림 동화는 그림도 읽어야 합니다. 줄글로 길게 쓰는 대신 많은 부분을 그림으로 표현하기 때문에 그림도 충분히 보고 느끼며 읽어야 합니다. 그림의 색, 모양, 표정, 크기 등이 중요한 메시지를 담고 있기 때문입니다.

　그림 동화는 책을 폈을 때 왼쪽과 오른쪽 모두 그림으로 가득 그려져 있는 경우가 많습니다. 때로는 큰 그림만으로도 충분히 내용을 전달할 수 있습니다. 그림 동화에서는 어린이들이 그림을 통해 풍부하게 느끼고 알게 하기 위해 그림 읽기를 방해하는 글자나 숫자를 일부러 생략하거나 줄이기도 한답니다.

1

첫 번째로 만나는
'한 학기 한 권 읽기'

우리나라
그림 동화

우리나라 그림 동화로 진행하는 '한 학기 한 권 읽기'
흐름도

책 제목	이웃집에는 어떤 가족이 살까?
책 종류	그림 동화
대상	초등학교 1~6학년
선정 의도	여러 가지 가족 형태 이해, 다문화, 사랑
읽고 생각 나누고 표현하기	[읽기 전 활동] 1. 책 제목과 표지 살피기 2. 작가에 대해 알아보기 [본문 읽기 활동 1] 1. 그림 읽기 2. 내용 읽고 생각 나누기 3. PMI 기법을 활용한 토론하기 4. 고양이가 있는 우리 집, 접고 그리기 5. 입장 바꿔 동시 쓰기 6. 편지 쓰기 [본문 읽기 활동 2] 1. 그림 읽기 2. 내용 읽고 생각 나누기 [본문 읽기 활동 3] 1. 그림 읽기 2. 내용 읽고 생각 나누기 3. 소리 지르기 [본문 읽기 활동 4] 1. 그림 읽기 2. 내용 읽고 생각 나누기 3. 연속 질문 기법을 활용한 토론하기 4. 고양이 접기 [본문 읽기 활동 5] 1. 그림 읽기 2. 내용 읽고 생각 나누기 [본문 읽기 활동 6] 1. 그림 읽기 2. 내용 읽고 생각 나누기 3. 쪽지 쓰기 [본문 읽기 활동 7] 1. 그림 읽기 2. 내용 읽고 생각 나누기 3. 고양이 집 만들기 [본문 읽기 활동 8] 1. 그림 읽기 2. 내용 읽고 생각 나누기 3. 체크리스트 및 연속 질문을 활용한 토론하기 4. 우리 가족 모습 만들기 5. 우리 가족 자랑하기 6. 독후 활동하기
활동 더하기	[그 밖의 한 학기 한 권 읽기 활동] 역할극 하기

이 책을 선정한 이유

유다정 글, 오윤화 그림, 스콜라, 2012

　최근 우리 주변에는 맞벌이, 이혼, 재혼, 입양 등으로 가족 형태가 무척 다양해졌습니다. 그럼에도 아직까지 핵가족이나 대가족만을 긍정적으로 바라보는 시선이 많습니다. 특히, 이혼이나 재혼 및 입양이나 다문화 가족에 대한 시선은 아직까지 곱지만은 않습니다.

　《이웃집에는 어떤 가족이 살까?》는 학생들에게 우리 주변에서 볼 수 있는 여러 가족의 모습을 현실감 있게 담아내어 친근하게 보여주고 있습니다. 사람이 아닌 고양이의 시선에서 다양한 가족의 모습을 자연스럽게 보여주며, 고양이의 입장이 되어 함께 살 가족을 선택해보는 재미와 상상력을 더했습니다. 또한, 가족마다 서로를 위하는 따뜻한 사랑을 엿볼 수 있어 읽는 내내 가족의 소중함을 일깨워줍니다.

　이 책으로 '한 학기 한 권 읽기'를 한다면 학생들이 여러 가지 가족 형태를 이해하며, 자신을 둘러싸고 있는 가족이라는 공동체와 또다른 가족의 모습을 알게 될 것입니다. 그리고 가족의 소중함을 깨우치고 다름과 평등의 시선으로 바라보는 내재적인 힘을 갖추게 될 것입니다.

　이 사례는 2학년 통합교과인 〈여름〉에 나오는 '이런 집 저런 집'과 연계하여 재구성하였으며, 창의적 체험 활동의 다문화 교육과 연계하여 쓰기와 만들기 그리고 토론 거리를 넣었습니다. 한 권의 책을 제대로 읽는다는 의미는 자신의 삶을 살아가는 데 보탬이 되고 스스로 책을 통해 성장함을 아는 것입니다. 또한, 맞벌이 가족, 다문화 가족, 한 부모 가족, 재혼 가족, 조손 가족, 입양 가족인 학생이 있는 학급에서는 이 책을 활용하여 자연스럽게 해당 학생의 자존감을 높일 수 있는 계기가 될 수 있습니다. 나아가 토론을 통하여 기준 만들기, 비교하기, 가치 고려하기 따위를 바탕으로 고차원적 사고력을 향상시킬 수 있습니다.

아이들과 이 책을 어떻게 읽으면 좋을까?

[활동 전반에 대한 안내]

1. 활동 의도

· 총체적 언어 학습으로서 그림과 글을 읽고, 생각을 나누고, 그림을 그리고, 만들고, 쓰고, 역할극을 하면서 책 한 권을 깊이 있게, 제대로 읽을 수 있도록 하였습니다.

· 교육 과정 재구성 및 창의적 체험 활동과 연계하여 발음, 읽기, 가족 만들기, 다문화 교육 등을 할 수 있도록 하였습니다.

· 사고 기술을 적용한 발문과 저학년도 할 수 있는 토론 기법을 활용해 초등학생들의 사고력을 키울 수 있도록 하였습니다.

2. 활동 흐름

· 학생들의 호기심 유발 및 유지를 위해서 책은 교사만 가지고 있으면서 한 문장씩 읽어주고 필요한 활동을 하도록 했습니다.

· '읽기 전 활동'과 '본문 읽기 활동'으로 나누었습니다. '본문 읽기 활동'은 8개로 나누고 모두 25차시로 구성하였습니다. 각각의 '본문 읽기 활동'마다 '그림 읽기'를 통해 내용을 상상하고 예측하도록 하였으며, '내용 읽기'를 통해 여러 가지 관점의 생각을 나누면서 깊이 있는 이해를 할 수 있도록 하였습니다.

· 각 차시별로 적절한 토론 활동이나 표현 활동을 담았습니다.

· 소제목 활동이 끝나면, 소제목의 내용 전체를 읽어주어 내용의 흐름을 정리하도록 하였습니다.

3. 활동 안내

· 저학년은 '한 학기 한 권 읽기' 시간이 따로 배정되어 있지 않기 때문에 국어, 통합교과, 창의적 체험 활동 시간에 운영하면 됩니다. 여기에 안내된 모든 활동을 참고로 하되 더 나은 생각으로 보태거나 다듬고, 학급 여건과 시간을 고려하여 활동하기 바랍니다.
· 논제는 그림이나 내용 읽기 발문 가운데에서 선택해도 좋습니다.
· 이 그림 동화에는 쪽수가 없으니, 편의상 본문이 시작되는 첫 쪽을 1p으로 하였습니다.

4. 활동을 위한 준비

· PPT 자료 - 책을 사진으로 찍거나 스캔하여 만듭니다. 글자가 모두 보이게 해도 좋지만 상상력 향상을 위해 그림 위주로만 만들어봅니다.
· 실물화상기 - PPT 자료를 만들지 못한 경우에 필요합니다.
· 프로젝션 TV
· 색종이, 색깔 A4용지 또는 공책, 가위, 풀, 사인펜, 색연필
· 등장인물의 성격과 기분에 어울리는 목소리로 책을 읽어줍니다.

5. 관련된 국어과 성취 기준

· [2국02-01] 글자, 낱말, 문장을 소리 내어 읽는다.
· [2국02-03] 글을 읽고 주요 내용을 확인한다.
· [2국02-04] 글을 읽고 인물의 처지와 마음을 짐작한다.
· [2국03-02] 자신의 생각을 문장으로 표현한다.
· [2국04-02] 소리와 표기가 다를 수 있음을 알고 낱말을 바르게 읽고 쓴다.
· [2국05-01] 느낌과 분위기를 살려 그림책, 시나 노래, 짧은 이야기를 들려주거나 듣는다.
· [2바03-01] 가족 및 친척 간에 지켜야 할 예절을 실천한다.
· [2바03-02] 가족의 형태와 문화가 다양함을 알고 존중한다.
· [2슬03-01] 우리 가족의 특징을 조사하여 소개한다.
· [2슬03-03] 주변에서 볼 수 있는 여러 가족의 형태를 살펴본다.
· [2슬03-04] 가족의 형태에 따른 구성원의 다양한 역할을 알아본다.

[읽기 전 활동] (1/25차시)

1. 책 제목과 표지 살피기

책 표지에는 제목과 책의 내용이 함축적으로 그려져 있습니다. 또한, 지은이, 그린이, 출판사 따위가 드러나 있습니다. 그러니 책의 표지를 살펴보는 것은 가족이라는 핵심 낱말과 그림을 통해 배경 지식과 경험을 활성화하면서 책의 내용을 상상하고 예측하여 책에 대한 흥미와 관심을 모으고 유지하는 효과가 있습니다.

〈교사의 질문 예시〉

책 제목인 《이웃집에는 어떤 가족이 살까?》에서 글자 '가족'을 종이로 가리고 보여줍니다.

· 책의 앞표지인데 무엇이 보이나요?

· 제목이 무엇일까요?

· 왜 그렇게 생각했나요?

· 다르게 생각하는 사람이 있나요?

· 어떤 색의 대문이 있는 집에 살고 싶나요? 이유도 함께 말해보세요.

· 만약 우리 집에 고양이가 있다면 어떨지 말해보세요.

· 고양이를 키우는 사람이 있나요? 고양이에 대해 아는 것을 말해볼래요?

· 노란색 현관문이 마음에 드는 사람, 손들어보세요. 이유는 무엇인가요?

· 빨간색 현관문이 마음에 드는 사람, 손들어보세요. 이유는 무엇인가요?

· 파란색 현관문이 마음에 드는 사람, 손들어보세요. 이유는 무엇인가요?

· 초록색 현관문이 마음에 드는 사람, 손들어보세요. 이유는 무엇인가요?

· 주황색 현관문이 마음에 드는 사람, 손들어보세요. 이유는 무엇인가요?

· 또 무엇이 보이나요?

· '유다정'이라는 사람이 이 글을 지었군요. 작가, 글쓴이, 지은이 모두 같은 말이에요.

· 고양이는 이 책에서 어떤 구실을 할까요?

· 이 책에 나오는 고양이의 이름은 무엇일까요?

· 만약 우리 집에 고양이가 있다면 이름을 뭐라고 짓고 싶나요? 이름에는 어떤 뜻이 담겨있나요?

· 이 책은 어떤 내용일까요?

2. 작가에 대해 알아보기

이 글을 지은 유다정 작가는 국문학을 전공하고, 제9회 창비 좋은 어린이책 기획 부문에서 《발명, 신화를 만나다》로 대상을 받았습니다. 작가에 대해 알아보며 작가가 지은 다른 책에는 어떤 것들이 있는지도 알아봅니다. 유다정 작가가 지은 책으로는 《난 한글에 홀딱 반했어!》, 《태양의 새 삼족오》, 《투발루에게 수영을 가르칠 걸 그랬어!》 등이 있습니다.

교사: 이 글을 지은 사람이 누구라고 했지요?

학생: 유다정 님이요.

교사: 유다정 님은 국문학을 전공했대요. 국문학이란 우리나라 문학을 줄인 말이에요. 그렇다면 문학은 뭘까요?

학생: …….

교사: 문학은 어려운 말이지요? 우리가 국어책을 통해서 배우는 것들이라고 보면 돼요. 예컨대 수학에서는 셈하기, 모양, 재기, 분류하기 따위를 배우지요. 국어에서는 어떤 것들을 배우나요?

학생: 동시, 이야기…….

교사: 잘 말했어요. 동시도 있고, 동화도 있고, 연극하는 글도 있고, 일기도 있고, 이런 것들을 모두 문학이라고 말해요. 우리가 읽을 이 책은 어느 것에 속할까요?

학생: 동화요.

교사: 맞아요. 그런데 거기에 그림이 있어요. 그러면 무슨 동화가 될까요?

학생: 그림 동화?

교사: 그래요. 그림이 곁들여진 동화니까 그림 동화인 거예요. 유다정 님은 글을 지었고, 오윤화 님은 그림을 그렸어요. 글을 지은 지은이와 그림을 그린 그린이가 힘을 모아 그림 동화를 만든 거지요. 그리고 이 책의 지은이는 제9회 창비 좋은 어린이 책 기획 부문에서 대상을 받았어요. 상은 하나의 길로 꾸준히 가면서 더 낫게 되도록 애쓴 것을 칭찬하는 거예요. 그동안 여러 가지 책들을 지었으니까 도서관에 가면 꼭 찾아서 읽어보면 좋겠어요.

학생: 선생님, 표지에 있는 하늘이 파래서 참 좋아요.

교사: 아! 지은이 이야기를 하다가 표지 이야기를 하니까 재밌네요. 파란 하늘을 보니 바깥놀이도 실컷 하고, 밖에서도 책을 읽었으면 좋겠어요.
이제 읽어볼까요?

[본문 읽기 활동 1] (1~6p)

1. 그림 읽기 (2-3/25차시)

교사: 그림을 보니 어떤 생각이 드나요?

학생: 고양이가 너무 커요. 왕관도 썼고 꼬리도 흔드는 것 같아요.

교사: 왜 고양이는 이렇게 크고 왕관까지 썼을까요?

학생: 고양이 세계에서 왕인가 봐요.

2. 내용 읽고 생각 나누기

교사: 어떤 내용인지 궁금하네요. 함께 읽어볼게요.

....

TIP! 교사가 실감 나게 읽어주면 효과적입니다. 실감 나게 읽어주기 힘든 경우에는 학생들이 내용을 머릿속에 그려볼 수 있도록 천천히 또박또박 읽어줍니다.

〈교사의 질문 예시〉

· 주인공의 이름은 무엇인가요? 왜 그런 이름을 지어주었을까요?

· 미오는 어떤 일을 마음대로 할 수 있나요?

· 여러분이 마음대로 할 수 있는 일은 무엇인가요?

· 여러분이 마음대로 하고 싶은 일은 무엇인가요?

· '당당하다'는 것은 무엇인가요?

· 미오는 무엇을 자신만만해 하나요?

· 여러분이 자신만만한 점은 무엇인가요?

· 고양이들은 왜 미오 곁을 떠났을까요?

· 혼자 남은 미오의 기분은 어땠을까요?

· '홀로 울부짖다 잠든 모습'을 몸으로 나타내보세요.

· (책의 4p에 있는 내용을 워드로 친 글씨를 보여주면서) 우리는 발음에 대해 배웠어요. 발음은 낱말을 소리 내는 것을 말해요. 그런데 앞의 끝소리는 뒤에 오는 글자의 첫소리가 'ㅇ'으로 시작되면 그 끝

소리가 첫소리에 와서 소리가 난다고 했었어요. 함께 찾아볼까요?

· 고양이들이[고양이드리] / 곁을[겨틀] / 떠나갔어[떠나가써] / 사람들의[사람드리] / 가족이[가조기] / 짝을[짜글] / 말았지[마라찌] / 있어[이써] / 마음을[마으믈] / 다잡아도[다자바도] / 저녁이[저녀기] / 울부짖었어[울부지저써]

· 발음을 바르게 하여 읽어보세요.

  (전체 따라 발음하기 / 개별 연습하기 / 모둠끼리 발음하기 / 전체 발음하기)

· 미오가 바라는 가족은 어떤 가족일까?

· 미오는 어떤 가족을 싫어할까요?

· 길고양이들은 어떻게 가족을 만들 수 있을까요?

· 고양이는 스스로 주인을 고르기도 할까요?

· 지금까지의 내용을 한꺼번에 읽어보면 좋겠어요. 누가 나와서 읽어볼래요?

· 한 가지 더! 글자의 발음을 바르게 읽어야 해요.

· 큰 소리로 또박또박 잘 읽었어요!

··

TIP! 교육 과정과 연계하여 낱말을 바르게 발음하는 활동을 넣었습니다. 학생들에게 정확한 발음을 할 수 있는 기회를 마련하는 것은 중요합니다. 저학년 수준에 맞는 연음에 의한 발음 규칙을 알려주면 맞춤법에 큰 도움이 되기 때문입니다.

그림 동화는 내용이 짧은 경우가 많습니다. 학생들마다 책을 가지고 있으면 뒤의 내용을 한꺼번에 모두 읽기 쉽습니다. 그러면 교사가 발문할 때 답을 말하기 때문에 상상력이 제대로 발휘되지 못할 수 있습니다. 저학년과 그림 동화로 '한 학기 한 권 읽기'를 할 때는 교사만 책을 가지고 있는 것도 좋습니다. 만약 책을 읽은 학생이 있다면, 친구들에게 내용을 말하지 않도록 미리 약속해두는 것이 좋습니다.

이 책처럼 옴니버스 식으로 된 책은 작은 주제로 묻고 따지고 나서, 보다 큰 주제로 묶인 내용을 한꺼번에 읽어주는 것이 내용 이해에 도움이 됩니다. 특히, 저학년은 집중 시간과 장기 기억의 활성화 과정을 세심하게 배려해야 합니다.

TIP! 학생들이 질문에 익숙하지 않을 때는 질문, 추론 질문, 적용 질문 따위를 교사가 본보기로 질문하는 것이 좋습니다. 무엇보다 학생들이 스스로 궁금한 것을 질문으로 만들어서 그것을 묻고 따질 수 있도록 이끌어주는 것이 중요합니다. 예시로 만든 질문 가운데 적절한 것을 골라서 적용하기 바랍니다. 물론 더 나은 질문이 있다면, 그 질문으로 활동해도 좋습니다.

교사: 궁금한 것이 있으면 질문해보세요.(연 차시로 하는 것이 좋다.)

학생: 미오는 혼자면서도 어떻게 당당할까?

학생: 미오는 왜 다른 고양이들에게 같이 있자고 말하지 않았을까?

학생: 미오는 같이 살 가족을 꼭 찾아야만 할까?

학생: 미오는 속으로 어떤 생각을 하고 있을까?

학생들이 만든 질문 가운데 의견을 모아서 논제를 정합니다. 이 활동은 1차시의 시간이 걸리고 기억과 관심 및 집중의 한계가 있기 때문에 특히, 저학년의 경우 토론 거리를 만들 때는 블록 타임(연 차시)으로 운영하는 것이 좋습니다.

3. PMI 기법을 활용한 토론하기 (4/25차시)

논제 : 미오는 같이 살 가족을 꼭 찾아야 할까?

(이 논제는 학생들이 만든 논제이므로 하나의 예로써 참고한다.)

방법 : PMI 기법을 활용한 토론

P : 가족을 찾아야 한다	M : 가족을 찾지 말아야 한다
· 외로운 것은 싫기 때문 · 혼자 남으면 무서워질 수도 있기 때문 · 행복하게 살아야 하기 때문 · 길고양이를 구박하기 때문 · 길을 가는 아이들이 괴롭히기 때문 · 사람에게도 도움을 줄 수 있기 때문	· 자유로운 것이 좋기 때문 · 어디든 다니면서 이집 저집을 하루씩 살아볼 수 있기 때문 · 길러지다가 버림받을 수 있기 때문 · 더 큰 상처를 받을 수 있기 때문 · 사람이 불편할 수 있기 때문

교사: 가족을 찾으면 외로운 경우가 없을까요?

학생: 매일 온종일 외로운 것보다는 나아요.

교사: 자유롭다는 것은 어떤 뜻일까요?

학생: 가고 싶은 곳을 마음대로 다닐 수 있어요. 갇혀 있으면 그렇게 하지 못해요.

학생: 집 안에서만 있어야 하는데 가지고 놀 물건을 챙겨주지 않으면 답답하고 심심해요.

교사: 가족을 찾는다고 행복할까요?

학생: 그래도 행복하다 – 외롭지 않으니까 / 사람들을 행복하게 해주면 자기도 행복해지니까 / 주인이 책임을 지고 잘 기를 테니까 / 병이 들면 치료해주니까

학생: 행복하지 않을 수 있다 – 점점 잘 대해주지 않을 수 있으니까 / 식구들이 모두 나가면 다시
　　　외로워지니까 / 고양이 친구가 없어서 / 사람은 말이 잘 통하지 않으니까

교사: 외로움을 참고 자유를 지켜야 할까요? 아니면 행복을 위해 자유를 맞바꿔야 할까요?

학생: 외로움을 참고 자유를 지키겠어요. 길고양이가 갇혀 있으면 답답하니까.

학생: 도저히 참을 수 없을 때까지 좀 더 참겠어요. 자유의 시간을 오래도록 가져요.

학생: 자유를 줄이더라도 행복해지는 것이 좋아요. 외로우면 자유로워도 소용없으니까.

교사: 길고양이를 보면 어떻게 대할지 말해보세요.

학생: 불쌍하니까 지나갈 때까지 가만히 기다린다. / 인사를 한다. / 괴롭히지 않는다. /먹을 것이
　　　있으면 준다. / 엄마한테 말해서 먹을 것을 가져다준다.

I : 되돌아 살피기

교사: 이 활동을 통해 어떤 생각을 했나요?

학생: 가족을 찾아야 한다고 생각했는데 좋지 않은 점도 있다는 것을 알게 되었습니다.

학생: 외롭지 않은 것이 나은지 자유롭게 사는 것이 나은지 헷갈립니다.

학생: 이렇게 많은 생각이 있다는 것을 알게 되었습니다.

....

TIP! PMI에서 I에 해당하는 활동에서는 대부분 내용을 정리하거나 새로운 생각을 하거나 발전된 생각을
하도록 합니다. 그러나 이러한 활동 자체를 성찰하도록 하는 것도 고차원적 사고 훈련에 도움이 됩니다.

1) PMI 기법을 활용한 토론이란?

① PMI 기법을 활용한 토론 : 창의성 기법 가운데 하나인 PMI 기법을 활용하여 대립식 토론
　 을 할 때 쟁점 찾기 및 글쓰기를 돕기 위해 개발되었습니다.

② P^{Plus} : 찬성, 좋아한다, 바람직하다, 인정한다, 긍정적이다, 장점

③ M^{Minus} : 반대, 싫어한다, 바람직하지 못하다, 인정할 수 없다, 부정적이다, 단점

④ I^{Interesting} : 새로운 생각, 정리된 생각, 발전된 생각

⑤ 쟁점 : 어떤 대상(안건, 논제, 사건, 사물 등)에 대해 찬성이나 반대로 대립하는 것을 말합니다.

⑥ 쟁점을 찾아 집중적으로 토론합니다.

⑦ 공책 한 쪽 중 반 페이지에 P와 M을 작업하고 나서 토론을 마친 다음, 나머지 반 페이지
　 에 I를 하면 글쓰기에 대한 부담을 줄일 수 있습니다.

논제 : 미오는 같이 살 가족을 꼭 찾아야 할까?

P(찬성 이유, 근거) : 찾아야 한다	M(반대 이유, 근거) : 찾지 않아도 된다
· 외롭고 무섭기 때문 · 행복하게 살아야 하기 때문 · 길고양이를 구박하기 때문 · 사람에게도 도움을 줄 수 있기 때문	· 길러지다가 버림받으면 더 외롭고 무섭기 때문 · 자유가 없으면 행복하지 않기 때문 · 길러지는 고양이도 학대를 받을 수 있기 때문 · 사람이 불편할 수 있기 때문

I(새롭거나 정리된 이유, 근거 및 토론 후의 생각 정리)
행복한 삶과 자유로운 삶, 둘 다 있어야 한다고 생각한다. 자유가 없는 삶이 행복할 수 없고 행복한 삶에 자유가 없으면 안 된다고 생각한다. 행복하려면 자유도 있어야 하고, 구박이나 학대도 받지 말아야 한다. 그리고 고양이에게만 좋은 것이 아니라 사람에게도 좋아야 한다는 것을 알게 되었다. 그러면 미오는 어떻게 해야 할까? 내 생각에는 학대를 하지 않고 고양이가 쉬고 싶을 때는 쉬게 하고, 놀고 싶어할 때는 놀게 하는 가족을 찾았으면 좋겠다. 지금 문제가 외롭기 때문에 집을 찾아야 한다고 했으니까 그런 집을 찾으면 될 것 같다.

　학생들이 쟁점을 찾지 못하고 서로 빙빙 도는 토론을 하는 경우를 흔히 볼 수 있습니다. 쟁점을 찾아야 대화가 겉돌지 않고 대립식 토론을 효과적으로 할 수 있습니다. 찬반대립 토론을 하게 되는 경우 PMI 기법을 활용하여 쟁점을 미리 찾게 한 다음, 토론을 하면 효과적이고 집약적인 토론을 할 수 있습니다. 자신이 이렇게 주장하면 상대방이 어떻게 반박할지 미리 알 수 있기 때문에 그에 대한 예상 답변을 마련하기가 쉬워집니다.

　저학년은 쟁점이 되는 것의 근거를 찾더라도 이것을 쟁점화시키지 못하거나 집중적인 토론으로 만들기 어렵습니다. 그래서 서로 입장이 다르다는 것을 보여주는 것으로 목적을 다할 수도 있습니다. 교사가 사고 기술을 활용하여 디딤돌이 되는 질문을 던져 사고가 조금 더 깊어지도록 이끌어주면 좋습니다.

4. 고양이가 있는 우리 집, 접고 그리기 (5-6/25차시)

1) 활동 의도
· 통합 교과 및 창의적 체험 활동의 일환이며 창의력 향상 및 협응력 향상을 기대합니다.
· 고양이를 배려한 집을 상상하고 고양이의 입장을 헤아립니다.

2) 준비물

공책 또는 도화지, 양면 색종이 2장, 색연필, 사인펜, 풀

3) 활동 순서

① 두 가지 집 접는 방법을 알려주고 접기

② 접은 집을 공책(도화지)에 마음대로 붙이기

③ 고양이를 그리고 집 꾸미기

④ 고양이를 위해 배려한 부분을 설명하기

　　(시간이 부족하면 모둠끼리 한다. 도화지인 경우는 교실 뒤에 게시한다.)

〈고양이가 있는 우리 집, 접고 그리기 활동 예시〉

5. 입장 바꿔 동시 쓰기 (7/25차시)

1) 활동 의도
입장 바꿔 생각하기를 통해 동시를 써봅니다.

2) 활동 순서
① '내가 만약 고양이라면' 주제로 상상하기
② 어떤 가족과 살고 싶은지, 왜 그런지 생각하기
③ 어떤 가족과는 살고 싶지 않은지, 왜 그런지 생각하기
④ 공책(A4용지)에 쓰기

〈입장 바꿔 동시 쓰기 활동 예시〉

내가 고양이라면
여유진

만약 내가 고양이라면 개가 있는 집에서 살기 싫어. 왜냐하면 개가 멍멍 짖어서 나보고 여기는 내 땅이라고 나를 내쫓을 거야.

만약 내가 고양이라면 더러운 집에서 살기 싫어. 왜냐하면 쓰레기가 있으면 다 나한테 던져 이 세상에서 제일 더러운 고양이가 될 거야.

만약 내가 고양이라면 가족이 있는 집에서 살고 싶어. 왜냐하면 가족이 있다면 털이 날리기는 하지만 가족은 나를 많이 사랑할 거야.

내가 고양이라면
배정원

내가 고양이라면 노래 부르는 집에 가지 않을 거야. 왜냐하면 노래를 부르는 집의 주인이 너무 욕심을 부려서 악기까지 더해서 정말 피곤할 것 같기 때문이야.

내가 만약 고양이라면 강아지가 있는 집에 가지 않겠어. 왜냐하면 강아지가 너무 커서 나를 부려먹을 수도 있고, 강아지가 사고를 쳤는데 나한테 떠넘길 수도 있기 때문이야.

내가 만약 고양이라면 가족들이 있는 집에 가겠어. 왜냐하면 아기가 크면서 동물에 대해 더 사랑을 갖게 되고 고양이도 행복해지기 때문이야.

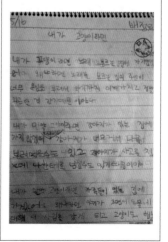

〈동시 쓰기로 할 수 있는 그 밖의 활동〉

1) 활동 의도
시화로 나타내면서 입장 바꿔 생각하기와 심미적 체험을 합니다.

2) 준비물
입장 바꿔 동시 쓰기 한 것, 색 A4용지, 사인펜, 색연필

3) 활동 순서
① '내가 만약 고양이라면' 주제로 쓴 글 다시 읽기
② 좋은 경우의 이유나 느낌이 잘 나타났는지 살펴보고 다듬기
③ 싫은 경우의 이유나 느낌이 잘 나타났는지 살펴보고 다듬기
④ 색 A4용지에 사인펜으로 쓰기
⑤ 어울리는 그림 그리기
⑥ 교실 뒤에 붙이고 서로 감상하기

〈동시 쓰기로 할 수 있는 활동 예시〉

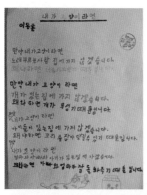

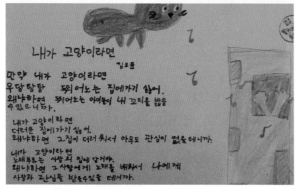

6. 편지 쓰기 (8/25차시)

[272p 학습지 활용]

1) 활동 의도
독후 활동의 한 방법으로 편지 쓰기를 통해 표현력을 키웁니다.

2) 준비물
2학년 1학기 〈국어 가〉의 붙임 자료 4

3) 활동 순서
① 고양이 이름을 정하기
② 가족들의 특징에 대해 이야기 나누기(아이들이 많은 집, 악기를 연주하는 집, 아기가 있는 집 등)
③ 고양이가 가족을 찾을 때까지 힘내라는 뜻으로 편지 쓰기
④ 교실 뒤에 붙이고 서로 감상하기

〈편지 쓰기 활동 예시〉

집을 아직 찾지 못한 까망이에게

안녕? 까망 고양이야. 나는 서울 ○○초등학교 2학년 ○○이야. 나 언제 고양이의 입장이 돼서 시를 써봤어. 나는 가난하고 집이 작아도 행복과 사랑이 넘치는 집에 살고 싶어. 왜냐하면 네가 특별한 식구도 되고 이제부터 행복하게 계속 살 수도 있잖아. 너도 그렇게 살고 싶지? 그리고 더러운 집에는 가지 마. 왜냐하면 더러운 집에 가면 너의 털이 지저분해지니까 가면 안 돼.

2018. 5. 18. 지민이가

집을 아직 찾지 못한 까망이에게

안녕? 나는 서울 ○○초등학교 2학년 ○○이야. 이 책에서 보니 고민이 많이 있는 것 같은데 도와줄까? 내가 생각하기에는 아이들이 뛰어다니는 데는 안 좋아. 왜냐하면 낮에 네가 낮잠을 잘 때 시끄럽고 밟힐 수도 있어. 아기 있는 데는 좋아. 왜냐하면 널 좋아하게 될 수도 있고 아기가 크면서 느낌을 알 수 있거든. 그럼 안녕!

2018. 5.18. 가은이가

[본문 읽기 활동 2] (7-10p) ^(9/25차시)

1. 그림 읽기

〈교사의 질문 예시〉

· 현지네 가족은 모두 몇 명인가요?

· 현지네와 같이 일하는 부모님과 자녀로 이루어진 가정을 뭐라고 하는지 알고 있나요? 맞벌이 가정이라고 해요. 우리 반에는 맞벌이 가정이 많은데 한번 손들어볼까요?

· 가족과 가정은 어떻게 다를까요? 선생님은 어떨 때는 가족이라고 하고 어떨 때는 가정이라고 할 거예요.

· 선생님이 말해줄게요. 가족은 엄마, 아빠, 나, 동생처럼 그 집에 사는 사람들을 말해요. 가정은 그런 사람들이 사는 집을 말해요. 사람들은 가족이나 가정을 따로 보지 않고 같은 뜻으로 쓰기도 해요. 우리는 학교 공부를 마치고 가족으로 가나요, 가정으로 가나요?

· 맞아요. 그러나 '나는 가족의 품으로 돌아간다.'라고 말해도 돼요. '우리 가족은 행복해.'라고 말해도 맞고, '우리 가정은 행복해.'라고 말해도 맞아요. 가족은 그 집에 사는 사람들이라는 뜻이 강하고, 가정은 그 사람들이 사는 집이라는 뜻이 강해요.

· 부모님들께서 지금 이 시간에도 열심히 일을 하는 것은 여러분을 돕기 위해서예요. 여러분도 부지런히 익히고 배우기 바라요.

2. 내용 읽고 생각 나누기

〈교사의 질문 예시〉

· 엄마가 학교에 못 오게 되자 현지의 마음은 어땠을까요?

· 여러분도 그런가요? 이유가 무엇일까요?

· 공개 수업을 할 때 바쁘시면 못 오실 수도 있어요. 대신 더 잘 하면 되지요.

· 현지의 마음은 어땠을까요?

· 현지의 바뀐 마음을 나타내볼까요?

· 미오는 현지네 가정을 어떻게 생각할까요?

· 미오는 현지네와 살고 싶을까요?

· 미오는 어떤 것을 싫어하나요?

· 여러분도 부모님을 기다려본 적이 있나요? 그때 마음이 어땠나요?

· 현지네 집은 집안일을 어떻게 하고 있나요?

· 미오의 마음이 현지랑 살아줄까 하는 마음이었어요. 그런데 왜 마음이 바뀌었을까요?

· 현지네 가족을 그리고, 가족을 설명할 수 있나요?

· 누가 지금까지의 내용을 한꺼번에 읽어볼래요?

· 차분하고 또렷하게 잘 읽어주었어요.

[본문 읽기 활동 3] (10-14p) ^(11/25차시)

1. 그림 읽기

교사: 그림을 보니 어떤 장면이 보이나요?

학생: 한 쪽은 엄마와 아들만 있고 다른 쪽에는 아빠와 아들만 있어요.

교사: 재민이네처럼 아빠가 없거나 엄마가 없는 가족끼리 모여서 새로운 가족을 만들기도 해요.
　　　이런 가족을 재혼 가족이라고 해요. 재혼은 결혼을 다시 했다는 뜻이에요.

....

TIP! 재혼 가족의 학생이 있을 수도 있기 때문에 재혼 가족의 뜻을 설명하는 데서 멈춥니다. 학생들이 더
알고 싶어 질문을 하면 유연하게 학습 활동으로 돌아오는 것이 좋습니다.

2. 내용 읽고 생각 나누기

〈교사의 질문 예시〉

· 재민이와 형은 어떤 사이일까요? 왜 '형'이라는 말을 뺐을까요?

· 형은 어떤 마음일까요?

· 왜 개미만한 소리로 말했을까요? 재민이처럼 개미만한 소리로 말해볼래요?

· 앞으로 지민이와 형의 사이는 어떻게 될 것 같은가요? 그 이유는 무엇인가요?

· 미오는 어떻게 애교를 부릴까요?

· '요가'가 무엇인가요?

· 아빠가 엄마에게 하는 행동을 보고 재민이는 무슨 생각을 할까요?

· 싫어하는 것이지만 내가 좋아하는 사람이 좋아하는 것이라 따라서 좋아하게 된 경우가 있나요?

· 미오는 재민이네 가족과 함께 살고 싶을까요?

· 지금까지의 내용 가운데 미오가 싫어하는 것은 무엇일까요?

· 재민이네 가족을 머릿속에 그려보세요. 재민이네 가족을 설명할 수 있나요?

· 누가 지금까지의 내용을 한꺼번에 읽어볼래요? 재미있게 잘 읽어주었어요.

3. 소리 지르기

1) 활동 의도

저학년 학생들은 여러 사람 앞에서 발표할 때 목소리가 작아서 잘 들리지 않을 때가 많습니다. 그래서 학생이 발표를 하면 교사는 학생이 말한 내용을 그대로 말해주거나 내용을 보태어서 말해주기도 합니다. 그렇다고 목소리를 크게 하라고 매번 요구하는 것도 무리가 있습니다. 학생에 따라서 그런 재촉을 받는 것이 스트레스가 될 수 있고, 발표 자체를 하지 않게 되는 까닭으로 작용할 수도 있습니다.

만약, 학급에 재혼 가정의 학생이 있다면, 그 학생의 마음을 홀가분하게 해주고 괜찮다는 마음을 가지게 할 필요가 있다고 생각했습니다. 그래서 소리 지르기 활동을 해보았습니다. 수업 시간에 공식적인 소리 지르기는 일탈이면서도 교사의 지시와 규칙을 따르는 하나의 교육적 활동이 될 수 있습니다.

교사: 지금부터 5초 동안 소리 지르기를 할 거예요. 그동안 화나고 속상하고 답답했던 것을 확 날려버릴 거예요. 그렇지만 시간이 되면 바로 멈추기예요. 참, 창문을 닫아주세요. 우리가 지르는 소리에 옆 반이 공부에 방해될지 모르잖아요. 자, 준비, 시작!

교사: 시간 약속을 잘 지켜주어 고마워요. 한 번 가지고 부족하지요? 자, 준비, 시작!

[본문 읽기 활동 4] (15-18p) ^(11-12/25차시)

1. 그림 읽기

교사: 그림을 보니 식구가 몇 명이나 되나요?

학생: 9명이에요./10명이에요.

교사: 왜 10명인가요?

학생: 9명에 들이도 세어야 해요.

교사: 아, 들이도 세어야 하네요. 맞나요? 세어 봐야겠네요.

학생: 할아버지, 할머니, 삼촌, 아빠, 엄마, 누나, 나, 쌍둥이, 아기 10명이에요.

교사: 아! 동생과 아기는 다른 사람인 거였네요. 이런 가족을 무슨 가족이라고 할까요? '대가족' 이
라고 해요. '클 대(大)'라는 한자말인데 여러 세대가 살고 있는 가족이에요. 할아버지와 할머
니 세대와 아빠, 엄마, 삼촌, 고모 세대 그리고 형, 들이, 동생, 아기 세대까지 이렇게 삼 세
대가 한 집에 살고 있으면 대가족이라고 해요.

2. 내용 읽고 생각 나누기

〈교사의 질문 예시〉

· '진지'가 무엇일까요?

· '드시다'는 무슨 말일까요?

· 왜 '진지', '드시다'라고 말할까요?

· 들이가 하는 집안일은 무엇인가요?

· 집안일은 어떤 것인지 예를 들어보세요.

· '숙제하기', '목욕하기'는 집안일일까요? 집안일과 어떻게 다를까요?

· 그럼 집안일은 누가 해야 한다고 생각하나요?

· 여러분은 어떤 집안일을 하나요?

· 이 집의 식구는 모두 몇 명인가요?

· 삼촌이 있는 사람은 손들어보세요. 고모가 있는 사람은 손들어보세요. 외삼촌이 있는 사람은 손
들어보세요. 이모가 있는 사람은 손들어보세요. 어떤 점이 좋은지 말해보세요.

· 왜 들이는 할아버지가 수저를 들 때까지 기다렸을까요?

· 여러분이라면 미오에게 무엇을 해주고 싶은가요?

· 앗! 미오가 마음을 바꾸었어요. 무엇 때문일까요?

· '아기가 꼬리를 물까 봐.'라고 답을 한 ○○이는 아까 읽어준 이야기를 잘 기억하고 있었군요. 이
  집에는 바로 아기가 있었어요.

· 누가 지금까지의 내용을 한꺼번에 읽어볼래요?

· 궁금한 것을 질문해보세요. (연 차시로 하는 것이 좋다.)

  (개인 질문을 만들고, 모둠 질문을 정하고, 전체 질문을 다듬어서 논제를 만든다.)

3. 연속 질문 기법을 활용한 토론하기 (13/25차시)

논제 : 예의는 무엇일까요?

(이 논제는 학생들이 만든 논제이므로 하나의 예로써 참고한다.)

방법 : 연속 질문 기법을 활용한 토론

〈교사의 질문 예시〉

· 예의를 지키지 않으면 어떻게 될까요?

· 예의를 지키지 않으면 왜 기분이 나빠지고 화가 날까요?

· 그럼 예의를 지키지 않는 예를 들어보고 상대방이 어떤 기분이 들지 말해 볼까요?

· 어른들에게는 대접을 해야 하나요? 왜 그렇게 생각하나요? 예를 들어볼까요?

· 줄을 서는 것은 예의일까요, 규칙일까요?

· 그러면 새치기는 규칙을 지키지 않는 것도 되지만, 버릇이 없는 것이기도 하네요. 그렇다면 예의
  바른 사람은 새치기를 하지 않는다는 것이네요. 다른 예를 들어볼까요?

· 다른 사람을 방해하는 것은 예의가 없는 것이라고 볼 수 있나요? 또 다른 예를 들어보세요.

· 주인의 허락도 없이 함부로 남의 물건을 가져다 쓰는 것은 도둑질은 아니지만, 기분이 나쁘고 짜
  증이 나는 일이군요. 그러면 남을 짜증나게 하는 것은 예의가 없는 건가요?

· 예의를 지키지 않으면 사람들의 기분이 상합니다. 그것은 사람으로서, 주인으로서 대접을 받지
  않았기 때문이겠네요.

· 예의는 누구에게 지켜야 할까요?

· 그럼 모든 사람에게 예의를 지켜야 하는 거네요. 친구들 사이에는 어떤 예절이 필요할까요?

· 그럼 예의라는 것은 어떤 사람이 다른 사람에게 대접해주는 마음가짐이나 태도라고 할 수 있나
요? 왜냐하면 다른 사람도 나와 같은 사람이니까 대접을 해야 한다는 것인가요?

· 예의를 지키면 사이가 좋아지고 서로 기분이 좋고 살맛나게 되는 것인가요?

· 그런데 예의는 자신에게는 지키지 않아도 될까요?

· '후회!' 아주 어려운 말이네요. 이 말이 무슨 뜻인지 풀어줄 사람이 있나요?

· 그럼 자신에게 후회하지 않게 하는 것이 예의를 지키는 것인가요?

· 그러면 사람이 아닌 것들에게도 예의를 지켜야 한다는 거네요. 어떻게 생각하나요?

· 여러분은 가위를 다른 사람에게 줄 때 어떻게 주나요? 한번 해볼까요?

· 가위는 위험한 물건이에요. 잘 쓰지 않으면 사람을 다치게 할 수 있는 위험한 물건이에요. 이런
물건을 다른 사람에게 건네줄 때는 그 사람이 안전할 수 있도록 주어야 할까요, 아니면 내가 안
전하도록 주어야 할까요? 왜 그럴까요?

· 그러면 예의는 안전하기 위해서도 지켜야 하네요.

· 그것도 다른 사람을 먼저 생각하는 거고요.

· 사람에게도 물건에게도 예의를 지켜야 한다고 하였는데, 물건에게 지키는 예절은 결국 누구에게
예의를 지키는 걸까요?

· 물건을 쓰거나 다룰 때 어떤 예절이 있을까요?

· 너무나 좋은 예들이네요. 그렇다면 동물에게는 어떤가요?

· 개들에게는 예의를 지키는 것이 아니라, 동물도 목숨이 우리처럼 하나이니까 소중하게 여기라는
말이 있지요? 그러니까 어쩌면 개들에게도 예의를 지켜주어야 하는 것이 아닐까요?

· 선생님도 개들에게 예의를 지켜야 하는지 아닌지 궁금하네요. 앞으로 이런 것을 좀 더 묻고 따져
볼 수 있는 시간이 있기를 바라요. 선생님도 모르는 것이 있지요. 여러분의 이야기를 듣고 선생
님도 많은 것을 배워요. 여러분끼리도 서로 배우고 깨닫잖아요. 여러분이 어리지만, 어른인 선생
님도 많은 것을 배우고 있어요.

....

TIP! 연속 질문이란 문제를 해결해나가는 데 필요한 디딤돌 구실을 하는 질문을 연속적으로 하는 것을
말합니다. 여기에 적용된 사고 기술은 ① 예시 들기 ② 정의 내리기 ③ 반례 들기 ④ 이유 찾기 ⑤ 비교하
기 ⑥ 추론하기 등입니다.

4. 고양이 접기 (14/27차시)

1) 활동 의도

창의적 체험 활동으로 스토리를 통한 창의력과 심미안을 향상합니다.

2) 준비물

단면 색종이 두 장, 눈알 2개씩, 방울, 목공 본드

3) 활동 순서

① 유튜브에서 고양이 접기 동영상을 찾아서 수준에 맞는 것을 고르기

② 좋아하는 색깔의 색종이를 두 장 골라 고양이 두 마리 접기

③ 학생이 원하는 곳에 교사가 목공 본드로 고양이 눈알 붙여주기(고학년이면 모둠별로 나눠주고 학생들이 직접 붙이도록 한다.)

④ 어울리도록 고양이 표정 그리기

〈고양이 접기 활동 예시〉

[본문 읽기 활동 5] (19-22p) (15/25차시)

1. 그림 읽기

교사: 어떤 그림인가요?

학생: 결혼하는 그림이에요.

교사: 왜 물고기가 그려져 있을까요?

학생: 물고기를 좋아해요.

교사: 그럴까요? 잠시 후에 비밀이 밝혀질까요?

2. 내용 읽고 생각 나누기

〈교사의 질문 예시〉

- '국적'이 뭘까요?
- 국적은 어느 나라에 속할지를 정한 거예요. 여러분은 모두 국적이 대한민국이에요. 태어난 나라를 국적이라고도 하지만 그렇지 않을 수도 있어요. 올림픽 경기를 할 때 보면, 우리나라 사람이 아닌 것 같은데 태극기를 달고 경기하는 것을 본 적이 있을 거예요. 이 선수들은 태어날 때는 다른 나라에서 태어났지만, 우리나라 국민이 되려고 국적을 대한민국으로 바꾼 거예요.
- 소정이네 집에서는 누가 국적을 바꿨을까요?
- 소정이 엄마는 어느 나라에서 태어났나요?
- 왜 국적을 바꾸게 되었을까요?
- 결혼하면 꼭 부인 쪽이 국적을 바꿔야 할까요?
- 다른 나라 사람과 결혼을 하게 되면 어느 나라에선가 뿌리를 내리고 살아야 하지요. 남편이 국적을 바꿀 수도 있고, 부인이 국적을 바꿀 수도 있지요. 소정이네는 엄마가 국적을 바꿔서 아빠와 소정이와 대한민국에서 뿌리를 내리고 살고 있는 거예요. 나무가 한 자리에서 뿌리를 내려 살듯이, 소정이 엄마도 대한민국에 나무처럼 뿌리를 내리고 사는 거지요.
- 비밀은 바로 소정이네 엄마가 바다로 둘러싸인 섬나라 필리핀에서 온 거예요.
- 소정이네처럼 이런 가정을 무슨 가정이라고 할까요?
- 문화는 같은 말로 오랫동안 함께한 사람들끼리 일궈놓은 모든 것이에요. 좀 어려운데 대한민국 사람들은 대한민국의 말로 느끼고, 생각하고, 바라고, 이루면서 살아가지요. 소정이 엄마는 필리

핀 말로 느끼고 생각하고 바라고 이루면서 살아왔지요. 두 사람이 만나면 두 개의 문화가 만나서 사는 거예요. 이렇게 한 개보다 많은 문화가 함께하는 가족을 다문화 가족이라고 해요.

· 주변에서 본 적이 있나요?

· 다문화 가족은 어떤 점이 좋고, 어떤 점이 힘들까요?

· 우리는 누구나 다르지요. 우리 반에서 똑같은 사람 있나요? 쌍둥이라도 서로 다르지요. 정말 똑같다면 어떻게 알 수 있을까요? 알고 있는 것, 글씨 쓰는 것, 수학 계산하는 것, 버릇 모두 어딘가에서 다르지요. 우리 모두가 똑같다면 엄마나 아빠가 자기 아들딸을 구별할 수 없을 거예요. 모두가 똑같이 말하면 시끄러울 거예요. 모두가 똑같은 시간에 화장실을 간다면 화장실이 모자랄 거예요. 모두가 똑같다면 이 세상에는 딱 한 사람만 있는 것처럼 될 거예요. 모두가 다른 것처럼 다문화 가족도 마찬가지예요. 생김새, 말투, 생각, 행동이 모두 다를 수 있는 거지요. 그것을 이상하게 보거나 놀리는 것은 그 사람이 제대로 알지 못하는 거예요. 우리 모두는 다문화 가족이에요. 그러나 모두 대한민국 국민이에요.

· 왜 소정이 엄마는 선물을 풀어보지 않는 것일까요?

· 할머니의 마음은 어땠을까?

· 아빠는 왜 그렇게 말했을까요?

· 엄마의 선물인데 아빠가 풀어봐도 되나요? 만약 여러분의 선물을 다른 사람이 풀어본다면 괜찮나요?

· 필리핀에서는 선물을 받고 바로 풀면 왜 실례라고 생각할까요?

· 있는 그대로 다름을 받아들인다는 것은 무엇일까요?

· 다른 나라 사람이니까 나와 또는 우리와 다르니까 이상하다, 잘못한다, 심지어 나쁘다고 생각하는 것을 어려운 말로 편견이라고 해요. 편견이라는 말을 들어본 적이 있나요? 편견이라는 것은 공정하지 못한 거예요. 한쪽으로 치우치고 기울어진 생각이지요. 나와 비슷하면 무조건 맞거나 옳다고 여기고 나와 다르면 무조건 틀리다고 생각하거나 그르다고 여기는 것이 공정한 걸까요? 여러분은 자라서 세계 어느 곳에서나 살 수 있지요. 그곳에서 그런 편견 때문에 공정하지 못한 대접을 받길 바라나요?

· 차별이라는 말을 알고 있군요. 차별이 뭔지 친구들에게 말해줄 수 있나요?

· 맞아요. 잘 말해주었어요. 차별은 모두 같은 사람인데 귀한 사람, 함부로 해도 되는 사람이 있는 것처럼 나누어서 대하는 거예요. 사람은 누구나 다르잖아요. 그런데 자기 마음대로 잣대를 만들어 점수를 매기면서 대하는 거지요. 만약 선생님이 여러분을 점수 매겨서 누구는 귀하게 대하고, 누구는 함부로 대한다면 그게 바로 차별이에요.

· 미오가 소정이네 집을 선택할까요?

· 미오는 무엇을 본 것일까요?

· 미오와 개가 친해지는 방법은 무엇일까요?

· 누가 지금까지의 내용을 한꺼번에 읽어볼래요?

···

TIP! 창의적 체험 활동 시간에 배정된 다문화 교육을 하는 장으로 운영해도 됩니다. 아울러 학급에 다문화 가정의 학생이 있는 경우, 해당 학생의 자존감을 키우고 다른 학생들의 편견이나 차별을 없앨 수 있는 기회로 활용하면 좋습니다.

[본문 읽기 활동 6] (23-26p) (16/25차시)

1. 그림 읽기

교사: 어떤 그림인가요?

학생: 집이 따로 있어요.

학생: 딸이 아빠에게 전화를 해요.

교사: 왜 이런 그림을 그렸을까요?

학생: 엄마 아빠가 이혼을 했어요.

교사: 사람이 살다 보면 그럴 수 있지요. 이런 가족도 있는 거예요. 이런 가족을 뭐라고 하는지 알고 있나요?

학생: ······.

교사: 한 부모 가족이라고 해요. 엄마와 아빠가 헤어져서 엄마랑 살거나, 아빠랑 사는 가족이에요.

2. 내용 읽고 생각 나누기

〈교사의 질문 예시〉

· 왜 나쁘지 않다고 말했을까요?

· 부모님과 나란히 앉아 드라마를 본 적이 있나요?

60

· 종미는 지금 어떤 기분일까요? 왜 그렇게 생각했나요?

· 미오는 종미랑 같이 살게 될까요?

· 만약 종미가 고양이를 기르게 된다면 어떤 것들을 마련해야 할까요?

· 누가 지금까지 내용을 한꺼번에 읽어볼래요?

3. 쪽지 쓰기

1) 활동 의도
부모님과 함께 살고 있음에 고마운 마음을 전합니다.

2) 준비물
줄 친 포스트 잇(A4용지 1/8크기), 사인펜

3) 활동 순서
① 부모님을 떠올리기 (고마운 점, 미안한 점, 좋은 점, 다짐 등)

② 짧은 쪽지를 쓰고 예쁘게 꾸미기

③ 내일 아침 몰래 냉장고에 붙이거나 전해드리고 학교에 오기

TIP! 어떤 내용을 쓸지 생각할 수 있는 시간을 주는 것이 좋습니다. 자신 있는 경우 사인펜으로 쓰고 그렇지 않으면 연필로 쓰라고 하면 됩니다. 사인펜으로 쓰더라도 노란색, 빨간색, 검은색, 형광색은 쓰지 않도록 합니다. 잘 보이지 않거나 심리적으로 불안한 감정을 불러일으킬 수 있고 색이 빨리 바라기 때문입니다.

[본문 읽기 활동 7] (27-30p) (17/25차시)

1. 그림 읽기

교사: 어떤 그림인가요?

학생: 퍼즐 맞추기를 해요.

학생: 새로운 아이가 들어와요.

교사: 왜 이런 그림을 그렸을까요?

학생: 네 명이 있어야 게임을 할 수 있는데 한 명이 더 와서 팀을 짤 수 있어요.

교사: 그런가요? 읽어보면서 알아볼까요?

2. 내용 읽고 생각 나누기

· 왜 가족사진을 다시 찍을까요?

· 진호가 고개를 끄덕인 까닭은 무엇인가요?

· 진호가 여태까지 어떻게 살아왔을지 짐작해보세요.

· 진호는 왜 작은 소리로 말했을까요?

· '가족이 되어 주어 고맙다'는 말은 무슨 뜻일까요?

· 입양이라는 말은 무슨 말일까요?

· '피를 나눈다'는 말은 무슨 뜻인가요?

· 미오는 왜 이 집에 살고 싶어 했을까요?

· 만약 미오가 가족이 된다면 가족사진을 찍을 때 어떻게 꾸며주고 싶은가요?

· 가족이 한 명 늘어나서 좋은 점은 무엇일까요?

· 고양이가 가족이 된다면 어떤 점이 좋을지 말해보세요.

· 여러분이 미오라면 놀라는 진호네 가족에게 뭐라고 말해주면 좋을까요?

· 누구나 실수를 할 수 있지요. 실수한 일을 말해볼까요?

· 고양이를 키우게 되면 어떤 일들이 벌어질지 상상해봅시다.

· 누가 지금까지의 내용을 한꺼번에 읽어볼래요?

TIP! 내용 읽고 묻고 따지는 활동은 내용 파악은 물론이고 토론 형식을 갖추지는 않았지만 고차적 사고력을 키우는 데 큰 역할을 합니다. 비판적 사고, 창의적 사고, 배려적 사고를 자극하고 향상시킬 수 있는 발문을 통해 사실적 질문이 주는 한계를 벗어날 수 있습니다. 그러나 사실적 질문은 고차적 사고력의 바탕이 되므로 무시되어서는 안 됩니다. 기억에 의해 정답을 찾는 것도 필요하고 생각에 의해 해답을 찾는 것도 중요합니다.

3. 고양이 집 만들기 (18-19/25차시)

1) 활동 의도

지난 시간에 접은 고양이들이 살 집을 마련하고 평면이 입체가 되는 만들기를 통해 상상력을 키웁니다.(미술 시간을 활용한다.)

2) 준비물

색 A4용지, 흰 A4용지, 사인펜, 색연필, 풀, 셀로판테이프

3) 만드는 차례

① 유튜브에서 '종이로 집 접기' 동영상 중 한 가지를 찾아두기

② 집을 완성한 다음 지붕, 벽, 현관, 창문 따위의 위치를 연필로 흐리게 표시하기

③ 지붕, 벽, 창문, 현관, 창문을 색칠하기

④ 고양이 집을 바닥 종이에 테이프로 고정시키기

⑤ 지난 시간에 만들어둔 고양이를 붙이기

⑥ 마당 꾸미기와 고양이 집에 이름 쓰기

⑦ 감상하기

〈고양이 집 만들기 활동 예시〉

[본문 읽기 활동 8] (31-34p) (20-21/25차시)

1. 그림 읽기

교사: 어떤 그림인가요?

학생: 엄마가 아이를 보호해주고, 아이는 엄마를 사랑하는 거예요.

학생: 할머니가 아이를 사랑하는 것 같아요.

교사: 왜 그렇게 생각했나요?

학생: 얼굴에 주름이 있고 하얀 머리카락이 있어요.

교사: 왜 아이를 이렇게 작게 그렸을까요?

학생: 할머니에게 손녀니까 작게 나타내려고요. 엄마랑 아빠가 없으니까 더 귀해서요.

2. 내용 읽고 생각 나누기

〈교사의 질문 예시〉

· 할머니는 왜 수미를 칭찬한 것일까요?

· '오순도순'은 어떤 느낌이 드나요?

· 할머니의 손은 왜 거칠어졌을까요? 거친 손으로 쓰다듬을 때 수미의 마음은 어땠을까요?

· 수미는 미오와 어디가 어떻게 닮았을까요?

· 수미네처럼 할머니와 할아버지랑 사는 가정을 무엇이라고 할까요?

· 조손 가정이라고 해요. 할아버지 조, 손자 손이에요. 가정 형편에 따라 얼마든지 그럴 수 있지요.

· 만약 여러분이 수미라면 할머니께 어떤 마음이 들까요?

· 미오는 수미와 함께 살고 싶을까요?

· 미오는 마당 구석에 걸려 있는 생선을 보고 무슨 생각을 했을까요?

· 모든 사람의 모습이 똑같다면 어떤 일이 일어날까요?

· 모든 사람이 좋아하는 것이 똑같다면 무슨 일이 일어날까요?

· 왜 그렇게 되는지 예를 들어볼까요?

· 내가 만약 미오라면 어떤 가정을 선택해야 할까요?

· 미오를 우리 집에 데려올 수 있을까요?

· 누가 지금까지의 내용을 한꺼번에 읽어볼래요?

3. 체크리스트 및 연속 질문을 활용한 토론하기 (22/25차시)

논제 : 미오는 누구네 집을 선택하면 좋을까?

(이 논제는 학생들이 만든 논제이므로 하나의 예로써 참고한다.)

방법 : 체크리스트를 활용한 비교하기 및 연속 질문 기법을 활용한 토론

⋯⋯⋯⋯⋯⋯⋯⋯⋯⋯⋯⋯⋯⋯⋯⋯⋯⋯⋯⋯⋯⋯⋯⋯⋯⋯⋯⋯⋯⋯⋯⋯⋯⋯⋯⋯⋯⋯⋯

교사 : 먼저 미오에게 좋은 집의 기준을 만들어봅시다. 미오가 마음에 드는 가족의 기준으로 어떤
　　　것들이 있을까요? 여러분이 의견을 말하면 선생님은 칠판에 체크리스트를 쓰겠습니다.

학생 : 사랑해주어야 해요. 왜냐하면 외로운 것이 싫어서 가족을 찾는 거니까요.

학생 : 장난감이 있어야 해요. 그래야 심심하지 않아요.

학생 : 푹신한 소파가 있어야 해요. 고양이는 푹신한 것을 좋아해요.

학생 : 잘 놀아줘야 해요. 뚱냥이가 되면 안 돼요.

학생 : 아이들이 너무 많아서 고양이 꼬리를 밟지 않아야 해요.

학생 : 개가 없어야 해요. 고양이는 개를 싫어해요. 개도 고양이를 싫어해요.

학생 : 형제나 자매가 없는 집이면 좋겠어요. 그러면 고양이를 더욱 사랑해줄 테니까요.

학생 : 맛있는 먹이를 잘 주어야 해요. 고양이는 배가 고픈 것을 싫어해요.

⋯⋯⋯⋯⋯⋯⋯⋯⋯⋯⋯⋯⋯⋯⋯⋯⋯⋯⋯⋯⋯⋯⋯⋯⋯⋯⋯⋯⋯⋯⋯⋯⋯⋯⋯⋯⋯⋯⋯

TIP! 고학년이라면 씽킹 맵을 활용할 수도 있습니다. 또는 동질 집단(선택한 가족)끼리 묶어서 장단점을
찾아 맵으로 정리한 다음, 칠판에 붙이고 전체 모습을 한눈에 알 수 있게 해도 좋습니다.

교사 : 선생님도 의견을 내면, 사람도 행복해야 하니 고양이를 기꺼이 받아주고 함께 행복해야 해요.

교사 : 아주 좋은 기준들이에요. 이번에는 미오가 어떻게 되기를 바라는지 말해보세요. 여러분이
　　　만든 기준들과 미오가 어떻게 되기를 바라는 것이 서로 맞아야 하겠지요?

학생 : 행복하기 바라요. / 재미있기 바라요. / 안전하기 바라요. / 건강하기 바라요.

⋯⋯⋯⋯⋯⋯⋯⋯⋯⋯⋯⋯⋯⋯⋯⋯⋯⋯⋯⋯⋯⋯⋯⋯⋯⋯⋯⋯⋯⋯⋯⋯⋯⋯⋯⋯⋯⋯⋯

TIP! 교사는 내용이 겹치지 않게 체크리스트를 만듭니다. 그다음 학생들 각자의 판단으로 체크해보게 합
니다. 식구가 많아서 좋다는 경우도 있지만, 식구가 많아서 싫다는 경우도 있기 때문입니다.

교사 : 미오와 가족 모두가 행복해지길 바라는 마음으로 기준도 마련하고, 미오가 어떻게 되기를
　　　바라는지도 알아보고, 미오가 온다면 어떤 마음의 준비를 해야 하는지도 알아보았어요. 이
　　　제는 오직 여러분이 정해야 합니다. 예컨대 미오가 현지네로 가면 사랑받을 것 같다고 생각하
　　　면 ○, 재미있을 것 같지 않다고 생각하면 ×를, 편안할 것 같다고 생각하면 ○, 안전할 것 같

다고 생각하면 ○, 건강할 것 같다고 생각하면 ○표를 합니다. 마지막 빈 칸은 이것 말고도 꼭 넣어야 하는 기준이 있으면 써넣습니다. 일곱 가족을 모두 표시하면 기준에 맞는 가족을 찾을 수 있을 것입니다.

〈'미오가 행복하려면'을 따져보기 위한 체크리스트〉

	사랑	재미	편안함	안전	건강
현지네	○	×	○	○	×
재민이네					
들이네					
소정이네					
종미네					
진호네					
수미네					

교사: 미오가 사람이라면 몹시 미안해하겠네요. 여러분이 정한 그 가족에게 미오가 어떤 불편함을 줄 수 있을지 생각해봅시다.

학생: 밤에 돌아다니고 운다. / 물건을 떨어뜨리거나 할퀸다. / 돈이 든다.(장난감, 먹이, 병원 등) / 알레르기가 있을 수 있다. / 먹이도 주고 똥도 치워야 한다. / 여행을 가려면 맡겨야 한다.

교사: 미오가 정한 가족이 불편함을 어떻게 이겨내면 좋을지 생각해보세요.

· 밤에 돌아다니고 운다.	→	· 낮에 충분히 놀아준다.
· 물건을 떨어뜨리거나 할퀸다.	→	· 스크래처를 마련하고 발톱을 깎아준다.
· 돈이 든다.	→	· 절약한다.
· 먹이도 주고 똥도 치워야 한다.	→	· 책임감을 기른다.
· 오래 집을 비울 수 없다.	→	· 맡긴다.
· 알레르기가 있다.	→	· 알레르기 주사를 맞는다.

교사: 만약 미오가 여러분 가족을 선택하게 된다면 어떻게 대해 줄지 말해보세요.

학생: 끝까지 돌보고 책임질 거예요. / 놀이터에 데리고 갈 거예요. / 가끔 자기가 살던 곳을 보고 싶을지도 몰라요. / 친구들을 집으로 오게 해서 자랑할 거예요. / 학교에 데려올 거예요.

TIP! 이 토론에서 사용된 사고 기술은 ① 기준 만들기 ② 다른 사람의 입장 헤아리기 ③ 판단하기 ④ 단점 찾기 ⑤ 대안 찾기 ⑥ 의지 다짐하기 등입니다.

4. 우리 가족 모습 만들기 (23/25차시)

1) 활동 의도
교육 과정과 연계하여 가족 소개와 가족 모습을 실생활에서 익힙니다.

2) 준비물
흰 도화지 1/8장, 색 종이컵, 아이스크림 막대, 사인펜, 셀로판테이프, 칼

3) 활동 순서
① 도화지에 가족들의 얼굴을 그리고 테두리를 남긴 채 오리기
② 아이스크림 막대에 오린 가족의 얼굴을 셀로판테이프로 붙이고 누구인지 쓰기
③ 학생들이 작업하는 동안 교사는 종이컵 밑부분을 아이스크림 막대가 들어갈 만큼 칼로 오려내기
④ 완성되면 종이컵에 가족 막대를 꽂고 모둠별로 가족 소개하기
⑤ 완성된 작품은 사물함 위에 게시하기

〈우리 가족 모습 만들기 활동 예시〉

모둠별로 식구들이 몇 명인지, 누가 있는지를 세어 보고 자연스럽게 궁금한 것을 묻기도 하면서 여러 가지 가족이 있다는 것을 체득하게 됩니다. 어떤 학생들은 쉬는 시간에 친구를 데리고 가서 식구 자랑을 늘어놓기도 했답니다. 한 부모 가정의 학생에게는 '너는 언제나 마음속에 엄마와 함께하고 있잖아.'라고 귓속말을 해주었더니 환하게 웃으면서 엄마를 잘 그렸답니다.

5. 우리 가족 자랑하기 (24/25차시)

1) 활동 의도
교육 과정과 연계하여 가족 자랑 활동을 통해 가족 사랑을 실천합니다.

2) 준비물
'가족 모습' 그린 것, A4용지, 사인펜, 풀, 포스트잇

3) 활동 순서
① A4용지에 제목을 쓰고, '가족 모습' 그린 것을 어떻게 붙일지 생각하기
② 제목 아래에 '가족 모습' 그린 것을 붙이고 잘하는 점 쓰기
③ 포스트잇에 이름을 쓴 다음 교실 뒤에 붙이고 감상하기

〈우리 가족 자랑하기 활동 예시〉

6. 독후 활동하기 (25/25차시)

1) 활동 의도
그동안의 활동을 통해 느끼고 생각한 것을 정리합니다.

〈독후 활동 하기 예시〉

5월부터 《이웃집에는 어떤 가족이 살까》를 했다. 어떤 가족이 있었냐면 먼저 다문화 가족, 대가족, 엄마와 둘만 사는 가족도 있었고, 할머니와 둘만 사는 가족도 있었다. 또 여러 가지가 있었다. 5월부터 고양이 집도 만들었고, 편지도 썼고 여러 가지를 만들었다. 7월이 되어 드디어 끝이 나는 날! 과연 고양이 미오는 어떤 집을 선택했을지 궁금하다. 그런데 만약 내가 미오라면 할머니와만 사는 가족이랑 살고 싶다. 왜냐하면 할머니가 잘 쓰다듬어 줄 것 같기 때문이다.	
선생님이 《이웃집에는 어떤 가족이 살까》를 읽어주셨다. 그런데 다른 나라 사람이랑 가족이 되는 것을 알았다. (예전에는) 가족이 다른 사람이랑 가족이 되는지 몰랐었다. 참 많은 가족이 있다. 어느 가족은 삼촌, 아빠, 엄마, 할아버지, 할머니, 자기 이렇게 많은 가족이다. 또 엄마, 아빠, 할머니, 할아버지가 돌아가셔서 다른 가족이랑 살게 되는 가족도 있었다. 난 할머니 할아버지와도 사는 (대)가족이다. 가족이 이런 종류가 있었다는 것을 알았다. 역시 책은 똑똑하게 만든다. 이렇게 핵가족, 다문화 가족, 입양 가족, 대가족, 조손 가족, 맞벌이 가족(처럼) 가족의 종류가 많다는 것을 알게 되었다.	

저학년에게 독후감은 어려운 일입니다. 한글 해득, 맞춤법, 줄거리 간추리기, 느끼고 생각하기, 궁금한 것 묻기, 다짐하기 따위의 일을 스스로 하기에는 아직 벅찰 것입니다. 수업 활동을 마치고 바로 쓰는 글은 생각이 깊지 못할 수 있지만, 오히려 생생한 생각을 담을 수 있습니다.

위의 사례는 앞뒤 문맥이 잘 맞지는 않지만, 한 줄도 쓰지 못하던 학생이 자신이 알게 된 내용을 나름 정리하느라 애쓴 것이 잘 나타나 있습니다. 오랫동안 있었던 활동들이 하나로 꿰어지고, 자신이 생각하기에 어떤 것이 가장 마음에 남았는지를 자신이 소화한 말로 써내려갔습니다.

글쓰기 훈련은 말하기 훈련과 함께 꾸준히 해야 합니다. 맞춤법에 맞지 않더라도 자신의 느낌과 생각을 글로 옮기는 번역 과정은 아주 중요한 활동입니다. 1학기 말 즈음에는 학생들이 한 쪽을 훌쩍 넘기는 일이 종종 있는데, 아마도 이는 3월부터 꾸준히 연습한 덕분일 것입니다.

[역할극 하기] (2차시)

1. 활동 의도

이 활동은 극의 형식으로 표현할 수 있는 고학년에게 적용해볼 수 있습니다. 읽기 과정에서는 다문화, 입장 바꿔 생각하기, 배려와 관련하여 삶의 모습을 되돌아보는 활동으로 하는 것이 좋습니다. 책을 다 읽고 난 후, 모둠별로 한 가정씩 맡아서 이야기의 내용을 극의 형식으로 바꾸어 표현하게 합니다. 가족을 선택한 이유가 잘 드러나게 역할극을 해봄으로써 언어 표현, 몸짓, 발표력, 등장인물의 이해, 새로운 해석 따위를 통해 상상력, 창의적 구성력을 향상시키기 위함입니다.

2. 역할 나누고 연습하기

① 학생들이 많이 선택한 네 가족 정하기 (동질 집단 구성) : 일곱 가족을 모두 하면 역할극을 할 때 인원이 모자라거나 시간이 많이 걸립니다. 한 가족에 최소 인원을 정하면 골고루 인원이 배정됩니다.

② 가족 모둠끼리 모여서 역할 정하기 : 등장인물, 해설, 대사, 소품, 배경, 연습 시간과 장소, 가족 대표 따위를 정합니다.

③ 역할극 공연 시간 및 감상 기준 정하기 : 학생들과 함께 공연 시간을 정합니다. 연습 기간은 2주 정도가 적당합니다. 목소리 크기, 동작, 내용, 협동, 재미 따위의 감상 기준을 사전에 제시해줍니다.

④ 작전 회의 및 교사 확인 : 모둠끼리 의견을 나누거나 어려운 점은 교사에게 도움을 청하게 합니다. 교사는 잘 되어가는지, 어려운 점은 없는지 등을 가족 대표에게 물어봅니다.

3. 역할극 발표 및 감상하기

① 제목과 배경 그림 그리기 : 교사가 칠판에 테두리를 그리고 원하는 학생이 나와서 색칠합니다.
② 좌석 배치하기 : ㄷ자 형태로 책상을 놓아 연기 공간을 확보하고 공연이 잘 보이도록 합니다.
③ 감상하기 : 목소리 크기, 동작, 내용, 협동, 재미 따위의 감상 기준을 사전에 제시합니다.
④ 평가하기 : 잘한 가족, 아쉬운 점, 느낌, 생각, 질문 등으로 평가합니다.
⑤ 교사 총평 : 준비 과정, 협동, 발전한 점, 문제를 해결한 점 그리고 모둠과 개인 별로 칭찬과 격려를 합니다.

[역할 놀이] (1차시)

1. 활동 의도

극의 형식으로 바꾸고 표현하지 못하는 중학년의 학생들이 할 수 있는 활동입니다. 인물의 성격이나 생각을 알아보려고 할 때, 또는 학생들이 인물에게 하고 싶은 이야기를 하도록 할 때 활용할 수 있습니다.

2. 활동

1) 핫 시팅 기법 활용하기

하고 싶은 학생이 등장인물 가운데 한 명을 정하여 의자에 앉습니다. 다른 학생들은 그 등장 인물에게 궁금한 것을 물어보고 답을 듣습니다. 이 경우 의자에 앉은 학생은 인물의 성격이나 생각을 잘 드러내도록 합니다. 처음에는 교사가 모범을 보이는 것도 좋습니다.

2) 빈 의자 기법 활용하기

교실 앞에 빈 의자를 두고 이 의자에는 주인공(또는 등장인물)이 앉아있다고 상상합니다. 학생들은 한 명씩 나와서 그 인물에게 하고 싶은 이야기, 들려주고 싶은 이야기를 합니다. 교사는 그때 학생 자신을 돌아보는 내용에 귀를 기울이면 좋습니다. 핫 시팅 기법이나 빈 의자 기법 활동을 하고 나서 독후감 쓰기를 하면 보다 진정성 있고 삶이 반영된 깊이 있는 내용의 글쓰기가 됩니다.

외국 그림 동화

　그림 동화는 글의 유무에 따라 글이 있는 그림 동화, 글이 없는 그림 동화로 나눌 수 있습니다. 또 대상에 따라 주제나 내용의 무게에 따라 어린이를 위한 그림 동화, 어른을 위한 그림 동화 따위로 범주를 나누어 분류할 수 있습니다. 이 책에서는 글 작가와 그림 작가가 사용한 언어에 따라 우리나라 그림 동화, 외국 그림 동화로 분류하였습니다. 이번 장에서는 외국 그림 동화를 다룹니다.

　외국의 그림 동화를 선정할 경우 여러 가지 고려해야 할 것이 있습니다. 먼저 책의 내용이 우리나라 어린이들의 정서, 문화와 잘 어우러질 수 있어야 합니다. 이질적인 다른 나라의 문화를 접하는 것 자체가 목적일 수도 있지만, 그것이 문화적 충격이나 정체성을 확립해야 하는 데 혼란을 주지 않는지를 살펴봐야 합니다. 그리고 그림이나 색상이 어린이들의 정서와 감성을 자라나게 하고 풍부하게 하는지를 봐야 합니다. 개인적 취향에 맞추는 것이 아니라 학급 공동체 모두를 대상으로 하는 책이기 때문에 지나치지 않고 무난하게 받아들여질 수 있는 내용이 좋습니다. 마지막으로 번역과 글자 크기나 모양도 고려합니다. 어린이들이 눈높이에 맞는 어휘로 번역되었는지, 우리나라 말과 가장 가깝게 번역되었는지, 글자의 크기나 모양 따위가 어린이들이 책을 이해하는 데 효과적으로 되어 있는지를 살펴보며 책을 선정합니다.

2

두 번째로 만나는
'한 학기 한 권 읽기'

외국
그림 동화

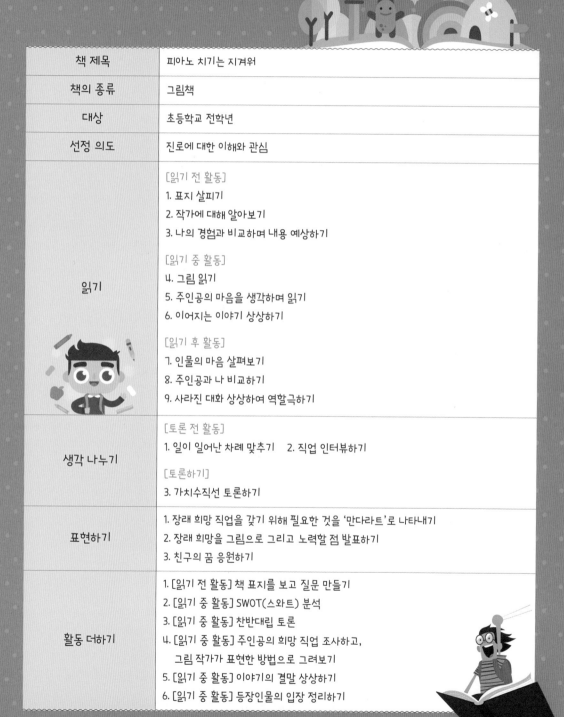

책 제목	피아노 치기는 지겨워
책의 종류	그림책
대상	초등학교 전학년
선정 의도	진로에 대한 이해와 관심
읽기	[읽기 전 활동] 1. 표지 살피기 2. 작가에 대해 알아보기 3. 나의 경험과 비교하며 내용 예상하기 [읽기 중 활동] 4. 그림 읽기 5. 주인공의 마음을 생각하며 읽기 6. 이어지는 이야기 상상하기 [읽기 후 활동] 7. 인물의 마음 살펴보기 8. 주인공과 나 비교하기 9. 사라진 대화 상상하여 역할극하기
생각 나누기	[토론 전 활동] 1. 일이 일어난 차례 맞추기 2. 직업 인터뷰하기 [토론하기] 3. 가치수직선 토론하기
표현하기	1. 장래 희망 직업을 갖기 위해 필요한 것을 '만다라트'로 나타내기 2. 장래 희망을 그림으로 그리고 노력할 점 발표하기 3. 친구의 꿈 응원하기
활동 더하기	1. [읽기 전 활동] 책 표지를 보고 질문 만들기 2. [읽기 중 활동] SWOT(스와트) 분석 3. [읽기 중 활동] 찬반대립 토론 4. [읽기 중 활동] 주인공의 희망 직업 조사하고, 그림 작가가 표현한 방법으로 그려보기 5. [읽기 중 활동] 이야기의 결말 상상하기 6. [읽기 중 활동] 등장인물의 입장 정리하기

이 책을 선정한 이유

다비드 칼리 글, 에릭 엘리오 그림,
심지원 옮김, 비룡소, 2006

사람이라면 누구나 일상생활에서 하기 싫은 일이 있기 마련입니다. 특히, 어린이들은 호기심도 많고 하고 싶은 것이 많은데 부모님의 영향력 아래에서 보호받고 통제를 받아야 하기 때문에 하기 싫은 일이 더욱 힘들게 느껴질 수 있습니다. 부모님은 자녀의 소질 개발을 위해 아이에게 이것저것 시키는 게 많았습니다. 하지만 어떤 부모님은 가끔 자신이 이루지 못한 꿈을 자녀를 통해 이루려는 경우가 있습니다. 그런 부모는 자녀의 소질과 흥미를 고려하지 않고, 자신의 어릴 적 꿈꾸던 것을 자녀가 대신해서 이루어주길 바랍니다. 이 과정에서 여러 가지 일들이 벌어지기 마련입니다.

이 책은 피아노를 치기 싫어하는 주인공이 겪는 엄마와의 갈등, 엄마의 비밀, 자신을 진심으로 이해하고 사랑해주는 할아버지와의 이야기를 다루고 있습니다. 누구에게나 있음직한 일을 글감으로 해 호소력을 지니고 있어 흥미와 관심을 모으며 깊이 공감할 수 있는 내용입니다. 더구나 삽화를 표현한 방식이 내용을 기발하게 드러내고 조화를 이루고 있어 작가가 그림을 표현한 의도만 탐구해도 사고력이 풍부해질 수 있습니다.

일상의 이야기이지만 보다 깊이 들여다보면 자아의 발견, 진로나 자아실현으로까지 연결될 수 있습니다. 또한, 내가 정말 좋아하는 것이 무엇인지, 나의 꿈은 무엇인지, 나는 무엇으로 행복하고 사람답게 살 수 있는지 등 삶에 대한 깊이 있는 생각을 이끌어냅니다.

아이들과 이 책을 어떻게 읽으면 좋을까?

＊본 사례의 활동 대상 : 2학년

[읽기 전 활동]

책을 함께 읽을 때 교사 주도 읽기, 학생 주도 읽기, 교사와 학생이 번갈아가며 읽기 등 여러 가지 방법이 있습니다. 이 그림 동화를 읽을 때는 교사 주도 읽기 방법을 선택하였습니다. 글의 내용이 짧고 교사가 글을 읽는 중간에 발문을 통해서 아이들의 생각을 이끌어내기 위함입니다. 그리고 그림 동화를 읽어줄 때 책을 실물화상기에 비추어 보여주었습니다. 실물화상기를 이용하면 교사가 그림만 선택하여 보여줄 수 있기 때문에 학생들이 그림을 보며 내용을 상상할 기회를 가질 수 있습니다.

1. 표지 살피기
[266p 학습지 활용]

① 제목을 포스트잇으로 가린 채 앞표지를 살펴보며 알 수 있는 것들에 대해 이야기를 나눕니다. 이때 책과 관련 있는 직업을 함께 짚어보면서 직업에 관한 배경지식을 쌓아봅니다.

〈교사의 질문 예시〉

· 무엇이 보이나요?

· 이 책은 누가 지었을까요?

· 그림을 그린 사람은 누구일까요?

· 옮긴이도 있네요. 옮긴이는 어떤 일을 하는 사람일까요?

· 출판사도 찾을 수 있어요. 출판사의 이름은 무엇일까요? 출판사는 작가의 글을 많은 사람이 읽을 수 있도록 책으로 만드는 회사예요.

② 앞표지의 그림을 살펴보며 이야기의 내용과 제목을 상상해봅니다.

교사: 그림에서 무엇을 볼 수 있나요?

학생: 피아노 위를 아이가 달리고 있어요. 고양이가 피아노 위에서 뛰고 있어요.

      아이와 고양이가 웃고 있어요.

교사: 그림을 보니 이 책은 어떤 이야기일 것 같나요?

교사: 제목이 무엇일지 맞혀보세요. 왜 그렇게 생각했나요?

학생: 《피아노 치기는 힘들어》일 것 같아요. 피아노 칠 때 손 모양 잡기가 정말 힘들거든요.

학생: 《피아노 치기는 즐거워》일 것 같아요. 그림 속 아이의 표정이 즐거워보여서요.

교사: 바로 《피아노 치기는 힘들어》네요!

학생: 피아노 치기 지겨워서 도망가는 그림이었나 봐요. 피아노 안 쳐서 신났나 봐요!

....

2. 작가에 대해 알아보기

[267p 학습지 활용]

교사: 책의 속표지를 살펴보면 이 책의 작가에 대한 안내가 나와 있습니다. 한번 살펴볼까요? 이 책의 작가인 '다비드 칼리'는 이탈리아에서 태어났대요. 만화도 쓰고 어린이 책도 쓰신대요. 연극이나 영화를 만드는 데 바탕이 되는 이야기도 쓰신대요. 작가가 필요한 분야가 참 다양하네요.

교사: 이 책의 그림을 그린 삽화가는 '에릭 엘리오'라는 프랑스인이에요. 삽화가는 동화나 소설과 같은 이야기에 어울리는 그림을 그리는 사람을 말해요. '에릭 엘리오'는 엉뚱함과 유머가 담긴 그림으로 어린이들에게 인기가 높대요.

교사: 여러분도 겉표지의 그림이 재미있다고 생각하나요? 책 표지 그림을 다시 볼까요? 어느 부분이 엉뚱하거나 재미있다고 생각하는지 이야기해봅시다.

학생: 머리카락이 다 뻗쳐 있어요. 너무 웃겨요! 맞아요! 저런 사람 한 번도 본 적 없어요!

학생: 사람이 피아노 위를 달려가요. 저렇게 달려가면 피아노 다 망가질텐데…….

학생: 피아노가 엄청 큰가 봐요. 저런 피아노도 세상에 있을까요?

학생: 고양이가 만세를 하며 점프하고 있어요.

학생: 고양이가 미라 같아요! 붕대 같은 것을 칭칭 감고 있어요.

학생: 고양이 수염이 엄청 길어요!

교사: 옮긴이는 불어불문학을 공부한 '심지원' 씨라고 합니다. 불어는 프랑스어를 말해요. 이 책의
　　　작가인 '다비드 칼리'가 프랑스어로 글을 썼나 보네요.

3. 나의 경험과 비교하며 내용 예상하기

　책을 읽기 전 제목을 보고 내용을 유추해봅니다. 이때 자신의 경험을 떠올려 생각한다면 좀
더 쉽게 내용을 상상해볼 수 있습니다.

교사: 여러분도 지겨워하는 일이 있나요? 그것이 왜 지겹나요?

학생: 학습지 풀기가 지겨워요. 똑같은 문제가 너무 많이 나와서요.

학생: 저도 수학 학습지 풀기가 지겨운데 난 잘할 수 있는데도 계속 풀어야 해서 지겨워요.

학생: 영어 학원가는 것이 지겨워요. 숙제도 많고 시험도 자주 봐요.

교사: 이 책의 주인공은 왜 피아노 치는 것을 지겨워할까요?

학생: 피아노 치는 것이 어려워서요. 잘 안 되면 하기 싫어져요.

학생: 너무 많이 연습해서 지겨운 것 아닐까요?

학생: 피아노를 잘 치는데 엄마가 계속 연습하라고 해서 지겨울 수도 있어요.

교사: 여러분이 지겨워하는 일을 할 때는 어떤 마음이 드나요?

학생: 짜증나요. 우울해요.

교사: 그럴 때 내 얼굴은 어떤지 한 번 표정을 지어볼까요? 친구의 얼굴도 살펴보세요.

학생: 슬퍼 보여요. 너무 힘든 것 같아요.

교사: 학습지 풀기가 싫고 학원 숙제하는 것이 지겨울 때 여러분은 어떻게 하나요?

학생: 끝까지 꾹 참고 풀어. 엄마한테 혼날까 봐요.

학생: 베개를 때리며 화풀이를 해요.

학생: 학습지를 풀 때 연필로 낙서를 해요.

학생: 머리가 뜨거워지는 것 같아서 쉬거나 샤워를 해요.

학생: 지우개를 연필로 막 부숴요.

학생: 헉! 그러면 지우개가 박살나!

학생: 맞아! 연필심도 다 부러져서 못 쓰게 돼.

교사: 그럼 친구들이 말한 방법 중에 '저 방법 좋다!'라고 생각되는 것이 있나요?

학생: 저는 진호 방법이 좋은 것 같아요. 힘들 때 쉬는 거요.

학생: 저는 수빈이 방법이 마음에 들어요. 베개에 화풀이 하면 기분이 좀 풀릴 것 같아요.

교사: 이 책의 주인공은 피아노 치기 지겨울 때 어떻게 할 것 같나요?

교사: 이 책의 주인공은 피아노를 끝까지 칠 것 같나요?

학생: 아니요. 피아노 치기 싫어서 도망갈 것 같아요. 그림에서 피아노 위를 막 달려갔으니까요.

학생: 네. 대부분 책에서는 주인공이 싫어하는 것도 마지막에는 다 하더라고요. 예를 들면,《돼지책》에서 가족들이 집안일하기 싫어했는데 끝에는 모두 집안일을 하게 돼요.

학생: 맞아, 맞아. 주인공들이 다 마음을 고쳐먹어요.

교사: 그럼, 주인공이 왜 피아노 치는 것을 지겨워하는지, 마지막에는 어떻게 될지, 주인공의 마음은 어떨지 생각하며 글을 읽어봅시다.

[읽기 중 활동]

4. 그림 읽기

이 책의 그림을 살펴보면 사물들의 색, 크기 등을 통해 이야기의 분위기를 느낄 수 있습니다. 피아노 연습을 시작하는 장면에서는 피아노가 푸른색인데 주인공이 피아노를 치기 싫어하는 장면이 거듭되면서 피아노의 색이 점점 검은색으로 변해갑니다. 크기도 아주 커져서 주인공의 마음을 짓누르는 듯한 느낌을 받습니다.

또한, 엄마 치마의 무늬를 잘 살펴보면 재밌는 부분을 발견할 수 있습니다. 엄마의 치마 무늬가 시계의 무늬와도 같고, 어렸을 적 엄마 방의 커텐 무늬와도 같습니다. 피아노로 미술 작품을 만드는 장면에서는 엄마 치마 무늬를 덧씌워서 주인공이 지겨워하는 대상이 피아노뿐만이 아니라 엄마의 강압적인 지시라는 것도 느낄 수 있습니다. 아이들은 이러한 것을 말로 꺼내지 않더라도 그 장면을 보며 "여기 엄마 치마 무늬다!" 하며 깔깔대는 것을 보면 어렴풋이 그 의도를 알고 통쾌해하는 것이 아닌가 싶습니다.

교사: 주인공의 방에 무엇이 있나요?

학생: 피아노요. 소파요. 시계도 있어요. 커튼도 보여요.

교사: 그 물건들의 색도 살펴보고 꾸미는 말을 넣어 말해볼까요? 예를 들면, 노란 의자, 이렇게요.

학생: 파란 피아노가 있어요.

학생: 빨간색에 주황 동그라미 무늬가 있는 커튼이 있어요.

학생: 초록색 커다란 탁자도 보여요.

학생: 미라 같은 고양이도 있어요!

교사: 피아노는 무슨 색인가요? 이 색은 어떤 느낌이 드나요?

학생: 파란색이에요. 차가운 느낌이 들어요.

교사: 시계의 무늬도 잘 살펴보세요. 뒤에 이 무늬를 발견하게 될 거예요.

교사: 노란 방석이 있네요. 여러분은 노란색을 보면 어떤 느낌이 드나요?

학생: 행복한 느낌이요. 즐거운 느낌이요.

교사: 노란 방석 위에 앉아 TV를 보고 있는 마르콜리노도 그런 기분이 드나 봐요. 씩 웃으며 텔레비전을 보고 있네요.

....

TIP! 그림 읽기와 글의 내용 읽기가 따로 진행되는 것이 아니라 이야기의 장면마다 그림을 먼저 볼 수도, 내용을 읽고 그림을 살펴볼 수도 있습니다. 또 다음 활동인 '주인공의 마음 생각하기'도 글의 내용을 읽고, 그림을 살펴보며 동시에 이루어집니다.

5. 주인공의 마음을 생각하며 읽기

이 책을 읽는 내내 아이들은 마르콜리노의 마음에 흠뻑 젖어 있었습니다. 아마 자신의 경험과 닮아 있는 점이 많기 때문이겠지요? 그림을 보지 않아도, 아이들은 이야기의 상황만으로도 주인공의 마음을 짐작하며 이야기를 쏟아내지만, 마르콜리노와 고양이의 표정을 살펴보며 더 실감나게 마음을 느껴보았습니다. 또, 엄마의 표정을 보고 엄마는 어떤 기분일지, 왜 그런 기분이 들지 이야기를 나누어보며 상대방의 마음도 이해해보는 기회를 가졌습니다.

이 책에는 쪽수가 없어서 편의상 첫 페이지를 1p로 정했습니다.

〈3~4p〉 주인공이 TV를 보다가 혼나는 장면

교사: 고양이가 아주 자주 나오는데 고양이의 표정과 행동을 잘 관찰해보세요. TV를 보는 마르콜리노 무릎 위의 고양이 표정도 살펴볼까요? 고양이는 어떤 기분일까요?

학생: 고양이가 편안한 기분인 것 같아요.

교사: 고양이와 마르콜리노의 마음은 어떨지 생각해볼까요?

학생: 마르콜리노도 이를 보이며 웃고 있는데 고양이도 씩 웃고 있어요. 둘 다 기분이 좋아 보여요.

교사: 고양이와 마르콜리노의 마음이 서로 통하는 것 같네요. 그럼, 그림을 볼 때 고양이의 표정을 잘 관찰해보면 마르콜리노의 마음을 더 잘 알 수 있을 것 같아요.

교사: 앗! TV를 본 지 1분 만에 엄마가 들어와서 소리쳐요. 소리치는 엄마의 표정을 보세요. 엄마는 어떤 마음일까요?

학생: 화가 났어요.

교사: 엄마는 왜 화가 나셨을까요?

학생: 마르콜리노가 열심히 연습을 안 해서요.

교사: 마르콜리노는 어떤 마음이 들까요?

학생: 무서워요. 우리 엄마가 화를 낼 때 정말 무서웠어요.

〈7~8p〉 주인공이 태어나는 바람에 피아니스트가 되지 못했다는 엄마의 말씀을 듣고 주인공이 다시 피아노를 치는 장면

학생: 짜증날 것 같아요. 좋아하는 만화를 1분밖에 못 봐서요.

교사: 엄마가 자기 때문에 훌륭한 피아니스트가 되지 못했다는 얘기를 들은 마르콜리노의 마음은 어땠나요?

학생: 마음이 아프다고 했어요.

교사: 엄마를 위해서 다시 피아노 연습을 하는 마르콜리노는 어떤 마음일까요?

학생: 별로 기분이 좋지 않을 것 같아요. 엄마를 위해서 하긴 하지만 자기는 피아노 치는 것이 싫으니까요.

〈9~10p〉 주인공이 되고 싶은 직업이 두 페이지에 걸쳐 제시된 장면

교사: 다음 그림을 보고 공통점을 찾아보세요.

학생: 모두 피아노를 가지고 그림을 그렸어요.

학생: 피아노를 가지고 자동차를 그렸고, 피아노로 마술 상자를 그렸어요. 피아노로 비행기와 해적선을 만들었어요.

학생: 피아노에 불이 나고 피아노를 격파해요. 하!하!하!

교사: 왜 이렇게 그림을 그렸을까요?

학생: 피아노가 너무 싫어서 그런 것 같아요.

교사: 마르콜리노는 무엇이 되고 싶어 하나요?

학생: (카레이서, 소방관, 마술사, 비행사 등)

학생: 되고 싶은 것이 아주 많아요.

학생: 피아니스트만 빼고 다 되고 싶어 해요.

학생: 해적도 되고 싶대요!

교사: 해적은 어떤 일을 하는 사람을 말하나요?

학생: 바다에서 다른 배들을 빼앗는 사람을 말하는 것 같아요.

교사: 네, 해적은 배를 타고 다니면서, 다른 배나 바닷가를 습격해서 물건을 빼앗는 강도를 나타내는 말이에요. 그렇다면 해적을 직업이라고 할 수 있을까요?

학생: 아니요. 해적은 강도니까 직업이 아니에요.

학생: 강도는 다른 사람들에게 피해를 주니까 직업이라고 할 수 없어요.

교사: 이렇게 다른 사람들에게 피해를 주는 일에는 어떤 것들이 있을까요?

학생: 사기꾼이요. 도둑이요.

교사: 그럼, 반대로 생각해보면 직업은 어때야 한다고 생각하나요?

학생: 다른 사람들에게 도움을 주어야 해요.

교사: 그렇다면 마르콜리노는 정말 해적이 되고 싶었던 걸까요?

학생: 아니요. 피아니스트가 되기 싫어서 아무거나 말한 것 같아요.

〈18p〉 엄마가 피아노 치는 것을 싫어했다는 사실을 알게 된 장면

교사: '숙제를 해오지 않은 학생처럼'이라는 말이 있는데 이것은 어떤 뜻일까요? 여러분은 숙제를 안 했을 때 어떤 마음이 드나요?

학생: 조마조마해요. 깜빡하고 안 해왔을 때는 당황스러워요.

교사: 그럼 이 말은 엄마가 조마조마한 마음이었을 것이라는 뜻인가 보네요. 엄마는 왜 조마조마한 마음이 들어 얼굴까지 빨개졌을까요?

학생: 아이에게 자기는 어렸을 때 몇 시간씩 피아노 연습을 했다고 거짓말한 것이 들통 나서요.

· 고양이는 왜 귀를 막고 있을까요?

· 피아노 의자에 앉아 있는 마르콜리노의 발을 보세요. 발이 높이 떠 있네요. 의자가 아주 높아 보여요. 높은 의자에 앉아 있을 때 여러분은 어떤 느낌이 드나요?

· 튜바를 연주할 때 앉아 있는 의자의 높이는 어떤가요? 이런 의자에 앉아 있을 때는 어떤 느낌이 들까요?

· 할아버지께서 들고 계신 상자 안에는 무엇이 있을까요?

· 빠진 사진은 무엇일까요? 상상해보세요.

· 마르콜리노가 만든 미술 작품의 무늬를 어디서 보았나요?

· 마르콜리노는 어떤 마음으로 피아노를 치고 있을까요?

· 마르콜리노는 엄마를 어떻게 생각하는 것 같나요?

· 엄마가 연습하라고 화 내실 때 마르콜리노는 왜 아무 말도 하지 않을까요?

· 할아버지는 왜 웃음을 터트리셨을까요?

· 엄마와 할아버지는 말씀을 나누는 동안 마르콜리노를 방에서 나가도록 했는데, 왜 그러셨을까요?

· 할아버지는 왜 마르콜리노에게 엄마가 피아노 치는 것을 싫어했다는 것을 우주박물관에서 바로 말해주시지 않았을까요?

· 마르콜리노는 엄마가 피아노 연주를 싫어하셨다는 것을 알았습니다. 이제 마르콜리노는 어떻게 할까요?

· 엄마는 마리콜리노가 피아노 대신 튜바를 하는 것에 대해 어떻게 생각하나요?

· 마리콜리노는 왜 앞에서 하고 싶다고 했던 것들을 하지 않고 튜바를 선택해서 불고 있을까요?

· 고양이는 어떤 표정을 짓고 있나요? 엄마와 고양이의 표정을 이야기 앞부분에 있는 표정과 비교해봅시다. 바뀐 점이 있나요?

· 마르콜리노의 표정을 봅시다. 주인공이 튜바를 연주할 때의 태도와 피아노를 연주할 때 태도가 어떻게 다르나요? 왜 다르다고 생각합니까?

6. 이어지는 이야기 상상하기

[275p 학습지 활용]

아이들과 이야기를 나누며 책을 읽으면 한 시간 안에 다 읽기 힘듭니다. 마르콜리노가 피아니스트가 아닌 다른 게 되고 싶다는 장면이나 엄마가 피아노 치는 것을 싫어했다는 사실을 알게 된 장면에서 이야기를 멈추고 이어지는 이야기를 상상해보는 것도 재밌습니다.

내가 마르콜리노라면 싫어하는 피아노 연습을 끝까지 참고 열심히 해서 피아니스트가 되었을까, 아니면 피아노 치기가 싫다고 말하고 좋아하는 직업을 가지게 되었을까 상상하고 뒷이야기를 꾸며 써보게 했습니다. 따로 양식을 주지 않고 쓰던 독서록에 뒷이야기를 상상해서 쓰라고 했더니 만화로 꾸미거나 이야기로 쓰는 등 다양한 형식의 뒷이야기가 나왔습니다. 이야기를 끝까지 다 읽고 나서 자신이 쓴 뒷이야기와 비교해보는 것도 재미있습니다

교사: 마르콜리노는 엄마가 이루지 못한 피아니스트의 꿈을 이루게 될까요? 다음에 이어지는 이야기를 상상해서 이야기를 꾸며봅시다.

〈뒷이야기 상상하여 꾸며 쓰기 예시〉

마르콜리노는 엄마에게 말했어요.
"엄마, 나도 엄마처럼 피아노 치기 싫어요. 피아노 안 치면 안 돼요?"
"할 수 없지 뭐. 그럼 넌 어떤 악기를 연주하고 싶어?"
"전 악기 싫어요. 태권도 학원 다니고 싶어요."
엄마는 마르콜리노의 말을 들어주었어요. 그래서 마르콜리노는 태권도 학원에 다니게 되었어요. 태권도는 참 재미있었어요. 마르콜리노는 날마다 태권도 연습을 열심히 해서 국가대표 선수가 되었어요. 그래서 올림픽에 나가서 금메달도 땄답니다. 마르콜리노와 엄마는 기뻤습니다.

[읽기 후 활동]

7. 인물의 마음 살펴보기

이야기를 다 읽고 난 후 이야기의 큰 흐름이 되는 사건에서 주인공의 마음이 어떨지 생각하

고 왜 그렇게 생각하는지 이야기를 나누어보았습니다. 나의 생각을 말하고 친구의 생각을 듣는 연습이 활발하게 이루어지는 역동적인 활동으로 모든 학생이 즐겁게 참여하였습니다. 이 활동을 하면 인물의 마음을 공감하는 동시에 이야기의 내용을 자세히 파악할 수 있습니다.

① 주요 장면이 담긴 4장의 내용 카드를 읽고, 그때 마르콜리노의 마음이 어떨지 생각해봅니다.(4장의 카드는 수업 전에 미리 준비해둔다.)

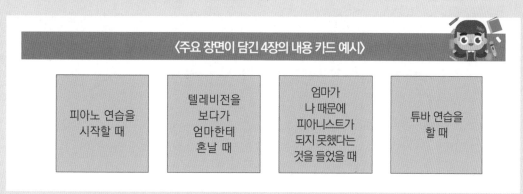

〈주요 장면이 담긴 4장의 내용 카드 예시〉

피아노 연습을 시작할 때	텔레비전을 보다가 엄마한테 혼날 때	엄마가 나 때문에 피아니스트가 되지 못했다는 것을 들었을 때	튜바 연습을 할 때

② 카드 뒷면에 당시 마르콜리노의 마음을 생각하며 표정을 그려봅니다.

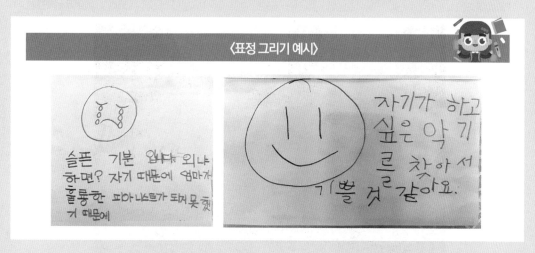

〈표정 그리기 예시〉

슬픈 기분 왜냐 하면? 자기 때문에 엄마가 훌륭한 피아니스트가 되지 못했기 때문에

자기가 하고 싶은 악기를 찾아서 기쁠 것 같아요.

③ 표정을 그린 카드 중에서 한 장을 골라 자신의 이름을 씁니다. 마르콜리노의 대변인이 되어 카드의 내용과 마르콜리노의 마음을 연결 지어 이야기해보도록 합니다. 예를 들면, "마르콜리노가 TV를 보다가 엄마가 소리치셔서 다시 피아노 연습을 할 때, 짜증이 났을 거예요. 왜냐하면, 피아노 연습보다 TV를 보는 것이 훨씬 재밌기 때문이에요." 하고 말합니다.

④ 고른 카드를 가지고 모두 자리에서 일어납니다. 돌아다니다가 친구 한 명을 만나서 자신이 그린 표정을 보여줍니다. 그리고 왜 그렇게 그렸는지 카드의 내용과 마르콜리노의 마음에 대한 생각을 말합니다. 서로 이야기를 나눈 다음 카드를 바꿉니다.

⑤ 바꾼 카드를 가지고 교실을 돌아다니다가 다른 친구를 만납니다. 그 친구에게 자신이 가지고 있는 카드의 표정을 설명합니다. 이때 카드의 표정을 그린 친구의 의견이라는 것을 미리 말합니다. 예를 들면, "혜영이는 마르콜리노가 TV를 보다가 엄마한테 들켜서 피아노 연습을 할 때 짜증이 났을 거라고 했어. 왜냐하면, 피아노 연습보다 TV를 보는 것이 훨씬 재밌기 때문이래." 하고 설명합니다. 서로 이야기를 들었다면 카드를 바꿉니다. 이런 식으로 5분여 동안 여러 친구를 만나 생각을 나누어봅니다.

TIP! 내용 카드 대신 그림책의 삽화를 활용하여 삽화 카드를 만들어 사용할 수도 있습니다. 삽화 카드 뒷면에 그 내용에 해당하는 마르콜리노의 마음을 표정 그림으로 그리고, 친구들에게 설명할 때는 삽화의 내용을 말한 뒤 인물의 마음을 이야기하게 하면 좋습니다.

〈인물의 마음 살펴보기 활동 사진〉

8. 주인공과 나 비교하기　　　　　　　　　　　　　　　[277p 학습지 활용]

준비물: 주인공과 나 비교하기 학습지, 색연필, 사인펜 등

나와 주인공을 비교하며 나의 꿈과 부모님이 원하시는 꿈을 생각해봅니다. 또, 자신이 싫어하는 활동이 무엇인지 생각해보며 이 책의 그림 작가가 그렸던 것처럼 표현하게 합니다. 마르콜리노가 싫어하는 피아노를 격파하는 태권도 선수, 피아노를 태우고 있는 불을 끄는 소방관 등 아이들도 싫어하는 무언가를 자신이 원하는 꿈으로 표현하면서 즐거워하는 것을 볼 수 있습니다.

교사: 마르콜리노가 지겨워하는 것은 무엇이었나요?

학생: 피아노 치기요.

교사: 여러분이 지겨워하는 것은 어떤 것이 있는지 생각해서 써봅시다.

교사: 마르콜리노의 엄마는 마르콜리노가 커서 어떤 직업을 갖길 바랐나요?

학생: 훌륭한 피아니스트요.

교사: 여러분의 부모님도 여러분에게 '커서 이런 사람이 되면 좋겠다.' 하고 바라시는 직업이 있나요? 있으면 써봅시다. 자신이 원하는 장래 희망도 써봅시다.

〈나와 주인공 비교하기 예시〉

<주인공과 나를 비교해 보아요.>

	주인공	나
내가 지겨워하는 일은 무엇인가요?	피아노 치기	집에서 공부하기
부모님이 원하시는 나의 장래 희망은 무엇인가요?	피아니스트	없다
내가 원하는 장래 희망은 무엇인가요?	튜바 연주자	경찰

▪내가 되고 싶은 장래희망을 한 가지 골라 그림 작가가 표현한 방법처럼 옆 쪽에 그려봅시다

<주인공과 나를 비교해 보아요.>

	주인공	나
내가 지겨워하는 일은 무엇인가요?	피아노	바이올린
부모님이 원하시는 나의 장래 희망은 무엇인가요?	피아니스트	의사
내가 원하는 장래 희망은 무엇인가요?	튜바 연주자	군인과

▪내가 되고 싶은 장래희망을 한 가지 골라 그림 작가가 표현한 방법처럼 옆 쪽에 그려봅시다

국어 문제집 풀기가 지겨운 요리사

공부하기 지겨운 경찰관

수학 학습지 풀기가 지겨운 축구 선수

바이올린 연습이 지겨운 군인

9. 사라진 대화 상상하여 역할극하기

준비물 : 포스트 잇, 모둠별 화이트보드(도화지나 A4용지로 대체 가능)

엄마와 할아버지가 부엌에서 이야기를 나누려고 마르콜리노를 거실로 내보내는 장면이 있습니다. 이야기에는 엄마와 할아버지가 어떤 이야기를 나누었는지 쓰여 있지 않습니다. 부엌에서 나올 때 할아버지의 기분이 무척 좋아보였다는 점, 다음 날 할아버지께서 마르콜리노를 악기 가게에 데려갔다는 점을 떠올려보고 사라진 대화를 상상하여 만들어봅니다.

아이들이 만든 대화에는 "아이도 진실을 알 권리가 있단다.", "아이들은 자유로워야 해."라는 말들도 있었습니다. 어린 2학년 학생들이지만 왜 할아버지께서 '엄마가 피아노 치기 싫어했다'라는 사실을 알렸는지, 왜 스스로 하고 싶은 악기를 고르게 해야 하는지에 대한 이유를 찾아 대본을 만들어가는 모습이 놀라웠습니다.

1) 대본 만들기 – 브레인 라이팅 토론

교사: 엄마와 할아버지는 부엌에서 어떤 말씀을 나누었을까요? 엄마와 할아버지의 표정을 살펴봅시다. 어떤 말씀을 나누었을지 떠오르는 생각을 쪽지(포스트 잇)에 적어봅시다. 여러 가지 생각이 떠오른다면 쪽지 한 장에 한 가지씩의 내용을 적습니다.

교사: 브레인 라이팅Brain Writing 토론을 하며 친구들의 생각을 들어봅시다.

① 모둠의 1번 친구가 자신의 생각이 적힌 쪽지를 화이트보드에 붙이면서 내용을 발표합니다.
② 모둠의 2번 친구가 자신의 쪽지를 화이트보드에 붙이면서 내용을 발표합니다.
   이때, 1번 친구의 생각과 비슷하면 1번 친구 쪽지의 아래쪽에, 다른 생각이면 오른쪽에 붙입니다.
③ 위와 같은 방법으로 내용을 분류하면서 모둠 친구들이 돌아가며 자신의 생각을 발표합니다. 여러 장의 쪽지를 쓴 친구가 있다면 모둠 친구들의 발표가 한 바퀴 돌아간 다음에 이야기합니다.

교사: 모둠 친구들의 생각을 모아 내용이 자연스럽게 연결되도록 화이트보드에 대본을 만들어봅시다.

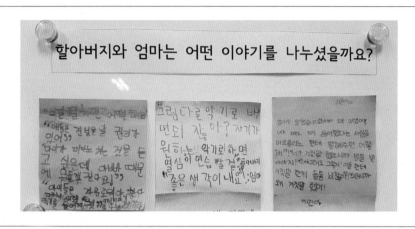

엄마: 아빠! 그 이야기를 하시면 어떡해요.

할아버지: 난 그냥 사실대로만 말한 거야. 애들한테 거짓말 하면 안 되는 거야.

엄마: 그러다가 마르콜리노가 피아노를 안 친다고 하면 어떡해요?

할아버지: 왜 꼭 피아노를 쳐야 하니? 아이들은 자유로워야 해.

엄마: 악기 하나 할 수 있으면 좋잖아요. 즐겁게 노래를 연주할 수 있고.

할아버지: 그럼 다른 악기를 골라보라고 하자. 자기가 고른 악기는 열심히 연습할 거야.

엄마: 정말 그럴까요? 마르콜리노한테 피아노 연습하라고 잔소리하는 것도 힘들었어요.

할아버지: 한번 골라보게 하자. 내가 내일 마르콜리노를 데리고 악기 가게에 가볼게.

엄마: 네. 고마워요. 아빠.

2) 역할극 하기

교사: 모둠 친구들과 함께 만든 대본으로 역할극을 해봅시다. 반 친구들 앞에서 발표도 해봅시다.

TIP! 모둠원 2명이 역할을 맡고 나머지 아이들은 대본을 크게 써서 보여주는 역할을 하면 모든 친구가 참여할 수 있습니다.

생각 나누기 활동
아이들과 어떻게 대화(토론)를 하면 좋을까?

[토론 전 활동]

1. 일이 일어난 차례 맞추기

[278p 학습지 활용]

토론을 하기 전에 책 내용을 다시 한번 떠올리기 위해 '이야기의 줄거리를 순서대로 맞추기' 활동을 하였습니다. 그리고 친구들에게 글의 내용을 말하는 연습과 친구의 이야기를 경청하는 태도를 기를 수 있는 '줄거리 고리 만들기' 활동도 하였습니다. 이 활동은 움직임이 있어 저학년 아이들이 즐겁게 참여할 수 있습니다.

〈이야기의 줄거리를 순서대로 맞추기 진행 방법〉

1. 모둠별로 내용 카드를 갖습니다. 모둠 친구들과 함께 내용을 읽어 보고 일이 일어난 순서대로 카드를 맞춰봅니다.

2. 모든 모둠이 활동을 마치면 첫 번째 모둠부터 순서대로 자기 모둠 순서에 해당하는 내용을 발표합니다. 예를 들어, 1모둠 전체 아이들이 첫 번째 내용 카드를 읽습니다. 모든 친구가 동의하면, 그다음 2모둠 전체 아이들이 두 번째 내용 카드를 읽습니다. 만약 다른 의견이 있다면 어떤 내용이 순서에 맞는지 모두 함께 이야기를 나눕니다. 이런 식으로 내용 카드를 순서대로 맞춥니다.

〈줄거리 고리 만들기 진행 방법〉

1. 모둠원이 내용 카드를 한 장씩 나누어 갖고 카드에 해당하는 내용을 말하는 연습을 합니다. 이때, 내용 카드의 수와 모둠원의 수가 일치해야 합니다. 만약 모둠원 수가 내용 카드 수보다 한두 명 더 많다면 두 명이 한 장의 내용 카드를 함께 가지고 활동하면 됩니다.

2. 내용 말하기 연습을 했다면 모두 카드를 가지고 일어나 다른 모둠 친구를 1대 1로 만납니다.

3. 각자 카드에 해당하는 내용을 말합니다. 서로 같은 내용이더라도 끝까지 설명하고 듣습니다. 친구가 말한 내용이 나의 내용과 순서가 이어진다면 손을 잡거나 팔짱을 끼고 다른 친구를 만나러 갑니다.

   만약, 만난 친구의 내용이 자신의 것과 이어지지 않는다면 '안녕' 하고 헤어집니다.

4. 또 다른 친구를 만나서 카드의 내용을 설명하고 이어지는 내용을 말하는 친구와 고리를 만들어 함께 다닙니다. 이런 방법으로 모든 카드가 모이면 선생님께 이야기를 순서대로 설명합니다.

TIP! 고학년이라면 내용 카드를 주지 않고 포스트잇이나 종이에 내용을 직접 쓰게 할 수도 있습니다.

2. 직업 인터뷰하기

책을 읽다 보면 자연스럽게 '마르콜리노의 엄마는 왜 아이가 피아니스트가 되길 바라셨을까?'라는 질문이 생깁니다. 하지만 책 내용에는 그것을 알 수 있는 근거가 없어 학생들이 각자 가지고 있는 피아니스트에 대한 한정된 배경지식만으로 그 이유를 추측해보아야 합니다. 학생들이 마르콜리노 엄마를 인터뷰할 수는 없기 때문에 대신 주위 어른들은 지금 왜 그 직업을 선택하였는지 인터뷰해보았습니다. 인터뷰 활동은 미리 과제로 내주었습니다. 이 인터뷰 활동을 통해 어른의 입장(마르콜리노의 엄마처럼)에서 왜 아이가 특정 직업(피아니스트와 같은)을 가지기 바라는지에 대한 단서를 얻을 수 있고, 사람들이 직업을 선택하는 여러 가지 이유와 그 직업을 갖기 위해 필요한 것이 무엇인지에 대한 배경지식을 쌓을 수 있습니다.

교사: 엄마는 왜 마르콜리노가 피아니스트가 되길 바라셨을까요?

학생: 엄마가 피아니스트가 되고 싶었는데 못 되어서요.

학생: 엄마는 피아니스트가 되고 싶지만 연습하기 싫어했을 수도 있어요.

교사: 그렇다면 엄마는 왜 피아니스트가 되고 싶었을까요?

학생: 무대에 올라가서 박수를 받고 싶어서요.

학생: 아름다운 음악을 연주하는 것이 멋져서요.

교사: 엄마가 왜 피아니스트가 되고 싶었는지 우리는 추측만 해보았어요. 대신 우리 주위의 어른을 인터뷰하며 왜 그 직업을 선택했는지 이유를 조사해봅시다. 그리고 그 직업을 갖기 위해 필요한 것이 무엇이 있는지 인터뷰를 통해 알아봅시다.

인터뷰 내용: 어떤 직업을 갖고 계시나요? 왜 이 직업을 선택하셨나요?

　　　　　　　이 직업을 갖기 위해 무엇이 필요한가요?

교사: 친구들에게 자신이 조사해온 내용을 발표해봅시다.

〈직업 인터뷰 조사 발표의 예시〉

학생1: 저는 피아노 학원 선생님을 인터뷰하였습니다. 피아노 선생님은 이 직업을 선택한 이유가 어릴 때부터 피아노 치는 것을 좋아하고 아이들을 가르치는 것을 좋아하기 때문이라고 하였습니다. 이 직업을 갖기 위해서는 피아노 치는 것을 많이 연습하고 대학에서 피아노를 공부해야 한다고 했습니다. 피아노 연습이 힘들 때도 포기하지 않고 계속 연습하는 끈기가 필요하다고 했습니다. 그리고 아이들을 좋아하는 마음이 필요하다고 했습니다.

학생2: 저는 과일가게 사장님을 인터뷰하였습니다. 과일 장사를 선택한 이유는 과일을 좋아하고 사람들이 맛있는 과일을 먹을 수 있게 도와주고 돈을 벌기 위해서였습니다. 이 직업을 갖기 위해서는 새벽에 일찍 일어나는 부지런함이 필요하고 무거운 과일을 나를 수 있는 건강한 체력도 필요합니다. 그리고 손님들에게 친절하게 대해야 합니다.

[토론하기]

3. 가치수직선 토론하기

아이들이 직업 인터뷰 내용을 발표할 때 그 내용을 요약하여 칠판에 적어두었습니다. 비슷한 이유가 여러 번 나올 때는 正 표시를 하여 많은 사람이 직업을 고를 때 고려하는 가치를 한눈에 알아보게 합니다. 어른들을 인터뷰하여 얻게 된 각각의 직업 선택 기준에 대해 아이들은 어떻게 생각하는지 가치수직선 토론을 하며, 자신의 장래 희망 직업에 대한 선택 기준의 우선순위를 생각해보고 그 이유를 이야기해보았습니다. 아직 장래 희망 직업이 없는 아이들은 내가 무엇을 중요하게 생각하는지 고민해보는 기회가 되며, 꿈이 있는 아이들도 그 직업이 내가 중요하게 생각하는 가치에 맞는지 다시 한번 생각해보는 시간이 될 수 있습니다.

〈가치수직선 토론 진행 방법〉

1. 칠판에 적혀 있는 직업 선택의 기준 중에서 가장 正 표시가 많은 한 가지를 골라 자신이 장래 희망 직업을 선택할 때 이것이 얼마나 중요한지 수치로 생각해봅니다.

2. 교실 뒤의 바닥에 수직선 테이프가 있습니다. 그 기준이 나에게 얼마나 중요한지 생각을 마쳤으면 자신이 생각한 숫자에 서봅니다.

3. 왜 그렇게 생각하는지 나의 생각을 말해보고 친구의 생각도 들어봅니다. 토론을 하며 내 생각이 바뀐다면 위치를 바꾸어 서도 좋습니다. 이때 교사는 옮긴 아이에게 왜 생각이 바뀌었는지 발문을 통해 그 이유를 말해보게 합니다.

4. 또 다른 직업 선택의 기준에 대해서도 위 1, 2, 3을 반복하며 이야기를 나눕니다.

5. 토론 활동을 한 후 느낀 점을 발표합니다.

교사: 장래 희망 직업을 고를 때 '돈을 벌 수 있는지'가 아주 중요한 사람은 10, 전혀 중요하지 않은 사람은 0입니다. 나에게는 이것이 얼마만큼 중요한지 생각해봅시다.

교사: 생각을 마친 사람은 교실 뒤에 있는 수직선으로 가서 해당하는 숫자에 서봅시다.

교사: '0'에 서있는 친구들도 많이 있군요. 여러분은 장래 희망 직업을 선택할 때 돈을 벌 수 있는지는 전혀 중요하지 않다고 생각하나요?

학생: 네, 돈은 못 벌어도 자기가 좋아하는 일을 하면서 행복하게 살면 돼요.

교사: 저기 '9'에 서 있는 친구들은 이 친구들의 의견에 대해 어떻게 생각하나요?

학생: 돈이 없으면 행복할 수 없어요. 먹고 사는 데는 돈이 꼭 필요하기 때문이에요.

학생: 아무리 좋아하는 일을 해도 밥 먹을 돈이 없으면 굶어 죽을 거예요. 살기 위해서는 돈이 필요하니까 직업을 고를 때 돈이 중요해요.

교사: 다시 '0'에 서 있는 친구들은 방금 친구들의 이야기를 듣고 어떤 생각을 하였나요?

학생: 생각해보니까 돈을 하나도 못 벌면 안 될 것 같아요.

교사: 생각이 바뀌었다면 수직선에서 옮겨갈 수 있어요. 다른 곳으로 가고 싶나요?

학생: 네, 저는 2로 갈래요. 돈을 조금은 벌어야 살 수 있을 것 같아요.

교사: 여기 '3'에 서 있는 민우의 의견도 들어봅시다. 왜 3만큼만 중요하다고 생각하나요?

학생: 돈을 많이 버는 것만 생각하다가 돈에 쫓기는 사람이 될 수 있어요. 돈을 많이 벌기 위해 싫은 것을 하는 것보다 돈을 조금 벌더라도 하고 싶은 일을 하는 것이 더 좋아요. 그리고 돈만 좇다보면 사람들이 욕심쟁이라고 생각하고 그 사람을 싫어할 거예요.

교사: 오! 그럴 수도 있겠네요! 돈을 버는 것만 중요하게 생각하다가 다른 것을 놓칠 수 있지요. 그러면 돈을 버는 것만 신경 쓰다가 놓칠 수 있는 예에는 어떤 것이 있을까요?

학생: 돈을 많이 벌려고 늦게까지 일을 하다가 병에 걸릴 수도 있어요.

교사: 건강을 잃을 수 있겠네요.

학생: 돈을 많이 벌 수 있는 직업만 생각하다가 좋아하는 일을 못 할 수도 있어요.

교사: 그렇겠네요. 일을 하면서 얻을 수 있는 즐거움을 놓칠 수 있겠네요.

교사: 친구들과 토론을 하고 나서 어떤 점을 느꼈나요?

학생: 축구 선수가 되고 싶었는데 다른 직업도 찾아봐야겠다는 생각을 했어요. 축구 선수는 젊었을 때만 할 수 있고 다치면 못 하니까요. 그때를 대비해서 다른 직업도 생각해봐야겠어요.

....

TIP! 쓰기 활동이 익숙한 고학년은 생각을 종이에 써서 발표할 수 있습니다. 칠판에 수직선을 그리고 그곳에 한 명씩 나와 자신의 생각이 적힌 포스트잇을 붙이며 그 이유를 설명합니다.

이 책을 읽고 어떤 활동을 하면 좋을까?

[표현하기]

1. 장래 희망 직업을 갖기 위해 필요한 것을 '만다라트'로 나타내기   [276p 학습지 활용]

토론 활동을 통해 '나는 장래 희망 직업을 선택할 때 무엇을 중요하게 생각할 것인가?'에 대해서 고민해보았습니다. 이것을 바탕으로 다시 한번 장래 희망 직업을 골라보고, 그 직업을 갖기 위해 필요한 것은 무엇이 있는지, 그것을 기르기 위해 어떤 노력을 할 것인지 '만다라트'로 표현해봅니다. '만다라트'는 Manda(진수, 본질)+La(소유)+Art(기술)가 합쳐진 말로 목표 달성을 위한 행동 목표를 정하는 데 사용되는 기법입니다. '만다라트'를 만들 때 같은 장래 희망을 가진 친구들끼리 모여서 활동하면 좋습니다. 아이들이 각자 가지고 있는 그 직업에 대한 배경지식이 모여 더 좋은 아이디어를 생각해낼 수 있기 때문입니다. 장래 희망 직업이 같은 친구들이 없다면 혼자서 '만다라트'를 만들어도 좋습니다. 교사는 '만다라트' 활동을 하기 전에 예시를 보여주고 활동 중간에는 아이들의 생각을 돕는 역할을 합니다.

〈만다라트로 나타내기 진행 방법〉

① 나의 장래 희망 직업을 "나는 ○○○이 되고 싶습니다."라고 발표합니다. 나와 같은 꿈을 가진 친구가 있는지 생각하며 친구들의 발표를 듣습니다.

② '만다라트' 기법을 알아봅니다. 가운데에 나의 장래 희망 직업을 쓰고 그 직업을 갖기 위해 필요한 것들을 네 귀퉁이에 씁니다. 네 귀퉁이에 쓴 것을 이어져 있는 네모 칸의 한가운데에 씁니다. 그리고 그것을 위해 노력할 것을 네 귀퉁이에 씁니다. 더 생각나는 것은 회색 부분에 씁니다.

③ 같은 꿈을 가진 친구들과 모여 함께 이야기를 나누며 '만다라트'를 만듭니다. 같은 꿈을 가진 친구가 없다면, 주위 친구들과 3~4명씩 모여 서로 도움을 주며 만들어봅니다.

〈오타니 쇼헤이의 만다라트와 학생이 만든 만다라트 예시〉

오타니 쇼헤이가 고등학교 1학년 때 세운 목표 달성표

몸 관리	영양제 먹기	FSQ 90kg	인스텝 개선	몸통강화	축을 흔들리지 않기	각도를 만든다	공을 위에서 던진다	손목강화
유연성	몸 만들기	RSQ 130kg	릴리스 포인트 안정	제구	불안정함을 없애기	힘 모으기	구위	하체 주도로
스태미너	가동력	식사 저녁7수저(가득) 아침 3수저	하체강화	몸을 열지않기	멘탈 컨트롤을 하기	볼을 앞에서 릴리스	회전수 업	가동력
뚜렷한 목표,목적을 가진다	일희일비 하지않기	머리는 차갑게 심장은 뜨겁게	몸 만들기	제구	구위	축을 돌리기	하체강화	체중증가
핀치에 강하게	멘탈	분위기에 휩쓸리지 않기	멘탈	8구단 드래프트 1순위	스피드 160km/h	몸통강화	스피드 160km/h	어깨주위 강화
마음의 파도를 만들지말기	승리에 대한 집념	동료를 배려하는 마음	인간성	운	변화구	가동력	라이너 캐치볼	피칭을 늘리기
감성	사랑받는 사람	계획성	인사하기	쓰레기 줍기	부실 청소	카운트볼 늘리기	포크볼 완성	슬라이더의 구위
배려	인간성	감사	물건을 소중히 쓰자	운	심판분을 대하는 태도	낙차가 있는 커브	변화구	좌타자 결정구
예의	신뢰받는 사람	지속력	긍정적 사고	응원받는 사람이 되자	책읽기	직구와 같은 폼으로 던지기	스트라이크에서 볼을 던지는 제구	거리를 이미지한다

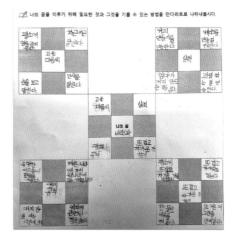

나의 꿈을 이루기 위해 필요한 것과 그것을 기를 수 있는 방법을 만다라트로 나타내봅시다.

오타니 쇼헤이는 고교 시절 목표 달성을 위한 '만다라트'를 만들고, 이를 실천하여 실제로 자신의 꿈을 이룬 일본의 야구선수입니다. (179p 참고)

2. 장래 희망을 그림으로 그리고 노력할 점 발표하기

미래에 꿈을 이룬 나의 모습을 상상하여 그림으로 그리고, '만다라트'에 썼던 노력할 점들 중 꼭 지키고 싶은 3가지를 골라 그림 아래에 씁니다. 다 완성한 후 친구들 앞에서 발표합니다. 발표할 시간이 부족하다면 게시판을 활용하여 친구들에게 나의 꿈과 노력할 점들을 알리게 합니다. 이러한 활동들을 통해 꿈을 이루기 위해서는 노력이 꼭 필요하다는 것을 알고 실천하는 마음을 다질 수 있습니다.

3. 친구의 꿈 응원하기

앞서 활동에서 나의 장래 희망 그림을 친구들에게 발표함으로써 공언하는 기회를 가졌습니다. 이후 마무리 활동으로 앞 활동의 피드백이 되는 친구의 꿈을 응원하는 활동을 하였습니다. 친구의 발표를 듣고 기억에 남는 친구의 꿈을 응원하는 쪽지를 써줍니다. 또는, 아이들의 활동지를 모두 게시판에 붙이고 살펴본 후, 여러 친구에게 응원 쪽지를 씁니다. 응원 쪽지를 쓰는

대로 친구 활동지 아래에 붙이면 아직 응원을 받지 못한 친구를 찾기 쉽습니다. 응원 쪽지를 쓰기 전에 '나만 응원 쪽지를 받지 못한다면 어떤 기분이 들까?'에 대해 간단히 이야기를 나눕니다. 그러면 응원을 못 받는 친구가 없게 서로를 배려하며 응원 쪽지를 쓸 것입니다.

〈그림과 응원 쪽지 예시〉

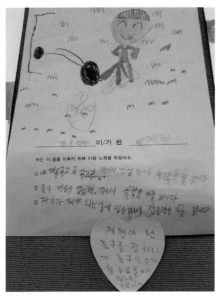

그 밖의 한 학기 한 권 읽기 활동

여기서는 고학년을 위한 활동을 다루었습니다. 앞에서 제시한 '읽기 전-중-후' 활동에서 고학년을 대상으로 다룰 때에는 글을 읽어가면서 좀 더 깊이 있는 활동을 통해 학생들의 사고력을 키워주는 것이 필요합니다. 토론을 중심으로 고학년 학생들의 깊이 있는 사고를 촉진하고, 듣기·말하기·읽기·쓰기 능력을 신장할 수 있는 몇 가지 활동을 제안합니다.

1. [읽기 전 활동] 책 표지를 보고 질문 만들기

고학년은 그림책의 앞표지와 책등, 뒤표지, 속표지를 보고, 학생들이 직접 '질문 만들기'를 하게 합니다. 학생들이 직접 표지를 살펴보고, 질문을 만들며, 내용을 상상해보고, 서로 묻고 답하게 합니다. 이를 통해 앞으로 읽을 책에 대한 관심을 불러일으키고, 배경 지식을 활성화합니다. 실제로 '질문 만들기' 활동을 진행한 결과, 학생들은 놀랍게도 가지고 있는 배경지식을 총동원하여 다양한 질문을 만들어냈고, 교사가 미리 생각하여 준비한 대부분 질문과 거의 일치했습니다. 그뿐만 아니라 교사의 생각을 뛰어넘는 좋은 질문들을 만들어냈습니다.

〈책 표지를 보고 질문 만들기 진행 방법〉

① 제목을 포스트잇이나 색종이 등으로 가립니다. 표지를 보고 질문을 만들게 합니다.(그림, 제목, 출판사 등 정보를 활용한다.)

② 모둠별 사회자를 각각 정합니다.

③ 모둠별 학습지(A4용지)에 모둠 이름과 모둠원 이름을 적습니다.(모둠원 이름 옆에 순서를 정하여 번호로 쓴다. 예: 김나리1, 홍길동2, 이진희3, 김진4)

④ 사회자 역할을 맡은 학생이 "앞표지를 보고 알 수 있는 내용이나 궁금한 내용을 질문으로 만들어 봅시다."라고 제안합니다.

⑤ 첫 번째 학생이 예를 들어, 먼저 '제목이 무엇일까?'라고 적습니다. 이어서 모둠 내에 정한 순서대로 돌아가며 진행합니다. 질문 앞에는 누가 낸 질문인지 적습니다. 그다음 학생이 '주인공의 머리카락은 왜 이렇게 생겼을까?'와 같이 질문을 적습니다. 이어서 다음 학생이 그 밑에 '고양이를 왜 이렇게 그렸을까?'와 같이 질문을 적습니다. 모든 모둠원이 질문을 만들어야 합니다.

⑥ 시간을 정해서 합니다.

⑦ 모둠별로 돌아가며 학급 전체에게 질문을 하고 희망자는 손을 들고 답변을 합니다. 각 모둠원이 돌아가며 문제를 냅니다. 이때, 앞 모둠에서 물어본 질문은 제외하고 질문을 합니다. 또, 답변자를 지정할 때에는 되도록 발표를 하지 않은 사람에게 기회를 주도록 합니다.

⑧ 학생들 주도로 묻고 답하기 활동이 끝나면, 교사가 질문을 합니다. 책을 읽기 전, 미리보기 활동에서 다루어야 할 핵심 질문 중에서 학생들 수준에서 생각하지 못한 질문을 하여 학생들의 사고를 촉진합니다.

⑨ 결과물은 수행평가 자료나 향후 수업 개선 자료로 활용할 수 있습니다. 질문의 질에 따라 해당 학생들에게 피드백을 합니다.

2. [읽기 중 활동] SWOT(스와트) 분석

〈5p〉 잠시 텔레비전을 보려다 엄마에게 혼이 난 마르콜리노가 다시 피아노를 치기 시작하는 장면

SWOT(스와트)는 강점Strength, 약점Weakness, 기회Opportunities, 위기Threats의 4가지 요소를 이용하여 문제를 분석하고, 문제 해결책이나 대안을 찾기 위한 방법입니다. 강점과 기회는 긍정적 요소, 약점과 위기는 부정적 요소를 뜻합니다. 강점과 약점은 내재적, 기회와 위기는 외재적인 것을 의미합니다.(SWOT 분석은 기업에서 사용한 분석 방법으로 'Threats'를 '위협'으로 해석하는 것이 타당하지만, 여기에서는 초등학생의 이해를 돕기 위하여 '위기'로 번역하여 사용한다.)

5p를 읽고 난 후, 학생들에게 '엄마가 시키는 대로 피아노 연습을 해야 하나'를 주제로 SWOT 분석을 하며 토론하게 합니다.

〈SWOT 분석 진행 방법〉

① '피아노 연습'을 주제로 개인용 분석표를 나눠주고, 작성 방법을 알려줍니다.

② '피아노 연습'에 대한 내적 요소로서 강점과 약점을 개별 학습지에 적게 합니다.

③ '피아노 연습'에 대한 외적 요소로서 기회와 위기 요인을 적게 합니다.

④ 모둠별로 분석표를 한 장씩 나눠주고, 개별로 작성한 것을 바탕으로 토론을 통해 모둠용 분석표를 작성하게 합니다.

⑤ 문제 해결 전략을 세우게 합니다. 먼저, 모둠에서 사회자를 한 명씩 정하고, 사회자는 아래와 같이 질문합니다. '마르콜리노는 마르콜리노에게 주어진 기회에 마르콜리노의 강점을 어떻게 이용할 수 있을까?', '마르콜리노는 마르콜리노의 강점으로 위기를 어떻게 극복할 수 있을까?', '마르콜리노에게 주어진 기회를 놓치지 않기 위해 마르콜리노의 약점이 나타나지 않도록 하는 방법은 없을까?', '위기를 피하면서 약점을 감출 수 있는 방법은 없을까?'

〈SWOT 분석표 예시〉

[285p 학습지 활용]

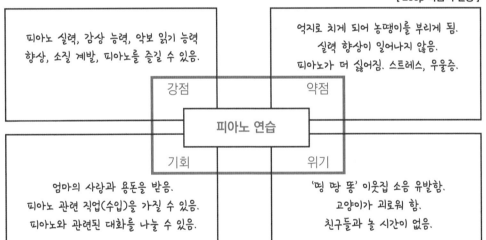

	피아노 연습을 하면	피아노 연습을 하지 않으면
강점(S)	피아노 실력 향상. 소질 계발	원하는 다른 활동을 할 수 있음.
약점(W)	스트레스 쌓임.	피아노 연주 능력을 기르지 못함.
기회(O)	피아노 관련 수입이 생김. 엄마의 사랑과 용돈을 받음.	친구들과 놀 시간이 생김.
위기(T)	소음 유발. 친구들과 놀 시간이 없음.	연주회를 할 수 없음. 엄마에게 혼나고 지원이 끊김.

101

3. [읽기 중 활동] 찬반대립 토론　　　　　　　　　　　　　**[282p 학습지 활용]**

〈7~8p〉 주인공이 태어나는 바람에 피아니스트가 되지 못했다는 엄마의 말씀을 듣고 주인공이 다시 피아노를 치는 장면

　찬반 토론은 실생활에서 가장 많이 접하는 토론입니다. 여당과 야당의 국회 토론, 한미 협상과 같은 국가 간의 협상, 이익 집단 간의 협상, 작게는 친구 사이에서도 이루어집니다. 여기서 제시하는 찬반대립SEDA 토론은 초등학생들도 찬반 토론을 할 수 있도록 서울초등토론교육연구회가 연구 고안하여 학교 현장에 보급한 토론 방식입니다. 찬반대립 토론을 통해 용어를 명확하게 하고, 논점을 파악하며, 논박하는 방법을 익히는 가운데 비판적 사고를 기를 수 있습니다. 또 상대방의 의견을 경청하고 존중하면서 배려적 사고를 기를 수 있는데 토론을 하다 보면 무엇보다도 상대에 대한 배려와 예절이 필요하다는 것을 절실하게 느낄 수 있습니다.
　8p까지 읽은 후, '읽기 중 활동'으로 찬반대립 토론을 합니다. 먼저, 학생들에게 직접 질문을 만들고, 답하며, 논제를 만들게 합니다. 학생들이 정한 논제를 다듬어 제시하고, 학생들에게 토론에 앞서 입장을 정한 후, 입론을 써오게 합니다.

〈토론 단계 제시〉

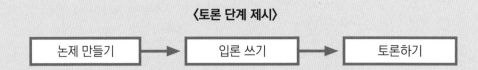

1) 논제 만들기 및 입론 쓰기

① 개인 질문 만들기

② 모둠 질문 정하기

③ 전체 질문 다듬기

④ 논제 결정하기

TIP! 찬반대립 토론은 승패를 목표로 하지만, 교육을 위한 토론을 할 때는 그보다 자신의 주장에 대한 약점과 오류를 상대방이 발견해줌으로써 더 나은 판단으로 이끌 수 있으며, 공동체가 서로 협력적 관계라는 것을 깨닫는 것이 중요합니다. 교사는 자칫 불필요한 경쟁이나 공격으로부터 학생들이 상처받지 않도록 주의해야 합니다. 모든 종류의 토론은 그 방식이 가진 강점과 약점이 있으므로 조금만 세심하게 주의하면 학생들에게 효율적인 문제 해결 및 의사 결정 과정을 익히게 할 수 있습니다.

① 바라는 것은 모두 이루어져야 하나?

② 누군가를 위해 피아노 연습을 하는 것은 바람직한가?

③ 연습만 하면 피아니스트가 될 수 있을까?

④ 아이가 태어나면 원하는 것을 포기해야 할까?

2) 입론 쓰기

다음과 같이 '마르콜리노가 피아노를 그만두면 마르콜리노의 삶은 나아질 것이다'라는 주제로 입론을 씁니다.

〈찬성 측 입론 예시〉

마르콜리노가 피아노를 그만두면 마르콜리노의 삶은 나아질 것이라고 생각합니다. 왜냐하면 스트레스, 여가 활동, 진로를 찾을 수 있기 때문입니다.

첫째, 피아노를 치면 마르콜리노에게는 스트레스가 생깁니다. 왜냐하면 싫어하는 것을 억지로 하기 때문입니다. 특히, 엄마가 마르콜리노한테 피아노를 계속 반복적으로 치라고 시키면 엄마와 자식 사이의 관계가 나빠질 수 있습니다. 그러면서 마르콜리노가 대충 치게 될 것입니다. 그러면 실력도 안 늘고 나중에 피아노와 관련된 직업도 할 수 없을 것입니다.

둘째, 여가 활동을 할 시간이 생겨납니다. 피아노를 안 치면 그 시간에 다른 활동을 할 수 있습니다. 이 시간을 이용해 피아노처럼 꼭 필요하지 않은 것보다는 지식이 필요한 수학, 국어 등의 공부를 할 수 있습니다. 아니면 못한 숙제를 하거나 쉬는 시간을 가질 수도 있습니다.

셋째, 마르콜리노는 진로가 따로 있을 수도 있습니다. 또, 피아노 관련 직업을 얻으려면 피아노를 좋아해야 할 수 있습니다. 자신이 좋아하지 않는 직업을 하면 무슨 소용이 있습니까? 진로는 자신이 원하는 것을 선택할 수 있는 권리가 있다고 생각합니다.

위와 같은 이유로 "마르콜리노가 피아노를 그만두면 마르콜리노의 삶은 나아질까?"의 주제에 찬성합니다.

〈반대 측 입론 예시〉

제 생각에는 마르콜리노가 피아노를 그만두면 삶이 나아지지 않을 것이라고 생각합니다. 삶에는 더 지겨운 것도 많고 피아노만 지겨운 것이 아니기 때문입니다. 왜냐하면 지겨운 것이 한 개 없어진다고 해서 삶이 나아지지는 않을 것입니다. 그리고 어떤 게 지겹다고 그만두면 어떤 것도 할 수 없습니다.

둘째, 마르콜리노는 엄마와 협상을 할 수 있습니다. 하루에 15~30분만 연습을 한다면 스트레스를 받지 않을 것입니다. 그리고 스트레스를 푸는 요소도 있습니다. 예를 들어, 여가활동을 할 수 있습니다.

셋째, 피아노를 할 줄 알면 나중에 유용할 수 있습니다. 대학에 갈 때, 피아노를 할 수 있으면 유용할 것입니다. 그리고 하고 싶은 것이 특별히 없다면, 피아노를 하는 것이 좋을 것 같습니다. 마르콜리노가 지금은 하기 싫어도 나중을 위해 하는 것이 좋을 것 같습니다.

(학생들이 실제로 쓴 입론을 바탕으로 재구성한 예시이다.)

3) 찬반대립 토론하기

[280~284p 학습지 활용]

학생들은 찬성 측과 반대 측으로 나누어 찬반대립 토론을 준비합니다. 토론이 시작되면, 사회자가 순서대로 토론을 진행하고 시간을 관리합니다.(280, 281p 찬반대립 토론 사회자 시나리오 참고) 양측은 상대편의 입론을 경청하며, 상대측 주장을 정리합니다. 협의 시간이 되면, 반론 펴기와 반론 꺾기를 준비합니다. 찬반대립 토론의 순서는 아래와 같습니다.

논제 : 마르콜리노가 피아노를 그만두면 마르콜리노의 삶은 나아질 것이다.

토론 진행 순서	참여자(주도권자)	시간	비고
사회자의 설명	사 회 자	2 분	논제의 선정 배경과 규칙
입론(주장 펼치기)	찬 성 측	2 분	쟁점별로 나누어 발표(대표 1인이 함.)
	반 대 측	2 분	자료 제시해 발표
협의(작전 타임)	양 팀	2 분	반론 펴기(1차 반론)의 목록 작성
반론 펴기 (1차 반론)	반 대 측	2 분	질문 없이 진행 핵심 용어와 자료를 검증 자료 제시 가능
	찬 성 측	2 분	
협의(작전 타임)	양 팀	2 분	반론 꺾기(2차 반론)의 목록 작성
반론 펴기 (2차 반론)	찬 성 측	5 분	상대 측 주장에 대해 심문 논리를 검증, 자료 제시 가능
	반 대 측	5 분	
협의(작전 타임)	양 팀	5 분	최종 변론 재구성 협의
최종 변론 (주장 다지기)	반 대 측	2 분	반론 결과를 확인하고 입론을 재구성
	찬 성 측	2 분	
판정인 논평	판정인	2 분	대표 1인(또는 전체)
계		37 분	

TIP! 토론 전에 학생들에게 토론할 때에는 상대측의 의견에 대해 논박을 하는 것이지 그 사람을 공격하기 위한 것이 아니라는 점을 강조합니다.

의견을 낼 때는 책의 내용을 근거로 제시하게 하며, 상대측의 입장에 대해서 생각해보고 이유를 정리하여 대안을 제시하게 합니다. 또한, 학급에서의 토론은 대회가 아니고 교육 토론이기 때문에 학생들에게 토론 후 승패를 공표하지 않도록 합니다. 부분적으로 어떤 점을 잘했는지를 말하는 정도로 피드백을 합니다. 승패를 나누는 것은 공동체의 협동적 사고력을 허무는 것이 될 수 있기 때문입니다.

또, 상대방 의견 중 좋았던 점이나 공감했던 의견, 내가 생각하지 못했던 의견 등에는 어떤 것이 있었는지 생각을 나눠보는 것도 교육적인 의미가 있습니다.

TIP! 토론 용어 정리

입론 : 주장을 이유와 근거를 들어 설득력 있게 펼칩니다. 자료를 제시하며 발표할 수 있습니다.

반론 펴기: 상대측의 주장에 대한 문제점(오류)을 찾아 근거와 이유를 들어 질문합니다.

반론 꺾기: 상대측의 반론(질문)에 대해 답변합니다. 이때 근거의 신뢰도나 불충분한 근거, 용어에 대해 중점적으로 질문합니다. 순발력 있게 상대측의 답변과 질문에 대응합니다.

[282, 283p 학습지 활용]

〈찬반대립 토론 기록지 예시〉

찬반대립 토론(반대 측)

구분		토론 내용			
우리 입장		마르콜리노가 피아노를 그만두면 그의 삶은 나아질까?		반대	
상대측 입장		"	아니라 놓았다	찬성	
입론 (주장 펼치기)	상대측 주장1	마르콜리노가 피아노를 싫어한다.	반론 펴기	상대측 주장1에 대한 반론	의견은 개인의 의견이라고 할 수 있었다.
	주장1의 근거	스트레스		상대측 주장1의 근거에 대한 질문	스트레스가 사람에게 미치는 영향에 구체적인 예를 들어 봅시오.
	상대측 주장2	여가시간 / 궁금? / 지식의 진보에 관심		상대측 주장2에 대한 반론	여가 시간이 생긴다. 하지만 엄마가 다른 것을 계속 하라면 좋은 여가 않는다는 보장 X
	주장2의 근거	-공부-한다. -휴식 / 지식을 배척하는 지지자로써 토론토다 다녀서 간섭할 수 있다		상대측 주장2의 근거에 대한 질문	공부하는 것, 휴식 = 여가시간 해당 안됨
반론 꺾기	상대측 입론과 반론 펴기의 내용 요약	마르콜리노가 피아노를 성공할 확률은 굉장히 적다.			
	상대측 주장과 근거에 대한 질문	하지만 기회는 언제나 있다. -베토벤은 스트레스가 아닌 질병으로 인해 죽었다. -여가시간은 자신의 욕심이다.		-만약 삶에서 싫어하는 모든 일인들을 그만둔다 면 그의 삶은 실패한 것입니다.	
최종 변론 (주장 다지기)	우리측 주장 정리	-피아노 = 능력 -성공할 수 있는 기회 X			
	상대측 반론 요약	-피아노 뭐티레는정하라 할 수 있다. -공부=여가 시간		따라서 마르콜리노는 피아노를 그만두어야	
	반론 꺾기	삶에서 싫어하는 모든 일인들을 그만둔다 면 그의 삶은 실패한 것, 관심 있게 노력을 해야 X			
	예의 상황	Unless Marcolino is dying from the affect of stres			

찬반대립 토론(찬성 측)

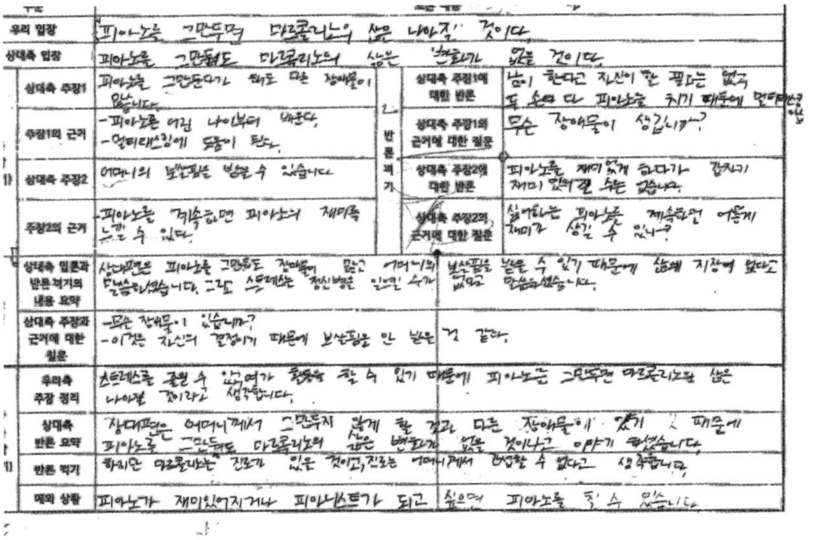

우리 입장	피아노를 그만두면 마르콜리노의 삶은 나아질 것이다.
상대측 입장	피아노를 그만둬도 마르콜리노의 삶은 변화가 없을 것이다.
상대측 주장1	피아노를 그만둔다고 해도 다른 장애물이 많습니다.
주장1의 근거	-피아노는 어린 나이부터 배운다. -멀티태스킹에 도움이 된다.
상대측 주장2	어머니의 보살핌을 받을 수 있습니다.
주장2의 근거	-피아노를 계속하면 피아노의 재미를 느낄 수 있다.
반론하기: 상대측 주장1에 대한 반론	남이 한다고 자신이 할 필요는 없고 둘 손이 다 피아노를 치기 때문에 멀티태스킹 아님
반론하기: 상대측 주장1의 근거에 대한 질문	무슨 장애물이 생깁니까?
반론하기: 상대측 주장2에 대한 반론	피아노를 재미없게 하다가 갑자기 재미있어질 수는 없습니다.
반론하기: 상대측 주장2의 근거에 대한 질문	싫어하는 피아노를 계속하면 어떻게 재미가 생길 수 있나?
상대측 입론과 반론 펴기의 내용 요약	상대편은 피아노를 그만둬도 장애물이 많고 어머니의 보살핌을 받을 수 있기 때문에 삶에 지장이 없다고 말씀하셨습니다. 그리고 스트레스는 정신병을 일으킬 수가 없다고 말씀하셨습니다.
상대측 주장과 근거에 대한 질문	-무슨 장애물이 있습니까? -이것은 자신의 결정이기 때문에 보살핌을 안 받을 것 같다.
우리측 주장 정리	스트레스를 줄일 수 있으며가 활동을 할 수 있기 때문에 피아노를 그만두면 마르콜리노의 삶은 나아질 것이라고 생각합니다.
상대측 반론 요약	상대편은 어머니께서 그만두지 않게 할 것과 다른 장애물이 있기 때문에 피아노를 그만둬도 마르콜리노의 삶은 변화가 없을 것이라고 이야기 했습니다.
반론 펴기	하지만 마르콜리노는 진로가 있을 것이고, 진로는 어머니께서 간섭할 수 없다고 생각합니다.
예외 상황	피아노가 재미있어지거나 피아니스트가 되고 싶으면 피아노를 칠 수 있습니다.

4. [읽기 중 활동] 주인공의 희망 직업을 조사하고, 그림 작가가 표현한 방법으로 그려보기

〈9~10p〉 마르콜리노가 되고 싶은 직업 목록이 두 쪽에 걸쳐 제시된 장면

마르콜리노가 되고 싶어 한 직업 중 세 가지를 선택하여 조사해보는 활동을 해보았습니다. 그리고 그림 작가가 표현한 방법에 대해서 살펴봅니다. 책 속 주인공이 희망하는 직업을 직접 조사해보며, 직업에 대한 이해를 높이는 활동입니다. 또한, 그림 작가가 그린 방식을 자세히 살펴보고, 문자 텍스트와 그림 텍스트 사이의 긴밀한 관계를 이해할 수 있게 합니다. 그리고 내가 그림 작가라면 어떻게 그렸을지 생각해보도록 하고, 직접 그려봄으로써 창의력을 신장시킵니다. 끝으로, '나는 어떤 일을 하는 사람이 되어 세상에 어떤 방식으로 기여하고 싶은지에 대해 생각해보게 합니다. 이를 통해, 희망 직업에 대해 생각할 때 본인의 바람을 만족시키는 것도 중요하지만, 사회에 어떤 기여를 할 것인지도 생각해보게 함으로써 진로 지도로 연결 짓고, 바람직한 직업관을 가질 수 있게 돕습니다.

먼저, PPT 화면에 장면을 잘라서 각 직업 목록을 팝업으로 제시합니다. '하지만 마르콜리노는 훌륭한 피아니스트가 되고 싶지 않아도, 마르콜리노가 정말로 되고 싶은 건…….'라고 첫 줄을 읽어준 후, 팝업으로 첫 번째 그림을 제시합니다. 그리고 '무엇인가요?'라고 묻습니다. 이와 같은 방식으로 그림을 살펴본 후 공통점을 찾게 합니다.

〈주인공의 희망 직업 조사하기 예시〉

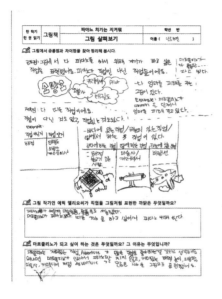
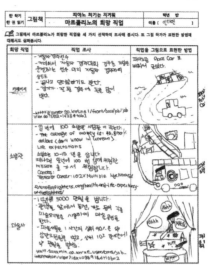

교사: 내가 되고 싶은 희망 직업을 한 가지 선택하여 그림 작가가 9~10p에서 사용한 표현 방법으로 표현해봅시다. 예를 들어, 자신이 싫어하는 것(숙제, 태권도, 글쓰기, 영어 등)을 이용하여 '내가 하고 싶은 것'을 표현해봅시다.

〈그림 작가가 표현한 방법으로 그려보기 예시〉

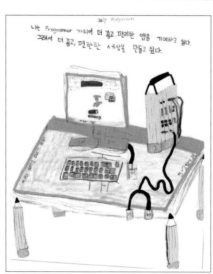

주인공이 싫어한 피아노를 이용하여 자신의 꿈을 표현한 작품

싫어하는 과목인 〈국어〉를 이용하여 자신의 꿈을 표현한 작품

5. [읽기 중 활동] 이야기의 결말 상상하기

〈17~18p〉 어렸을 때 피아노 치기를 싫어했다는 사실을 들키자 엄마의 얼굴이 새빨개진 장면

[읽기 중 활동]에서 다음 장면을 추측해보게 하는 것은 가장 기본적인 활동 중 하나입니다. 그림 작가가 되어 이어질 장면 및 이야기의 끝부분에 대해서도 상상하여 표현하게 합니다.

교사: 다음 장면에서는 어떤 일이 일어날까요? 마르콜리노는 피아노 연주를 계속하게 될까요?

교사: 할아버지의 도움으로 마르콜리노는 엄마가 어렸을 때 피아노 치는 것을 싫어했다는 사실을 알게 됩니다. 이야기가 어떻게 끝나게 될지 상상해보고 결말을 그림과 글로 표현해봅니다.

....

TIP! 먼저, 인물, 사건, 배경을 찾게 합니다. 이야기의 결말을 쓸 때는 인물과 사건, 배경 요소를 유지하는 범위 내에서 결말을 만들게 함으로써 이야기의 개연성을 유지하여 이야기가 황당하게 흐르지 않도록 지도합니다.

〈이야기의 결말 상상하여 그리기 예시〉

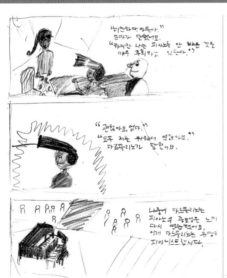
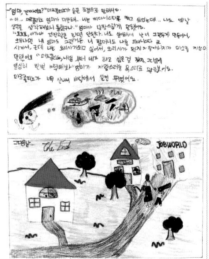

교사: 책을 끝까지 다 읽은 후, 내가 상상한 결말과 비교해봅시다. 여러분이 생각한 결말과 실제 이야기의 결말이 비슷한가요? 어느 것이 더 마음에 드는지 살펴보고, 그 이유를 설명해봅시다.

6. [읽기 중 활동] 등장인물의 입장 정리하기

〈20p〉 할아버지와 함께 악기 가게에 간 장면

할아버지와 악기 가게를 방문한 장면을 읽은 후, 아래 활동을 해봅시다.

교사: 할아버지와 아들이 악기 가게에 간 것에 대해 엄마는 어떻게 생각할까요? 좋아하셨을까요?

교사: 할아버지와 엄마가 되어 서로의 입장을 정리해봅시다. 이유도 설명해봅시다.

〈등장인물의 입장 정리하기 예시〉

할아버지	엄마
마르콜리노는 스스로 선택한 악기를 배워야 한다.	마르콜리노는 피아노를 계속해야 한다.

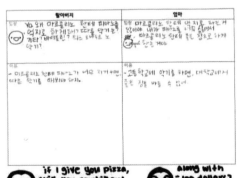

전래 동화

　이번에 다룰 책의 장르는 전래 동화입니다. 전래 동화란 신화와 전설에서 이루어진 동심이 기조가 된 이야기입니다. 그 겨레의 생활·풍속·종교 등과 깊은 관계가 있으며, 오랜 시간 동안 살아남아 사람들의 입을 통해 전해 내려왔습니다. 또한, 전래 동화는 어린이들을 위해 만들어진 이야기입니다. 쉽고 재밌으면서도 그 당시 사회가 어린이들에게 가르치고 싶었던 가치를 담고 있습니다. 전래 동화에서 강조하는 효, 우정, 근면 등은 지금도 여전히 가치가 있습니다. 어린이들은 전래 동화를 읽고 토론하는 과정에서 사회에서 중시하는 가치들을 내면화할 수 있습니다.

　다만 전래 동화는 과거의 가치를 담고 있기 때문에 현재의 가치관과는 다소 다른 부분을 보여줄 수 있습니다. 어린이들은 과거와 현재에 중시되는 가치가 다름을 깨닫고 이를 비판적으로 받아들일 기회를 가집니다. 또한, 어린이들은 전래 동화를 통해 조상들의 생활 모습을 친숙하게 접할 수 있습니다. 자연스럽게 역사 공부가 되는 것입니다. 이제부터 즐거운 전래 동화의 세계로 들어가봅시다.

3

세 번째로 만나는
'한 학기 한 권 읽기'

전래 동화

전래 동화로 진행하는 '한 학기 한 권 읽기'
흐름도

책 제목	견우와 직녀
책의 종류	전래 동화
대상	초등학교 3~4학년
선정 의도	전통 문화의 이해 및 현대적 해석
읽기	[읽기 전 활동] 1. 책 제목과 표지 살피기 2. 한 줄 책 소개하기 [읽기 중 활동] 3. 책 읽기 [읽기 후 활동] 4. 질문 만들기 5. 짝 토론 6. 질문 분류하기 7. 논제 정하기
생각 나누기	[토론 전 활동] 1. 삽화를 보며 책의 줄거리 떠올리기 2. 토론 규칙 정하기 [토론하기] 3. 토론 방식 정하기 4. 원탁 토론 5. 변형된 찬반대립 토론
표현하기	1. 등장인물 인터뷰하기 2. 등장인물에게 편지 쓰기
활동 더하기	1. '토론하기'의 원탁 토론을 패널 토론으로 해보기 2. '토론하기'의 원탁 토론을 모둠 토론으로 해보기

이 책을 선정한 이유

《견우와 직녀》는 매년 칠월 칠석에 은하수를 사이에 두고 두 별이 가까워지는 현상에서 생겨난 설화입니다.

먼 옛날 하늘나라에 소를 모는 견우와 베를 짜는 직녀가 결혼합니다. 그러나 결혼 후 자신의 직분을 소홀히 하여 옥황상제에 의해 헤어지게 됩니다. 이를 안타깝게 여긴 까치와 까마귀의 도움으로 일 년에 한 번 칠월 칠석에 은하수를 건너 만나게 된다는 이야기입니다.

초록개구리 엮음, 이한중 그림,
계림북스, 2004

이 이야기는 아주 유명합니다. 하지만 보통 이런 전래 동화는 대강 줄거리만 알고 넘어가는 경우가 많습니다. 이런 친숙한 이야기로 더 이야깃거리가 있을까 싶지만, 막상 토론을 해보면 학생들은 다양하고 재밌는 이야기 주제들을 쏟아냅니다.

이 책의 배경은 전통적인 농경 사회입니다. 이 이야기를 통해 학생들은 전통문화를 이해하고, 조상들이 어떤 가치를 중요하게 여겼는지 자연스럽게 알 수 있습니다. 이를 현재와 비교하여 어떤 가치는 지금도 중시되고, 또 어떤 가치는 시대에 따라 다르게 평가된다는 점을 깨달을 수 있습니다. 또한, 견우와 직녀가 천체 현상을 바탕으로 나온 설화인 만큼 과거 조상들이 세상을 어떻게 바라보았는지도 엿볼 수 있습니다. 이를 현재 밝혀진 과학 지식과 비교해보는 것도 하나의 즐거움입니다.

무엇보다 견우와 직녀 이야기는 재밌습니다. 처음 듣는 학생은 흥미진진하게 듣고, 이미 이야기를 알고 있는 학생도 몰입해서 듣습니다. 이것이 바로 무려 몇 천 년에 걸쳐 전해 내려온 이야기의 힘이지요.

《견우와 직녀》로 '한 학기 한 권 읽기'를 한다면 학생뿐만 아니라 교사도 이야기에 담긴 여러 가지 이야깃거리에 푹 빠져 깊이 있는 앎을 얻을 수 있을 것입니다.

아이들과 이 책을 어떻게 읽으면 좋을까?

[읽기 전 활동]

1. 책 제목과 표지 살피기   [266p 학습지 활용]

책 제목과 표지에는 책의 전반적인 내용을 알려주는 정보가 담겨있습니다. 《견우와 직녀》의 표지 또한 선녀, 옥황상제, 전통 복장 등 지금 시대에서 볼 수 없는 특별한 배경을 보여줍니다. 학생들은 표지를 살펴봄으로써 전에 읽었던 전래 동화의 설정들을 떠올려보고 이 이야기가 어떤 이야기일지 상상해볼 수 있습니다.

실제 교실에서 수업을 해보면 전래 동화 자체를 처음 접하거나 '옥황상제'라는 낱말을 모르는 학생들도 있었습니다. 이런 학생들 또한 표지와 제목을 보고 궁금한 점을 서로 질문하고 답하는 과정 속에서 배경 지식을 활성화합니다.

교사: 지금부터 여러분과 《견우와 직녀》라는 전래 동화를 읽어볼 거예요. 표지를 살펴볼까요. 무엇이 보이나요?

학생: '견우와 직녀'라는 글씨가 보여요.

교사: 견우와 직녀는 뭘까요?

학생: 주인공 이름이요.

교사: 맞아요. 그럼 누가 주인공일까요?

학생: 앞에 있는 남자와 여자가 견우와 직녀일 것 같아요.

교사: 두 사람은 무엇을 하고 있을까요?

학생: 손을 잡고 있어요.

교사: 두 사람은 무슨 사이일까요?

학생: 커플이요. 사귀고 있어요.

교사: 사귀는 사이로 보이는군요. 그럼 두 사람 주위의 분위기는 어때요?

학생: 축하해주고 있는 것 같아요.

학생: 모두 웃고 있어요.

교사: 무슨 상황일까요?

학생: 손 올리고 있는 사람이 주례 같아요. 결혼식 같아요.

교사: 결혼식일 수도 있겠네요. 결혼식인지 아닌지는 이야기를 읽어봐야 알겠지요?

학생: 이야기가 궁금해요.

교사: 또 무엇이 보이나요?

학생: 옥황상제 같은 사람이 손을 올리고 있어요.

학생: 선생님, 옥황상제가 뭔가요?

교사: 옥황상제가 무엇인지 설명해줄 학생이 있나요?

학생: 하늘나라에 사는 임금님이예요.

교사: 맞아요. 옛날 사람들은 하늘에 옥황상제라는 임금님이 산다고 생각했어요.

교사: 표지를 보고 궁금한 점이 있나요?

학생: 왜 여자 머리가 동그랗게 생겼어요?

학생: 선녀 머리는 원래 저렇게 생겼어요.

교사: 그래요. 옛날 사람들은 선녀가 저런 머리 모양을 하고 있다고 생각했어요. 실제로 여자들이
　　　저 머리를 하고 다녔던 적도 있고요.

학생: 지금이랑 다르네요.

교사: 시대마다 유행하는 머리 모양이 다르니까요. 그럼 저 머리 모양을 한 여자들을 뭐라고 불렀
　　　을까요?

학생: 선녀요.

교사: 선녀는 어떤 사람일까요?

학생: 하늘나라에 살고 있어요.

학생: 〈선녀와 나무꾼〉에서 날개옷을 입고 있었어요.

교사: 맞아요. 선녀는 하늘나라에서 사는 여자를 말해요. 또 궁금한 점이 있나요?

학생: 선생님, 옥황상제랑 견우 머리는 왜 길어요?

교사: 재밌는 것을 발견했군요. 요즘 남자들은 머리를 짧게 자르지요. 하지만 옛날에는 남자도 여
　　　자도 모두 머리를 자르지 않았어요. 왜 그랬을까요?

학생: 모르겠어요.

교사: 머리카락을 포함해서 내 몸은 누가 주신 것이지요?

학생: 부모님이요.

교사: 부모님이 주신 것은 함부로 하면 될까요?

학생: 안 돼요.

교사: 그러면 머리카락을 자르면 될까요?

학생: 음, 그래도 저는 잘랐는데요.

교사: 옛날 사람들은 지금과 다르게 생각했어요. 머리카락은 부모님이 주신 것이라고 생각해서 함부로 자르지 않았어요. 그래서 옥황상제나 견우처럼 남자도 머리카락을 길게 길렀어요. 옛날 사람들은 하늘에는 옥황상제라는 임금님과 선녀들이 산다고 생각했어요. 《견우와 직녀》는 하늘나라 사람들의 이야기입니다.

2. 한 줄 책 소개하기

《견우와 직녀》와 같은 유명한 전래 동화의 경우, 이미 내용을 알고 있는 학생들이 많습니다. 내용을 전혀 모르는 학생과 알고 있는 학생이 함께 교실에 앉아있다면, 내용을 알고 있는 학생은 자신이 알고 있는 것을 티내고 싶어 합니다. 이때 내용을 알고 있는 학생에게 뽐낼 기회를 주시는 것이 좋습니다.

'한 줄 책 소개'는 내용을 알고 있는 학생이 인상적인 부분에 대해 한 줄로 적어보는 활동입니다. 단 결말은 쓰지 않도록 합니다. '한 줄 책 소개'를 발표한 후 학생들은 발표자에게 간단한 질문을 할 수 있습니다. 발표자는 '예, 아니요'로만 대답하여 읽기 활동 전에 책 내용을 자세하게 말하지 않도록 합니다.

교사: '견우와 직녀' 이야기를 알고 있는 학생들이 있을 것 같은데 손들어볼까요?

교사: 이야기를 알고 있는 학생들은 이야기를 읽고 마음에 남았던 장면이나 느낌을 한 줄로 써볼까요? 결말은 쓰면 안 됩니다.

교사: 발표해봅시다. 다른 친구들이 발표자에게 질문하면 발표자는 '예, 아니오'로만 대답하세요.

발표자: 새들이 견우와 직녀를 만나게 해준다.

학생 1: 새가 편지를 전해주나요?

발표자: 아니오.

학생 2: 견우와 직녀가 헤어지나요?

발표자: 네.

〈한 줄 책 소개 예시〉

새들이 견우와 직녀를 만나게 해준다.

한우와 직녀가 헤어져서 까치가 다리를 만들었다.

결혼을 해도, 커플이 되도 자기할일로 똑바로해친

까마귀가 다리이어주는이예

견우와 직녀는 사랑했다.

· 새들이 견우와 직녀를 만나게 해준다.
· 견우와 직녀가 헤어져서 까치가 다리를 만들었다.
· 결혼을 해도, 커플이 되어도 자기 할 일을 똑바로 해라.
· 까마귀가 다리 이어주는 이야기
· 견우와 직녀는 사랑했다.

교사: 와, 한 줄 책 소개를 들으니까 이야기가 더욱 궁금해지네요. 다 같이 이야기를 읽어볼까요?

[읽기 중 활동]

3. 책 읽기

1) 소요 시간

전래 동화는 내용이 간단하고 짧기 때문에 책 읽는 시간이 짧습니다. 해당 책은 소리 내어 읽으면 10여 분 정도의 시간이 소요됩니다.

2) 책 읽는 방법

책은 낭독해서 읽는 것이 좋습니다. 낭독으로 책을 읽는 사람은 책을 눈으로 읽고, 귀로 듣고, 입을 움직입니다. 동시에 여러 가지 방법을 사용하기 때문에 단순히 눈으로 읽는 것보다 책 읽기에 더 몰입할 수 있습니다. 또 학생들은 낭독을 통해 자연스럽게 발표 연습을 할 수 있습니다.

토론을 해보면 학생들의 작고 불명확한 목소리가 토론 진행을 어렵게 할 때가 있습니다. 이는 낭독을 통해 좋아질 수 있습니다. 학생들이 알맞은 목소리 크기와 속도를 지켜서 낭독할 수 있게 꾸준히 지도합니다.

① 교사가 직접 읽어주기

책을 안정적으로 읽을 수 있습니다. 학생의 집중도도 높은 편입니다. 반드시 구연동화 읽듯이 실감나게 읽을 필요는 없습니다. 차분한 목소리로 읽어도 학생들은 이야기에 빠져들어 듣습니다.

② 학생과 교사가 번갈아 한 줄씩 읽기

학생들이 발표 연습을 할 수 있습니다. 학생의 작고 불명확한 목소리를 개선할 수 있도록 알맞은 목소리 크기와 속도를 지켜서 낭독하도록 합니다. 또한, 학생과 교사가 한 줄씩 번갈아 읽는 것이 좋습니다. 두 줄씩 읽으면 바로 학생들의 주의력이 흩어집니다.

③ 학생들이 등장인물, 내레이션 등 역할을 맡아 읽기

학생의 참여로 실감 나는 책 읽기를 할 수 있습니다. 학생의 목소리가 작다면 교사가 한 번 더 읽어주거나 목소리 작은 학생에게 마이크를 주는 것이 좋습니다.

3) 기타 자료 활용

전래 동화는 제시된 책 외에도 여러 가지 책이 시중에 출판되어 있으며, 인터넷에 영상으로도 올라와있으니, 다양한 자료를 활용하는 것도 좋은 방법입니다.

[읽기 후 활동]

4. 질문 만들기

이 수업에서 질문 만들기는 뒤에 이어질 토론 수업을 위한 핵심 활동입니다. 질문 중 몇 가지를 골라 논제로 정하기 때문에 성공적인 토론을 위해서는 좋은 질문을 만드는 것이 선결 과제입니다. 저학년은 궁금한 것이 많고 말하기를 좋아합니다. 교사가 자유로운 분위기를 조성한다면 학생들은 다양한 질문들을 쏟아낼 것입니다. 단 토론하기 좋은 질문을 이끌어내려면 별도의 질문 만드는 연습이 필요합니다. 질문 만드는 연습을 통해 학생들은 책에서 답을 찾을 수 있는 질문과 친구들과 다양한 의견을 나누기에 적절한 질문을 구별할 수 있습니다. 그리고 다음 단계인 '질문 분류하기'를 위해 질문은 포스트잇에 하나씩 적는 것이 좋습니다.

질문 만들기 연습 방법 중 몇 가지를 소개합니다. 질문 만들기에 쓸 수 있는 시간 및 학생의 수준에 따라 적절한 방법을 선택하여 사용합니다.

1) 문장 바꾸기

질문 만들기에 서툰 학생들이나 질문 만들기를 해본 적 없는 학생들에게 유용한 방법입니다.

① 책의 첫 장의 문장을 다시 읽어보고, 문장 끝을 '~까'로 바꿉니다.
② 문장에 따라서 '왜', '어떻게'를 붙일 수 있습니다.
③ 교사가 먼저 예시를 보여주고, 학생들이 질문을 만들어봅니다.

〈문장 바꾸기 예시〉

어느 날, 하늘나라 임금님이 산책을 나왔다가 직녀를 봤어.

학생: 하늘나라 임금님이 산책을 나왔다가 어떻게 직녀를 봤을까?

다른 선녀들은 꽃구경을 나갔는데 직녀만 혼자 베틀에 앉아 베를 짜고 있지 뭐야.

학생: 왜 다른 선녀들은 꽃구경을 나갔는데 직녀만 혼자 베틀에 앉아 베를 짜고 있었을까?

견우와 직녀는 일 년 중 단 하루만 만날 수 있었어.

학생: 견우와 직녀는 왜 일 년 중 단 하루만 만날 수 있을까?

학생: 견우와 직녀는 어떻게 만날 수 있을까?

견우는 소를 모는 목동이고 직녀는 베 짜는 솜씨가 뛰어난 선녀였단다.

학생: 견우는 어떻게 소를 몰까?

....

TIP! '왜'가 들어간 질문은 학생들이 곧잘 만들지만 '어떻게'가 들어간 질문은 만들기 어려워할 수 있습니다. 교사가 예시 문장을 충분히 보여주는 것이 좋습니다.

2) 책 한 장으로 질문 만들기

교사와 학생이 책 한 장에 담긴 삽화와 글을 보면서 함께 질문을 만듭니다. 책을 읽은 다음 곧바로 질문을 만들어보라고 할 때보다 질문의 수준이 몰라보게 좋아지는 것을 알 수 있습니다. 다른 학생들이 만들어낸 질문을 들으며, 학생들은 질문을 만드는 과정을 경험하고 어떤 질문이 좋은 질문인지 자연스럽게 깨닫게 됩니다.

〈한 장의 내용으로 질문 만들기 예시〉

· 울었는데 홍수가 어떻게 나나요?

· 직녀와 견우는 하늘에서 사는데 어떻게 물이 있었나요?

· 직녀는 선녀니까 날개가 있는데 왜 은하수를 날아가지 않나요?

· 눈물이 왜 쌀알같이 두꺼울까요?

· 진짜 옛날에 견우와 직녀가 살았나요?

TIP! 질문 만들기를 위한 책 한 장은 이야기의 핵심 장면을 제시하시는 것이 좋습니다.

3) 책의 키워드로 질문 만들기

책에서 중요한 키워드들을 찾고, 해당 키워드와 관련된 질문을 만드는 활동입니다. 모든 이야기는 이야기를 관통하는 키워드가 있기 마련입니다. 학생들과 함께 중요 키워드를 몇 가지 찾아봅시다. (예: 견우, 직녀, 사랑, 홍수, 까마귀 등) 키워드를 놓고 질문을 만들면 훨씬 쉽게 질문을 만들어낼 수 있습니다. 또한, 학생들은 키워드를 찾으며 자연스럽게 내용을 깊이 있게 파악하게 됩니다.

〈책의 키워드로 질문 만들기 예시〉

키워드: 까마귀

질문: 까치와 까마귀는 선녀와 견우가 밟을 때 아프지 않았을까요?

왜 까치와 까마귀만 견우와 직녀를 도와주었을까요?

까치와 까마귀가 우주를 다녀온 건가요?

직녀가 50kg 정도일 텐데 어떻게 까치랑 까마귀가 버텼을까요?

4) 책 읽고 바로 질문 만들기

질문 만들기와 토론에 익숙한 반이거나 혹은 시간이 부족하다면, 책을 읽고 바로 질문을 만드는 것도 괜찮습니다. 또한, 뒤에 있을 활동(짝 토론, 질문 분류하기) 중 원하는 학생에 한하여 추가 질문을 허용하는 것이 보다 다양한 질문을 만들어낼 수 있습니다.

5. 짝 토론

학생들이 각자 만든 질문을 가지고 짝끼리 질문하고 답하는 활동입니다. 앞 단계에서 학생들은 많은 질문을 만들었습니다. 많은 질문 중에 토론에 쓰일 질문은 한두 가지에 불과합니다. 학생들은 논제로 선택되지 않은 질문에 대해서도 답변을 듣고 싶어 합니다. 짝 토론은 학생들이 자신이 만든 모든 질문에 대해 답변을 들을 수 있는 기회를 제공합니다.

1) 모든 학생은 자신의 질문이 적힌 포스트잇들을 가지고 돌아다닙니다.

2) 두 사람씩 만나 서로 질문하고 답합니다.
① 닫힌 질문(책에 답이 있음)이라면 학생들은 답을 말하며 책 내용을 파악할 수 있습니다.
② 열린 질문(책에 답이 없음)이라면 학생들끼리 자연스럽게 토론이 이루어집니다. 두 명의 학생이 합의하기 어려우면 다른 친구를 끌어들여 토론할 수 있습니다.

3) 짝 토론을 마친 후 학생들은 친구의 질문 중 인상 깊었던 것을 발표합니다.

〈짝 토론 예시〉

학생1: 옥황상제가 견우와 직녀를 만나게 해주고 왜 또 헤어지게 했을까?

학생2: 견우와 직녀가 제대로 일을 안 해서 그래.

학생1: 결혼하기 전에 많이 일했는데 놀아도 되잖아.

학생2: 할 일은 다하고 놀아야지.

학생1: 그래도 헤어지게 만든 건 너무 심해.

학생2: 한 번 용서해줬는데 또 놀았잖아.

학생1: 또 한 번만 더 봐주지. 옥황상제가 나빴어.

TIP! 반 분위기에 따라 모든 질문에 답을 찾아보길 원하는 반이 있을 수 있습니다. 시간이 충분하다면 모든 질문에 반 전체가 함께 답해보는 것도 해볼 만합니다. 교사가 학생이 만든 질문을 읽고 학생들이 답해봅니다. 이럴 경우 굉장히 다양한 생각을 나눌 수 있습니다. 다만 이러한 방법은 답을 찾는데 시간이 오래 걸리는 질문에는 적절하지 않습니다. 이런 질문은 다음 단계인 토론 수업 때 더 깊게 다루도록 합니다.

6. 질문 분류하기

이 단계에서는 앞서 학생들이 만든 질문을 그대로 사용하며, 질문을 비슷한 것끼리 묶어 보기 좋게 정리합니다. 질문을 정교하게 다듬고 분류하면서 어떤 질문이 좋은 질문인지 자연스럽게 깨닫습니다. 그리고 몇 가지로 정리된 질문 중 마음에 드는 것을 논제로 고릅니다. 학생들은 직접 질문을 분류하고 논제를 선정해봄으로써 토론에 대한 기대감을 가집니다.

1) 학생이 분류하기

학생들은 차례대로 칠판에 질문이 적힌 포스트잇을 붙입니다. 각 학생은 앞 학생의 질문을 보고 자신의 질문과 비슷하다면 그 아래 자신의 질문 포스트잇을 붙이고, 다르다면 옆에 붙입니다. 모든 학생이 질문 포스트잇을 붙이고 나면, 비슷한 질문은 세로줄로 모이게 됩니다.

2) 교사와 함께 재분류하기

학생의 분류가 정확하지 않을 수 있으니, 교사는 학생들과 함께 질문을 재분류합니다. 어떤 질문들은 상위의 질문으로 묶을 수도 있으며, 학생들과 상의하여 보다 넓은 범주의 질문으로 바꿔봅니다. 질문은 크게 '닫힌 질문'과 '열린 질문'으로 나눌 수 있습니다. 닫힌 질문은 바로 책에서 답을 찾아보고, 열린 질문은 논제 후보로 둡니다.

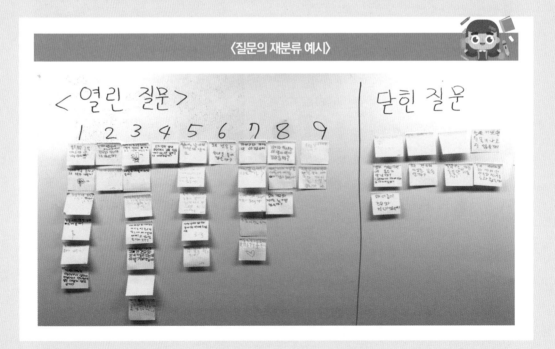

〈질문의 재분류 예시〉

7. 논제 정하기

1) 토론하기 좋은 질문의 조건 찾기

모든 질문은 의미가 있으며 틀린 질문은 없습니다. 그러나 토론하기 좋은 질문은 있습니다. 토론하기 좋은 질문의 조건이 무엇인지 학생들과 의논해봅니다. 학생들의 눈높이에 맞는 조건들이 학생들을 통해 나옵니다. 학생들이 잘 생각해내지 못한다면 교사가 직접 제시해주는 것도 괜찮습니다.

〈토론하기 좋은 질문의 조건 예시〉

· 재밌는 것

· 의견이 여러 가지가 나뉠 만한 것

· 많은 사람이 궁금해할 만한 것

2) 투표하기

앞의 〈질문의 재분류 예시〉처럼 질문들에 번호를 매깁니다. 학생들은 질문을 확인하고 자신이 토론해보고 싶은 질문의 번호에 투표합니다. 본 수업에서는 열린 질문이 총 9가지가 나왔고, 한 명의 학생(총 20명 중)에게 세 개 표의 권한을 주었습니다.

가장 많은 표를 받은 질문을 논제로 정합니다. 학생들이 직접 고른 논제이기 때문에 학생들은 뒤에 있을 토론에 적극적으로 참여합니다.

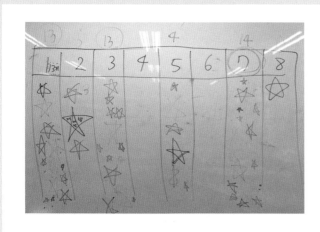

TIP! 가장 많은 표를 받은 논제보다 교사가 판단하기에 두 번째, 세 번째 주제가 더 바람직할 경우 두 번째, 세 번째 주제에 대해 후속 토론을 해보는 것도 좋습니다.

TIP! 투표가 끝난 후 특정 번호를 선택한 학생들에게 왜 그 질문을 골랐는지 이유를 물어보는 것도 후에 있을 토론에 도움이 됩니다.

아이들과 어떻게 대화(토론)를 하면 좋을까?

[토론 전 활동]

1. 삽화를 보며 책의 줄거리 떠올리기   [269p 학습지 활용]

앞 단계의 수업을 연 차시로 진행했다면 상관없지만, 각 수업이 떨어져 있다면 토론 전에 줄거리를 정리할 필요가 있습니다. 학생들과 삽화를 한 장씩 보며 어떤 내용인지 파악해봅시다. 《견우와 직녀》는 이야기가 간단하기 때문에 금방 이야기를 정리할 수 있습니다.

〈삽화를 보며 책의 줄거리 떠올리기 예시〉

"견우와 직녀가 만났어요. 견우는 소를 몰고 직녀는 베를 짰어요. 옥황상제가 둘을 만나게 해줬어요. 둘이 결혼했어요. 근데 둘이 놀러만 다녔어요. …… 그래서 옥황상제가 둘을 헤어지게 만들었어요. 그리고 칠월 칠석에만 만나게 해줬어요…… 그랬더니 두 사람이 우느라 홍수가 났어요. 까치와 까마귀가 다리를 만들어서 둘을 만나게 해줬어요."

2. 토론 규칙 정하기

말하기 좋아하지만 다른 사람의 말을 듣는데 서툰 저학년의 특성상 토론 전에 규칙을 정해야 원활한 토론 진행이 가능합니다. 학생들은 직접 토론을 위한 규칙을 찾습니다. 이때 규칙은 간단하고 명료한 몇 가지만 찾는 것이 좋습니다. 복잡하고 많은 규칙은 학생들이 다 기억하기 어렵습니다. 또한, 규칙은 역할극을 통해 익히는 것이 좋습니다. 엉망진창인 토론을 연기해보고, 반대로 좋은 토론도 함께 연기를 해보면 바람직한 토론 태도를 내면화할 수 있습니다.

[토론하기]

3. 토론 방식 정하기

이 장에서는 '원탁 토론'과 '변형된 찬반대립 토론'을 소개합니다. 절차가 복잡하거나 어려운 토론 기법은 저학년에게 사용하기 어렵습니다. 말하기 좋아하는 저학년의 특성에 걸맞게 말할 기회가 많고 절차가 단순하여 교실에서 손쉽게 적용이 가능한 토론 방식으로 '원탁 토론'과 '변형된 찬반대립 토론'을 선정하였습니다.

논제는 크게 '찬반으로 나뉘는 주제'와 '여러 가지 의견이 있는 주제'가 있습니다. '찬반으로 나뉘는 주제'는 찬반대립 토론, '여러 가지 의견이 있는 주제'는 원탁 토론이 적절합니다. 교사는 논제가 원탁 토론과 찬반대립 토론 중 어느 것에 더 잘 맞는지 판단해야 합니다.

〈논제에 따른 토론 기법 분류 예시〉

〈변형된 찬반대립 토론〉

학생: 까치와 까마귀는 동물 학대를 당했는가?

학생: 옥황상제의 행동은 옳은가?

〈원탁 토론〉

학생: 이런 전래 동화는 왜 만들었는가?

학생: 견우와 직녀는 결혼하고 왜 놀러 다녔을까?

학생: 왜 견우는 목동이고 직녀는 베를 짜는가?

학생: 왜 견우와 직녀는 칠월 칠석에 만나는가?

한번 토론의 방식을 정했다고 반드시 그 토론 방식을 쭉 써야 하는 것은 아닙니다. 가령 토론 중에 새로운 논제가 생기는 경우가 있습니다. 이럴 때는 토론 속 토론으로 새로운 논제에 대해 토론해보는 것도 괜찮습니다.

칠판에 지금까지의 토론 내용이 정리되어 있기 때문에 새로운 논제로 토론하고 난 다음 이전 논제로 돌아올 수 있습니다. 또한, 새로운 논제가 이전과 다른 토론 방식에 걸맞다면 토론 방식을 바꾸어 진행하는 것이 바람직합니다. 이처럼 상황에 맞추어 유연하게 토론 방식을 정하는 것이 좋습니다.

4. 원탁 토론

1) 원탁 토론이란?

원탁 토론은 학생이 모두 둘러 앉아 자신의 의견을 나누는 방식의 토론입니다. 원래의 원탁 토론에서는 한 토론자가 자신의 주장을 펼치고, 다른 토론자들이 차례대로 주장을 펼친 토론자에게 추가 의견(반박, 동의, 보충)을 제시합니다. 이번 장에서 원탁 토론은 3학년의 특성에 맞추어 토론의 절차를 간소화하였습니다. 먼저 반 전체가 둘러앉습니다. 한 주제에 대하여 한 학생이 의견을 말하면 교사 또는 다른 학생이 자유롭게 추가 의견(반박, 동의, 보충)을 냅니다. 학생들이 자유롭게 이야기를 나누면서도 토론이 진행되는데, 교사는 논의의 중심을 잡고 있어야 합니다. 그러기 위해 교사는 토의 내용을 칠판에 정리하고, 비슷한 내용이 반복될 경우 논의를 마무리하고 다른 쟁점으로 넘어가야 합니다.

이 과정을 통해서 학생들은 토론이 어떻게 이루어지는지 자연스럽게 터득할 수 있습니다. 토론에 익숙해지면, 교사가 진행하는 토론이 아닌 모둠별로 토론할 수도 있습니다. 모둠에서 한 학생에게 기록하는 역할을 줍니다. 그리고 한 주제에 대해 이야기를 자유롭게 나눠본다면, 한 학생 당 이야기할 기회가 늘어나 더욱 다채로운 토론이 가능할 것입니다. 이 토론은 비경쟁 토론이기 때문에 학생들이 승패에 구애받지 않고 자유롭게 토론에 참여할 수 있습니다.

2)원탁 토론 순서

① 논제에 대한 의견 쓰기

② 개인 의견 발표하기와 쟁점 정리

③ 쟁점별 추가 의견(반박, 동의, 보충) 발표하기

④ 논의 정리

3) 원탁 토론 진행 과정

① 논제에 대한 의견 쓰기

토론자들은 자신의 주장을 적절한 근거와 함께 효과적으로 제시하기 위해 먼저 자신의 의견을 글로 써보아야 합니다.

② 개인 의견 발표하기와 쟁점 정리

모든 학생은 돌아가면서 자신의 의견을 발표합니다. 모든 학생에게 발표 기회를 주기 위해서 의견이 겹치더라도 발표할 수 있도록 합니다. 그동안 교사는 학생이 발표한 의견을 요약 정리하여 칠판에 적습니다. 의견 발표가 끝나면 교사는 학생들과 함께 의견을 정리합니다. 비슷한 의견은 묶고, 다른 의견끼리 분리하면 의견들은 몇 가지 쟁점으로 정리됩니다.

〈쟁점별로 정리된 의견 예시〉

TIP! 칠판에 의견을 요약 정리할 때 학생들의 말을 즉석에서 받아 적기 때문에 깔끔하게 판서하기가 어렵습니다. 이런 경우 코팅된 A4용지에 중요한 의견(쟁점)을 적으면서 학생들의 의견을 분류하면 깔끔하게 정리할 수 있습니다.

③ 쟁점별 추가 의견 발표하기

각 쟁점에 대해 학생들은 추가할 내용(반박, 동의, 보충)에 대해 자신의 의견을 발표합니다. 이를 통해 학생들은 논제에 대한 폭넓고 깊은 생각을 나눌 수 있습니다. 하나의 쟁점에 대한 이야기가 충분히 이루어졌다고 판단하면 다음 쟁점으로 넘어갑니다.

> **TIP!** 특정 쟁점이 생각해볼 거리가 많다면 모든 학생의 의견을 다 들어보는 것도 좋습니다. 이 경우 교사는 학생들에게 쟁점에 대한 자신의 의견을 쓸 시간을 주어야 합니다.
>
> **TIP!** 학생의 발표가 명확하지 않을 경우 교사는 학생의 말을 요약 및 정리하여 말해줍니다.

④ 논의 정리

토론이 충분히 이루어졌다고 판단되면 논의한 내용을 정리합니다. 토론을 통해 바뀐 생각이나 느낀 점을 발표해봅니다. 또 토의 중에 나왔던 의견 중 가장 인상 깊은 의견이 무엇인지 투표해볼 수 있습니다. 교사는 이 단계를 통해 학생이 토론에서 무엇을 느끼고 배웠는지 학생 머릿속 사고의 흐름을 가늠해볼 수 있습니다. 학생들 또한 서로의 발표를 들으며 토론을 정리할 수 있습니다.

> **TIP!** 토론 중 교사의 도움이 필요할 때
> 1. 학생의 목소리가 너무 작거나 말이 횡설수설할 때
>   – 학생의 발표 내용을 요약하여 한 번 더 말해줍니다.
> 2. 학생 간의 발표에 비슷한 내용이 반복될 때
>   – 해당 내용에 대한 논의를 정리하고 마무리합니다.
> 3. 발표하기를 쑥스러워하는 학생이 있을 때
>   – 모든 학생이 짧게라도 다 발표하는 기회를 만듭니다. 이 경우 발표하기 전에 짧게라도 의견을 쓸 시간을 주어야 합니다. (예: 한 쟁점에 대한 의견 말하기, 정리 발표하기 등)
> 4. 교사에게도 논제에 대한 의견이 떠올랐을 때
>   – 토론에서 교사의 역할은 토론을 진행하고 학생의 의견 제시를 돕는 것입니다. 그러나 상황에 따라 교사도 토론에 참여하여 학생들이 미처 생각하지 못했던 지점을 짚어줄 수 있습니다. 이는 자연스러운 토론 진행에 도움이 됩니다.

4) 원탁 토론 사례

논제 : 《견우와 직녀》 전래 동화를 왜 만들었을까?

① 논제에 대한 의견 쓰기

교사: '《견우와 직녀》 전래 동화를 왜 만들었을까'에 대한 이야기를 해볼 거예요. 먼저 자신의 생각을 적어봅시다.

② 의견 발표하기와 쟁점 정리

교사: 한 사람씩 발표해볼까요?

학생: 비가 내리는 걸 설명하려고요.

　　　재미있으려고요.

　　　신을 정말 믿어서 만들었어요.

교사: 재미있는 의견이 많군요. '비가 내리는 것을 설명하려고 했다.' '재밌으려고'라는 의견들이 있었네요.

③ 쟁점별 의견 발표하기

교사: 하나씩 이야기해볼까요? 전래 동화는 비가 내리는 것을 설명하려고 만들었다. 어떻게 생각하나요?

학생: 홍수가 나서 짜증나니까 사람들이 이야기를 만들어야겠다고 생각했어요. 그게 전래 동화가 됐어요.

교사: 아, 그럴 수도 있겠네요. 우리는 비가 내리는 이유를 알고 있어요. 비가 왜 내리는지 알고 있는 학생이 있나요?

학생: 수증기가 꽉 차서 부~ 하고 내려요. 유치원에서 배웠어요.

교사: 맞아요. 하늘의 수증기가 무거워지면 땅으로 떨어지는데 그 물방울을 비라고 부르지요. 하지만 옛날 사람들은 비가 왜 내리는지 정확히 몰랐지요. 모르는데 설명해야 할 때 사람들은 어떻게 할까요?

학생: 이야기를 만들어요. 비가 오는 것을 견우와 직녀 때문이라고 설명했어요.

교사: 두 번째 의견이에요. '말공부시키려고 만들었다.' 누구를 공부시키려고요?

학생: 아이들이요. 비가 올 때 밖에 못나가잖아요. 애들이 심심해하니까 어른들이 공부가 되는 이야기를 들려준 것이 아닐까요?

교사: 이야기를 들려주면서 말공부도 시키려고 만들었다는 말이군요.

학생: 말공부를 재밌는 이야기로 하면 잘할 수 있어요.

교사: 그럴듯하네요. 모두 재밌는 이야기를 좋아하니까요.

④ 논의 정리

교사: 토론을 하고 나서 가장 마음에 드는 의견을 그 이유와 함께 쓰고 발표해봅시다.
학생: 아이들에게 홍수를 설명하려고 만들었다는 의견이 마음에 들어요. 내가 어른이라도 그런 이야기를 만들어줄 것 같아요.

5. 변형된 찬반대립 토론

1) 변형된 찬반대립 토론이란?

찬반대립 토론은 논제를 만들기 비교적 쉽고 학생들이 흥미를 느껴서 학급에서 쉽게 접근할 수 있는 토론 방식입니다. 다만 토론에 익숙하지 않은 학생이 찬반대립 토론을 할 경우, 상대방의 의견에 설득되는 것을 진다고 생각하여 주장을 굽히지 않을 때가 있습니다. 그리고 토론에서 이기고자 감정적으로 싸우게 됩니다. 이러한 문제를 해결하기 위해 이 수업에서는 일반적인 찬반대립 토론을 변형하여 적용하였습니다. EDS 토론은 'Estimate(판단) - Discuss(토론) - eStimate(판단)'의 형식으로 어떤 문제 상황을 해결하기 위해 대안들을 찾고, 각 대안의 장단점을 평가하는 토론입니다. 이 수업에서는 EDS 토론의 형식을 찬반대립 토론 절차에 접목하여 토론의 앞과 뒤에 투표 단계를 추가하였습니다. 이를 통해 토론 전의 투표 결과와 토론 후의 투표 결과가 달라질 수 있음을 학생들에게 보여주면서 의견이 바뀔 수도 있다는 것을 가르치고자 하였습니다. 토론은 자신의 주장을 펼치고 상대방을 설득하는 것이 목적입니다. 그리고 상대방의 의견이 합당할 경우, 보다 옳은 의견을 선택하는 것 또한 토론의 목적입니다. 이 수업에서 학생들은 1차 투표를 통해 자신의 의견을 나타내고, 충분한 토론 후 2차 투표를 통해 자신의 의견을 변경할 기회를 가집니다. 의견의 변경 가능성이 있기 때문에 학생들은 승패보다 옳은 것이 무엇인지 고민해볼 수 있습니다.

일반적인 찬반대립 토론의 경우 찬성 측과 반대 측의 수가 비슷해야 토론 진행이 원활합니다. 그러나 이 수업에서 제시한 토론 방법에서는 1차 투표 때 소수였던 의견도 토론을 통해 다수가 될 수 있습니다. 그러니 토론 전에 일부러 찬성 측과 반대 측 학생의 수를 비슷하게 맞출 필요가 없습니다.

2) 대립 토론 절차

① 1차 투표

② 논제에 대한 의견(입론) 쓰기

③ 개인 입론 발표

④ 쟁점 정리 및 작전 타임

⑤ 쟁점별 자유 토론

⑥ 의견 재구성

⑦ 2차 투표 및 최종 의견 발표

3) 대립 토론 진행 과정

① 1차 투표

학생들은 논제에 관하여 찬성, 반대, 중립 중 한 가지의 입장을 선택합니다. 교사는 학생들에게 토론 후 2차 투표가 있음을 안내합니다. 그리고 학생들은 찬성과 반대 측 중 어느 쪽이 더 옳은 것인지 상대방의 발표를 들으며 곰곰이 생각합니다.

② 논제에 대한 의견(입론) 쓰기

학생들은 자신이 선택한 입장에 따라 입론을 씁니다. 입론은 알맞은 근거를 들어 주장을 세우는 것입니다. 시간이 여유롭다면 토론 전에 학생의 입론을 교사가 확인하여 논지가 모호한 점을 바로잡는 것이 좋습니다. 학생들은 입론을 다 쓴 후 자신이 선택한 입장에 맞추어 자리를 이동합니다. 보통 찬성과 반대는 마주보고, 중립은 가운데에 앉습니다.

③ 개인 입론 발표

찬성 측과 반대 측은 입론을 발표합니다. 모두의 의견을 차례로 듣기 때문에 같은 의견이 반복될 수 있습니다. 반복된 의견이 나와도 '입론 발표' 단계에서는 다 듣는 것이 좋습니다. 많이 반복되어 나오는 의견은 나온 횟수를 표시해두는 것도 좋은 방법입니다.

찬성 측이 의견을 발표하는 동안 반대 측은 학습지에 찬성 측의 의견을 간단하게 정리하고 떠오르는 질문을 적습니다. 여러 의견이 나오기 때문에 입론을 듣고 적어두지 않으면 내용을 기억하기 어렵습니다. 교사 또한 학생들의 의견을 칠판에 정리합니다. 다른 사람의 의견 발표를 듣고 요약 정리하기 어려워하는 학생은 교사의 판서를 참고합니다. 중립 측 학생들도 자신의 주장을 말하고 찬성 측과 반대 측에 질문할 기회를 줍니다.

〈입론 발표 예시〉

논제 : 까치와 까마귀는 동물 학대를 당했는가?

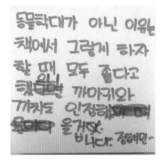

동물 학대가 아닌 이유는 책에서 그렇게 하자
할 때 모두 좋다고 했으니 까치와 까마귀도
인정했을 것입니다.

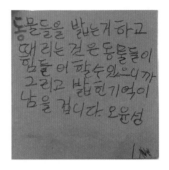

동물들을 밟는 거하고 때리는 것은 동물들이
힘들어 할 수 있으니까. 그리고 밟힌 기억이
남을 겁니다.

④ 쟁점 정리 및 작전 타임

칠판에 쓰인 여러 의견을 교사와 학생들이 함께 쟁점별로 정리합니다. 대립 토론은 찬성과 반대 측이 몇 가지 쟁점에서 부딪히게 됩니다. 쟁점별로 정리를 해놓으면 토론의 흐름이 잘 드러납니다. 쟁점 정리가 끝난 후, 각 팀별로 작전 타임을 가집니다. 작전 타임 중에는 쟁점별로 어떤 주장 및 반박을 할지 의논합니다. 또 뒤에 있을 토론에서 팀의 모든 학생이 발언권을 가지도록 작전 타임 시간에 조율하도록 합니다. 토론을 해보면 말을 잘하는 학생에게 발언권이 집중될 때가 있습니다. 다른 학생에게도 발표 기회를 주기 위해 할 이야기가 많은 학생이 작전 타임 시간에 자신의 아이디어를 다른 학생에게 전달하도록 합니다. 교사는 이 수업의 목적이 토론에서 이기는 것이 아니라 토론하는 방법 자체를 익히기 위함이라는 것을 학생들에게 안내합니다.

TIP! 작전 타임도 일종의 토의입니다. 각 팀에 큰 종이(4절 또는 전지)를 주고 학생들이 자신의 의견을 종이에 쓰면서 이야기를 나누게 하는 것도 좋은 방법입니다. 중립을 선택한 학생은 찬성과 반대 측 중 하나를 선택하여 작전 타임을 가집니다.

TIP! 찬반대립 토론의 경우 한쪽에 말을 잘하는 학생들이 몰릴 경우, 토론이 일방적으로 흘러갈 수 있습니다. 작전 타임 시간 중 교사가 뒤처지는 편에 의견을 보태주는 것도 좋은 방법입니다. 그리고 교사가 의견을 보태주면 학생들이 보다 나은 판단을 하는 데 도움이 됩니다. 또 토론의 형식 자체가 토론 후 의견 변경을 허용하기 때문에 한쪽 편을 든다고 상대편의 학생들이 불평하지는 않습니다.

〈쟁점 정리 판서 예시〉

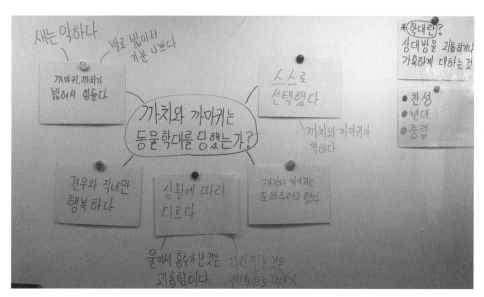

TIP! 찬성 의견과 반대 의견을 정리할 때는 다른 색깔의 펜을 사용하는 것이 좋습니다.

〈작전 타임 장면 예시〉

학생1: 까마귀가 다리 만들어준다고 스스로 선택했으니까 동물 학대가 아니지.

학생2: 도와주려고 했어도 아픈 건 아픈 거잖아.

학생3: 자기가 선택했으면 아파도 참아야지.

　　　　　(중략)

학생1: 이건 OO가 질문하고, 저건 OO가 하자.

⑤ 자유 토론

각각의 쟁점에 대해 찬성 측과 반대 측이 주고받으며 토론합니다. 가장 토론이 치열하게 전개되는 단계입니다. 한 학생에게 발언권이 집중되지 않도록 교사가 발언권을 고르게 분배해야 합니다. 또한, 말꼬리를 잡거나 같은 이야기가 반복된다면 논의를 정리하고 다음 쟁점으로 넘어가는 것이 좋습니다.

TIP! 모든 학생이 발표하기 위하여

1. 발표 횟수에 대한 약속을 정합니다. 예를 들어, 한 학생이 발표를 한 번 했으면 손을 들 때 한 손가락을 접고, 발표를 두 번 했으면 손가락 두 개를 접고 손을 들 수 있습니다.

2. 각 팀별로 반드시 '모든 모둠원이 발표해야 한다'라는 규칙을 강력하게 적용합니다. 이를 위해 교사는 토론의 목적 중 하나가 모든 학생이 토론을 경험하고 토론하는 방법을 익힌다는 점을 끊임없이 강조해야 합니다.

TIP! 교사의 판단 또는 학생들의 요청이 있다면 2차 작전 타임을 가질 수 있습니다.

〈자유 토론 판서 예시〉

⑥ 의견 재구성

학생들은 자신의 최종 의견을 결정합니다. 1차 투표 때 선택했던 입장과 같아도, 달라도 됩니다. 토론에 참여하여 들었던 여러 의견을 종합하여 최종적인 자신의 의견을 정리합니다. 이때 사용하는 근거는 다른 학생이 발표했던 것을 가져와도 좋습니다. 시간을 들여 충분히 생각해야 하는 단계입니다. 교사는 학생들이 의견을 재구성할 시간을 충분히 주어야 합니다.

〈의견 재구성 예시〉

저는 까마귀가 학대당했다고 생각했는데 생각이 바뀌었습니다. 자신이 선택한 일이고 홍수가 멈췄으니 까마귀에게도 좋은 일입니다.

까마귀가 학대당했다고 생각합니다. OO이가 잘못한 것은 옥황상제라고 했는데 그게 맞습니다. 까마귀만 죄 없이 힘들었습니다.

⑦ 2차 투표 및 최종 의견 발표

논제에 대해 마지막으로 투표합니다. 입장이 바뀌었다면 자리를 이동합니다. 자신의 의견에 대해 발표 시간을 가집니다. 이때 교사는 토론 중 발표를 적게 했던 학생을 중심으로 발언권을 주는 것이 좋습니다.

TIP! 학생들은 가능하면 찬성, 반대 중 하나를 선택해야 합니다. 만약 중립을 선택하는 학생이 있다면 합당한 근거를 가지고 있어야 한다고 안내합니다.

TIP! 토론을 하다 보면 학생들이 'OO의 뜻이 뭔가요?'라고 물어볼 때가 있습니다. 그럴 때는 국어사전의 뜻을 찾아보고 함께 개념 정의를 해보는 것이 좋습니다. 개념에 대한 생각이 학생들마다 다르다면 'OO이란 무엇인가?'를 논제로 토론 속 토론을 진행하는 것도 괜찮습니다.

4) 대립 토론 수업 대화 예시

논제: 까치와 까마귀는 동물 학대를 당했는가?

① 토론 안내

교사: 이제 '까치와 까마귀가 동물 학대를 당했는가'에 대한 토론을 시작하겠습니다. 토론하기 전에 의견을 선택하고, 토론 후 한 번 더 의견을 선택할 수 있습니다. 토론을 해봤더니 상대 측의 의견이 옳다고 느낀다면, 얼마든지 의견을 바꿔도 좋습니다. 의견을 바꾸는 것은 절대 지는 것이 아닙니다. 충분히 생각해보고 어느 쪽이 더 맞는지 선택하세요. 두 번째 의견 선택때는 중립인 학생들도 찬성, 반대로 자리를 옮겨야 합니다. 중립이었는데 자리를 옮기지 않겠다는 학생이 있다면 옮기지 않는 근거가 있어야 합니다.

② 1차 투표 및 개념 정의

학생: 선생님, 동물 학대가 무엇인가요?

교사: 좋은 질문이에요. 학대란 상대방을 괴롭히거나 가혹하게 대하는 것을 말해요.

학생: 그러면 동물을 때리면 동물 학대인가요?

교사: 그렇지요. 몸뿐만 아니라 정신적으로 괴롭히는 것도 학대랍니다. 이번 논제를 다시 말하면 '견우와 직녀가 까치와 까마귀를 학대라고 할 정도로 심하게 괴롭혔느냐'로 바꿔볼 수 있어요.

교사: 까치와 까마귀가 동물 학대를 당했다고 생각하는 학생은 손을 들어주세요. 아니라고 생각하는 사람, 중립인 학생도 손을 들어볼까요?

③ 논제에 대한 의견 쓰기

교사: 포스트잇을 한 장씩 나눠주겠습니다. 여기에 자신의 주장과 그 이유를 써주세요. 중립인 친구들은 찬성, 반대의 이유를 모두 써도 됩니다. 상대방을 설득하기 위해서는 적절한 근거가 필요합니다. 주장과 근거가 잘 맞는지 꼭 확인하세요.

교사: 찬성, 반대, 중립은 자리를 이동해주세요.

④ 입론 발표 - 찬성 측 발표

> 교사: 지금부터 '까치와 까마귀가 동물 학대를 당했다'라고 생각하는 학생들의 주장을 듣겠습니다. 반대 측 학생들은 찬성 측 학생들의 주장을 듣고, 종이에 간단하게 정리하면서 듣습니다. 듣다가 궁금한 점이나 반박하고 싶은 것이 있으면 그것도 적어두세요. 주장을 정리하기 힘든 학생들은 칠판을 보고 적어도 좋아요. 이제 한 명씩 의견을 들어보겠습니다.
>
> 학생: 저는 까치와 까마귀가 동물 학대를 당했다고 생각합니다. 왜냐하면 까치랑 까마귀는 무자비하게 밟혔기 때문입니다.
>
> 학생: 까치와 까마귀는 힘들고 견우와 직녀는 자기들만 행복합니다.
>
> 교사: '까치와 까마귀는 힘들고 견우와 직녀만 행복한 것이 아니냐.'라는 주장이네요.
>
> 학생: 새들은 뼈가 약하니까 밟히면 죽습니다. 동물 학대입니다.
>
> 학생: 동물 학대라고 생각합니다. 발로 밟았기 때문입니다. 발 냄새도 나고, 기분이 나쁠 것입니다.

⑤ 입론 발표 - 반대 측 발표

> 교사: 이번에는 '까치와 까마귀는 동물 학대를 당하지 않았다'라고 생각하는 학생들의 의견을 들어보겠습니다.
>
> 학생: 저는 발표자 000입니다. 저는 동물 학대가 아니라고 생각합니다. 왜냐하면 동물 학대는 괴롭히는 것을 말하지만, 이 상황은 까치와 까마귀가 견우와 직녀를 도와주려고 한 것입니다.
>
> 교사: 이 상황은 괴롭히는 것이 아니라 도와준 것이라는 말이네요.
>
> 학생: 맞아요. 자신들이 도와주기로 결정했어요.
>
> 교사: 아, 그러니까 '까치와 까마귀가 스스로 결정한 것이기 때문에 동물 학대가 아니다. 아픈 것의 책임은 까치와 까마귀가 지는 것이다.'라는 말인가요?
>
> 학생: 네.
>
> 교사: 그렇군요. 다음 학생 발표해볼까요?
>
> 학생: 견우와 직녀를 만나게 해줘서 홍수가 안 나는 것이 잠깐 밟힌 것보다 낫기 때문입니다. 까치와 까마귀가 힘들겠지만 심한 학대는 아닙니다.
>
> 학생: 까마귀들이 직접 도와주기로 했고, 견우와 직녀가 밟겠다고 하지 않았습니다.
>
> 교사: 견우와 직녀가 먼저 밟겠다고 한 것도 아니라는 것이지요.
>
> 학생: 동물 모두가 그런 방법을 쓰자고 약속했고, 까치와 까마귀도 받아들였습니다.
>
> 학생: 까치와 까마귀가 착해서 한 것입니다.

⑥ 입론 발표 - 중립 측 발표

교사: 중립을 선택한 학생들도 발표해볼까요?

학생: 저는 참치(강아지)랑 놀아주는데 참치가 가끔 귀찮아 할 때가 있습니다. 이건 동물 학대입니까? 모르겠습니다.

교사: 어떨 때는 동물 학대이고, 어떨 때는 동물 학대가 아니라 기준이 애매하다는 얘기군요.

학생: 저는 모르겠습니다. 견우와 직녀가 울어서 홍수를 만든 것은 까치와 까마귀를 괴롭힌 일이고, 까치와 까마귀가 직접 다리를 만든 것은 동물 학대가 아니라고 생각합니다.

학생: 저도 잘 모르겠습니다. 홍수를 막으려고 까치와 까마귀가 결심한 것이라서 동물 학대가 아닙니다. 그런데 다리를 만드느라 아픈 것도 사실이니까 동물 학대인 것도 같습니다.

⑦ 쟁점 정리 및 작전 타임

교사: 지금까지 발표한 내용을 정리해볼까요? 찬성 측은 실제로 까치와 까마귀가 아팠기 때문에 학대라고 말하고, 반대 측은 아팠어도 스스로 선택했기 때문에 학대가 아니라고 말하고 있네요.

교사: 지금부터 작전 타임 시간을 주겠습니다. 각 팀별로 상대방에게 질문 또는 반박할 것을 준비하시기 바랍니다. 그리고 규칙이 있어요. 자유 토론을 할 때 팀의 모든 학생이 질문을 해야 합니다. 누가 어떤 내용을 발표할지 미리 정해두세요.

⑧ 쟁점별 자유 토론

교사: 지금부터 자유 토론을 하겠습니다. 찬성 측부터 질문해주세요.

찬성 측: 까치와 까마귀가 견우와 직녀를 도와주려고 했어도 까치와 까마귀가 너무 힘들었습니다.

반대 측: 직접 선택했으니까 아파도 참을 수 있습니다.

찬성 측: 굉장히 힘들고 아파도 자기가 선택한 것은 다 괜찮은 건가요?

반대 측: 까치와 까마귀는 자신이 아주 힘든 것은 선택하지 않았을 거예요.

교사: 찬성 측은 까치와 까마귀가 아팠다는 것을 이야기하고 있고, 반대 측은 까치와 까마귀가 참을만 했다고 말하고 있네요. 반대 측에 질문하겠습니다.

반대 측: 까치와 까마귀가 많았기 때문에 덜 무거웠을 것입니다.

찬성 측: 그래도 까치와 까마귀는 작습니다. 사람이 위로 올라가면 죽을 수 있습니다.

교사: 찬성 측에 질문하겠습니다.

찬성 측: 견우와 직녀만 행복했습니다.

반대 측: 홍수가 나면 까치와 까마귀도 힘듭니다. 견우와 직녀를 도와주면 그들에게도 좋습니다.

찬성 측: 견우와 직녀를 헤어지게 한 옥황상제가 해결해야 합니다.

교사: 반대 측에 질문하겠습니다.

반대 측: 까치와 까마귀는 전설 속에 나오는 동물이라 힘이 셀 것입니다.

찬성 측: 견우와 직녀 이야기에 그런 말은 없습니다.

⑨ 의견 재구성

교사: 여러 가지 이야기가 나왔네요. 그러면 이제 여러분의 최종 의견을 정리해봅시다. 1차 투표 때와 의견이 같아도 되고 달라도 됩니다. 생각이 바뀌었다면 왜 의견이 바뀌었는지, 바뀌지 않았다면 그 이유도 함께 써주세요. 느낀 점을 써도 괜찮습니다.

⑩ 2차 투표 및 최종 의견 발표

교사: 이제 투표를 해볼까요. 까치와 까마귀가 동물 학대를 당했다고 생각하는 사람은 손을 들어주세요. 동물 학대를 당하지 않았다고 생각하는 사람도 손을 들어주세요.

교사: 까치와 까마귀가 동물 학대를 당하지 않았다고 생각하는 학생이 더 늘었네요.

교사: 최종 의견을 발표해봅시다.

학생: 저는 까마귀가 학대당했다고 생각했는데 생각이 바뀌었습니다. 자신이 선택한 일이고 홍수가 멈췄으니 까마귀에게도 좋은 일이라고 생각합니다.

학생: 까마귀가 학대당한 것이 맞다고 생각합니다. 아까 OO이가 잘못한 것은 옥황상제라고 했습니다. 저는 그게 맞다고 생각합니다. 잘못한 것은 옥황상제인데 까마귀가 힘들었습니다.

학생: 저는 모르겠습니다. 이 이야기는 하늘나라 이야기입니다. 실제 까마귀 위에 사람이 올라가면 학대이지만, 이야기에 나오는 하늘나라 까마귀는 튼튼할 수도 있습니다.

⑪ 교사의 소감

교사: 이 토론의 주요 쟁점은 '자신이 선택했음에도 그 일이 너무 힘들 때 자신을 괴롭힌 것인가 아닌가'이군요. 또는 '잘못을 저지른 사람이 아니라 다른 사람이 문제를 해결하는 것은 옳은가'일 수도 있겠네요. 우리가 한번쯤 고민해볼 만한 이야기입니다. 좋은 토론 잘 들었습니다.

이 책을 읽고 어떤 활동을 하면 좋을까?

1. 등장인물 인터뷰하기

이야기 속 등장인물을 교실로 불러보는 활동입니다. 부르고 싶은 등장인물을 학생들과 함께 고르고, 등장인물에게 궁금한 점을 각자 적습니다. 책 내용과 관련 있는 질문을 적도록 합니다. 그리고 한 사람에게 인물을 빙의시키고 다른 학생들은 인물에게 질문합니다. 처음 이 활동을 해볼 경우 교사가 등장인물을 맡는 것이 좋습니다. 그 다음 신청자를 받고, 해당 학생에게 등장인물을 빙의시킨 다음 질문에 답하도록 합니다.

TIP! 빙의한 등장인물을 부를 때 '교사가 마술을 부렸다'거나 '교실 밖에서 인물을 모셔왔다'와 같은 쇼가 있으면 학생들의 몰입에 도움이 됩니다.

TIP! 초대된 등장인물은 질문에 답할 때 실제 자신의 생각을 이야기하는 것이 아니라 해당 인물의 입장에서 답하도록 합니다. 시간이 충분하다면 한 등장인물에 2~3명의 빙의된 학생을 차례로 불러볼 수 있습니다. 이를 통해 사람에 따라 인물의 해석이 다름을 알 수 있습니다.

〈등장인물 인터뷰하기 사례〉

교사: 견우를 여기에 모셔올게요. 잠깐 엎드려보세요.

교사: 지금부터 선생님이 54321까지 세면 눈을 뜨세요.

(교실 앞에 의자를 놓고 교사가 앉는다.)

교사: 5,4,3,2,1. 고개를 드세요.

교사: 안녕하세요. 저는 여러분을 만나러 온 견우입니다.

학생: 와하하하! 선생님이잖아요.

교사: 여러분의 눈은 마법에 걸려 있기 때문에 앞에 있는 사람이 견우로 보여요. 나는 견우야. 견우에게 질문할 것이 있으면 질문해주세요. 견우와 직녀 책과 관련된 질문으로 해주세요.

학생: 왜 직녀가 좋아요?

교사: 직녀를 처음 봤을 때 심장이 두근거리고, 아무래도 첫눈에 반한 것 같아요.

학생: 옥황상제가 싫지 않나요?

교사: 처음엔 정말 원망스러웠어요. 직녀를 만나게 해줘서 고마운데 헤어지게도 만들었으니까요.

학생: 직녀랑 만나면 무슨 얘기해요?

교사: 만나고 싶었다던가, 1년 동안 무슨 일이 있는지 얘기해요. 할 이야기가 너무 많아요.

2. 등장인물에게 편지 쓰기

[272p 학습지 활용]

책 내용에 대한 토론을 마친 후 학생들은 인물에 대해 보다 풍부하고 깊은 생각을 가지게 됩니다. 이를 바탕으로 등장인물에게 편지를 써봄으로써 자신의 생각을 표현할 기회를 가져봅니다.

〈등장인물에게 편지 쓰기 예시〉

견우와 직녀에게

안녕? 나는 (이)서ㄲㅣ야ㅁ
나는 너희들이 만난다는 건 괜찮다고
생각했어. 왜냐하면 〈견우〉군과 직녀
만나면 더 역심히 할거라고 생각
했거든. 하거만 그건 내 착각이에요.
물론 너무여름 멫번 아니면 1번좀은
갈수있는데 많ㅇ 가는건 좋 아니 거
않니? 옥황상제가 너희들을
떨어뜨려놓은건 다 이유가 있얼거야
나도내가 옥황상제였으면 너희들ㅇ
떨에뜨려 놓았 거야 다 알지?
놀기 만 했으ㄴ깐 말이야ㅁ
나는 솔직히 옥황낭제가 좋다고
생각하거든. 그래서 옥황냥게
편은 든거 야. 앞으로 너희 일
알아서 갈 해봐바 그럼

옥황 상제님께

안녕하세요. 저는 조군영이예
저는 당신이 나쁜것같아요
그이유는 결혼를 (시)키고
1년에 1번식 만나게하는건
아니잖아요. 놀수도 있죠왜
못만나게해요. (마) 다음
에만나. 그럼 안녕히게
요. 잘 지내세요.

까치들이 에게

안녕, 나는 조정모야.
나는 내가 견우하고 직녀한테 동물학대 당한 길로
생각해. 네
왜냐하면 너네들은 견우하고 직녀를 도와 줄거잖아?
근데 견우하고 지녀는 니네들을 힘들게하고 자기들은
행복하기만해서 너네들은 100퍼 동물학대
당한거같아. 그래서 힘내
그럼안녕. 잘지내

그 밖의 한 학기 한 권 읽기 활동

1. '토론하기'의 원탁 토론을 패널 토론으로 해보기   [286~287p 학습지 활용]

이 수업에서 제시한 원탁 토론은 학년에 맞추어 간소화시킨 형태입니다. 반의 학생들이 토론을 보다 잘하거나 학년이 높을 경우 패널 토론에 적용시킬 수 있습니다.

패널 토론은 논제에 대해 몇 명의 패널이 대표로 토론하는 방식입니다. 보다 많은 학생의 참여를 위해 패널이 질문을 받을 때, 그 패널이 소속된 모둠에서 함께 질문에 답하도록 토론을 구성하였습니다.

① 반을 4개의 모둠으로 나누기
② 모둠별 논제에 대한 의견을 정하고 모둠에서 토의하여 입론 쓰기
③ 1번 모둠 대표 학생(패널)이 입론 발표하기
④ 2, 3, 4번 모둠이 질문하고, 1번 모둠이 답하기
　 (각 모둠이 질문하는 시간은 약 2분 정도가 적당합니다.)
⑤ 2번과 3번 단계를 2,3,4 모둠이 반복하기
⑥ 최종 의견 발표하기

> **TIP!** 모둠원 간의 원활한 의견 교환을 위해 각 모둠별로 작전 타임을 1회 신청할 기회를 주는 것이 좋습니다.
>
> **TIP!** 다른 모둠이 입론을 발표할 때 모둠원들은 내용을 요약하며 듣는 것이 이어지는 토론에 도움이 됩니다. 교사 또한 칠판에 토론 내용을 정리해 써주는 것이 좋습니다.

2. '토론하기'의 원탁 토론을 모둠 토론으로 해보기

이 수업에서 제시한 원탁 토론은 반 전체가 모두 둘러앉아 토론하는 방식이기 때문에 학급 인원이 많은 경우에는 적용하기 곤란합니다. 각각의 학생이 충분한 발표 기회를 가지기 어렵기 때문입니다. 그럴 경우 원탁 토론을 반 전체가 아니라 모둠 토론으로 진행하는 것이 좋습니다. 물론 처음의 토론은 반 전체로 진행하여 토론 방식을 익혀야 합니다. 그 후 모둠별로 원탁 토론을 해봅니다. 절차는 다음과 같습니다.

① 논제에 대해 의견(입론)쓰기
② 돌아가면서 입론 발표하기
③ 쟁점 정리하기
④ 쟁점별로 토론하기
⑤ 최종 의견 발표하기

TIP! 한 학생이 너무 오래 말할 수도 있으니 모둠 내 규칙(한번에 2분 이내로 말하기 등)을 정하는 것이 좋습니다.

TIP! '쟁점 정리와 토론 내용'을 큰 종이에 모두가 함께 적으면서 토론하는 것이 좋습니다. 토론의 흐름이 한눈에 보여 원활하게 진행됩니다.

성장 소설

　성장 소설이란 일반적으로 어린 주인공이 자아를 의식하고 차츰 외부 세계와의 접촉 또는 대결을 통해 그의 자아가 인간 세상의 삶의 법칙을 깨우치며 성숙한 인간으로 성장해가는 과정을 그린 소설을 말합니다.

　학생들은 성장 소설의 주인공과 주인공이 겪는 일련의 성장 과정을 접하면서 자기 자신을 주인공에게 투영하고 반성해보는 기회를 가질 수 있습니다. 아직 어린 학생들은 자신의 환경을 벗어난 세계에 대한 경험이 부족하며, 누구나 겪게 되는 성장의 과정과 진통이 자신만의 일처럼 느껴져 고통받기도 합니다. 성장 소설을 통해 학생들은 앞으로 경험하게 될 세계를 간접 경험할 수 있고, 이를 바탕으로 자신의 가치관을 올바르게 정립하는 데 도움이 됩니다. 또 성장하면서 겪는 다양한 경험과 시행착오, 그리고 실패와 고통이 자신만의 것이 아니라 누구나 겪는 것임을 확인하면서, 이를 자연스러운 현상으로 받아들일 수 있게 됩니다.

　성장 소설을 읽고 학급 친구들과 생각과 느낌을 나누면서 자신의 성장 과정을 함께 살펴본다면 단순히 한 권의 책을 읽는 것 이상의 의미를 가질 수 있을 것입니다.

4

네 번째로 만나는
'한 학기 한 권 읽기'

성장 소설

성장 소설로 진행하는 '한 학기 한 권 읽기'
흐름도

책 제목	평생 친구 인증서
책의 종류	성장 소설
대상	초등학교 3~4학년
선정 의도	진정한 추억의 의미와 일상의 가치
읽기	[읽기 전 활동] 1. 책 제목과 표지 살피기 2. 작가에 대해 알아보기 3. 삽화 보며 책 내용 예상하기 [읽기 중 활동] 4. 주인공의 마음 알아보기 5. 이어질 내용 상상하며 읽기 [읽기 후 활동] 6. 친구 버릇이나 습관 알아보기 7. 질문 만들기 8. 신호등 토론 9. 추억의 물건 소개하기
생각 나누기	[토론 전 활동] 1. 삽화 보며 책의 줄거리 떠올리기 2. 논제 정하기 [토론하기] 3. 월드카페 토론
표현하기	1. 친구의 의미를 이미지로 나타내기 2. 평생 친구 인증서 만들기
활동 더하기	1. 국어 교과와 관련지어 할 수 있는 활동

이 책을 선정한 이유

《평생 친구 인증서》는 최근 활발한 작품 활동을 하며 아이들의 마음에 더 가까이 다가갈 수 있는 동화를 쓰기 위해 노력하고 있는 임지형 작가의 책입니다.

임지형 글, 김미은 그림,
꿈꾸는초승달, 2017

또래 친구와의 관계가 폭넓어지고 일명 '절친'이 생기는 중학년 아이들에게 학급 친구와의 갈등이나 성역할에 대한 생각 등의 이야기는 많은 공감대를 불러일으킵니다.

만졌다 하면 무엇이든 망가뜨리는 '마이너스의 손'을 가진 범이는 학교와 가정에서 좌충우돌하며 자기 자신도 추억의 물건을 만들기 위해 고군분투합니다. 주인공 범이를 통해 학생들은 진정한 추억의 의미에 대해 생각해보고, 자신의 일상이나 학교생활을 되돌아보는 기회를 가집니다.

이 책은 '누나만 생일이 있냐고?', '추억 만들기 프로젝트', '믿져야 본전', '칭찬은 고래도 춤추게 해', '평생 친구 인증서' 등 각 장마다 에피소드가 이어지는 옴니버스 형식으로 구성되어 있어, 수업 시간 내에 에피소드 하나를 읽고 주제를 선정하여 독후 활동과 토론을 하기에 적합합니다. 또 친구에게 실수했을 때의 자기 경험, 가족들과의 여행이나 추억 이야기, 스마트폰사용에 대한 자신의 생각 등 학생들과 이야기를 나누어볼 만한 적당한 소재들이 많이 들어 있어서 '한 학기 한 권 읽기'를 처음 해보는 교사에게 부담이 적은 책입니다.

이 활동을 통해 학생들은 별생각 없이 넘겼던 일상에 새로운 의미를 부여하고 진정한 추억이 무엇인지에 대해서도 생각해볼 수 있게 됩니다. 하루하루 지나가는 우리 일상이 가진 가치와 추억에 대한 논의는 학생들에게 자신의 삶을 새롭게 인식하게 하는 계기가 될 것입니다.

[읽기 전 활동]

1. 제목과 표지 살피기   [266p 학습지 활용]

본격적으로 책 읽기에 앞서 책 제목과 표지를 살피는 것은 책에 대한 대략의 정보를 얻고 책을 읽어보고 싶은 흥미를 유발합니다. 《평생 친구 인증서》는 제목이나 표지만으로 책의 전체 내용을 파악하기가 쉽지 않지만, 학생들의 관심사인 동시에 고민거리이기도 한 친구의 의미를 유추할 수 있는 '평생 친구'라는 제목이 시선을 끕니다.

학생들의 경험치에 따라 표지 그림에서 떠올리는 것에는 차이가 있습니다. 표지 그림의 '인증서'를 보고 학생들이 알고 있는 여러 가지 인증서를 떠올리기도 하고, 익숙하지 않은 '폴라로이드 카메라' 그림을 보고 무엇인지 몰라 궁금증을 가지기도 합니다. 제목과 표지 살피기를 통해 학생들은 자신과 비슷한 또래 친구의 이야기라는 기대감과 '평생 친구'의 인증 방법에 대한 궁금증을 가지며, 이는 독서로 이어지는 동기가 됩니다.

교사: 오늘 선생님이 여러분과 비슷한 친구 이야기가 담긴 책 한 권을 가져왔어요. 소개할 책은 《평생 친구 인증서》예요. 혹시 읽어본 적이 있나요?

학생: 아니요.

교사: 새로운 책을 소개할 수 있어서 선생님은 기쁘군요. 자, 먼저 다 같이 책 제목과 표지를 살펴보고 어떤 내용의 책일지 예상해볼까요?

학생: 제목을 보니 '평생 친구'라는 말이 있는데 그게 무슨 뜻이에요?

학생: 절친(아주 가까운 사이의 친구)이랑 비슷한 뜻 아닐까요?

학생: 그런데 그걸 인증해준다는 건가요?

교사: 그러게요. 평생 친구를 어떻게 인증할까요? 무슨 방법이 있을까요?

학생: 카메라로 인증해주나 봐요.

교사: 카메라로 찍으면 다 인증이 되는 걸까요?

학생: 요즘 많이 찍는 인증샷 같은 거 아닐까요?

교사: 정확히는 알 수 없지만 카메라가 왠지 인증서와 관련이 있는 것같이 보인다는 거네요. 그럴 것도 같군요. 이번에는 표지의 그림을 볼까요?

학생: 한 친구가 카메라를 들고 있어요.

학생: 저건 폴라로이드 카메라예요. 찍으면 바로 사진이 나와요.

학생: 우리 집에 폴라로이드 카메라가 있어요. 비슷하게 생겼어요.

교사: 또 무엇이 보이나요?

학생: 친구들이 웃는 것을 보니까 기분 좋은 일이 있었던 것 같아요.

학생: 한 친구만 굉장히 크게 나왔네요. 저 친구가 주인공인 것 같아요.

교사: 그렇게 짐작할 수 있겠네요. 우리가 그림을 표현할 때, 중요하거나 주인공은 크게 그리는 것과 같네요. 이제 실물화상기로 확대해서 표지를 보도록 해요.

학생: 카메라가 분홍색인 것을 보니 카메라를 들고 있는 아이는 여자 같아요.

교사: 그럴 수 있겠네요.

학생: 선생님, 그런데 분홍색 카메라를 가지고 있다고 다 여자라고 생각하는 것은 잘못된 생각인 것 같습니다. 우리 아빠는 연분홍색 와이셔츠도 입으시고 연보라색 셔츠도 입으세요. 아빠가 남자도 그런 색 입어도 된다고 그랬어요.

교사: 흥미로운 이야기들이 나오네요. 그것에 대해서는 다음 기회에 다 같이 이야기 나눠보도록 해요. 우리는 이렇게 제목이라든가 표지만으로도 많은 이야기를 나누고 예상해볼 수 있어요. 책의 내용도 우리가 말한 것과 비슷한 내용일까요?

학생: 우리 또래 친구들 이야기일 것 같아요.

학생: '평생 친구'를 만드는 이야기가 많이 나올 것 같아요.

학생: 어떻게 인증서를 만드는지 진짜 궁금해요.

교사: 자, 그럼 책장을 넘겨 읽기 시작해볼까요?

....

TIP! 학급 인원 수와 교실 환경 그리고 삽화의 크기에 따라 제목과 표지를 러그 미팅(Rug Meeting) 형식으로 보여주거나 교실의 실물화상기, 파워포인트 등으로 보여줄 수도 있습니다.

TIP! '책 제목과 표지 살피기, 작가에 대해 알아보기, 삽화 보며 내용 예상하기'를 한 차시 분량으로 정하여 진행하나 상황, 맥락에 따라 적절하게 시간을 가감할 수 있습니다.

2. 작가에 대해 알아보기

[267p 학습지 활용]

이 글을 쓴 작가 임지형 씨는 2008년에 등단해서 2009년 목포문학상을 받았으며 문학나눔 우수문학도서와 세종도서에 작품이 선정되었습니다. 지은 책으로는 《인증샷 전쟁》, 《진짜 거짓말》, 《얼굴 시장》, 《우리 반 욕 킬러》, 《슈퍼 히어로 우리 아빠》, 《열두 살의 모나리자》, 《가족 선언문》, 《피자 선거》, 《고민 들어 주는 큰입이》, 《유튜브 스타 금은동》 등 많은 작품이 있습니다. 그림 작가 김미은 씨는 《장영실, 신분을 뛰어넘은 천재 과학자》, 《오늘도 나는 마트 간다!》, 《나의 보물 1호는 바로 나야!》, 《왜 욕하면 안 되나요?》, 《투자 천재 또봉이》 등의 삽화를 그렸습니다.

교사: 작가 임지형 선생님에 대해 알아볼까요? 책 표지를 넘겨보세요.

학생: 글 임지형. 매일 쓰고 (중략) 더 읽고 싶은 이야기를 만드는 '믿고 읽는 작가'가 되는 게 꿈이에요. 이야기공작소는 계속해서 돌아가고 있답니다.

교사: 매일 쓰고 또 쓴다고 했잖아요? 그래서 작가 님의 책이 아주 많이 있어요.
많은 책을 썼다는 건 어떤 의미일까요?

학생: 글을 잘 쓴다는 뜻인 것 같아요.

학생: 책 쓰는 것을 좋아하는 분인 것 같아요.

교사: 자 그럼, 어떤 책이 있는지, 여러분이 읽었거나 아는 책이 있는지 봅시다.

학생: 잘 모르겠어요. 읽어본 책은 없는 것 같아요.

교사: 괜찮습니다. 새로운 작가를 만나고 새로운 작품 세계를 경험하는 건 가슴 뛰는 일입니다. 새 책을 읽게 되어 선생님도 기분이 좋아요.

교사: 작가가 쓴 '작가의 말'도 읽어봅시다.
'작가의 말'을 읽고 어떤 것을 알게 되었나요?

학생: 작가님이 마치 우리들한테 말하는 것처럼 썼어요.
그래서 친근하게 느껴져요.

TIP! 책을 소개할 때 제목, 표지, 삽화, 작가 외에 그림 작가를 소개하는 것도 좋습니다. 학급에서 그림에 관심과 소질이 있는 아이들이 더욱 관심을 보이며 삽화도 보고 글도 읽습니다.

TIP! 구청, 시청 등 관할 지역에서의 지원금을 활용하여 '작가와의 만남'을 진행해보는 것도 좋습니다. '작가와의 만남' 행사를 하면 작가에 대한 학생들의 관심이 매우 높아지고, 행사 전후로 독서 생활도 많이 달라집니다.

3. 차례와 삽화를 보며 책 내용 예상하기 [269p 학습지 활용]

차례를 읽어보면 책의 전체적인 내용을 짐작하는 데 도움이 됩니다. 차례에 나와 있는 내용을 바탕으로 전체 줄거리를 예상해보고 실제와 비교해가며 읽어보는 것도 좋습니다. 이 책은 이야기를 효과적으로 전달하기 위해 그림책에 버금가는 양의 삽화가 포함되어 있습니다. 삽화는 글의 해독이나 책 읽기가 원활하지 않은 아이들이 책 내용을 이해하는 데 많은 도움을 줍니다. 또 책을 읽어주는 사람이나 독자 스스로가 삽화에 대한 질문을 던지며 책을 읽으면 호기심을 불러일으키는 장치가 될 수 있습니다.

《평생 친구 인증서》는 각 장마다 크고 작은 삽화가 2~3개 실려 있습니다. 다 같이 책장을 넘기며 전체 삽화를 보기 보다는 일정 시간을 준 뒤, 살펴본 삽화에 대해 다함께 이야기를 나누어봅니다.

〈삽화를 보며 책 내용 예상하기 예시〉

교사: 자, 차례를 읽어봅시다.

학생: '그깟 게 뭐라고!', '추억의 물건?', '나만 없다고?', '누나만 생일이 있냐고?', '추억 만들기 프로젝트', '밑져야 본전', '칭찬은 고래도 춤추게 해', '순간을 영원히', '평생 친구 인증서'.

교사: 아홉 개의 장으로 되어 있군요. 차례를 보고 내용을 예상할 수 있나요?

학생: 추억의 물건에 대해 먼저 이야기하고, 추억 만들기 프로젝트를 한 후, 나중에 인증서를 만드나 봐요.

교사: OO의 예상이 맞는지 책을 읽어보면 알 수 있을 거예요. 여러분, 이제 책 안의 삽화를 살펴봅시다. 책장을 넘기면서 어떤 삽화가 있는지 볼까요?

학생: 책 표지에 폴라로이드 사진기를 들고 있던 아이가 화를 내다가 사고를 친 것 같아요. 말썽꾸러기인가 봐요.

학생: 여자 아이가 뭔가 보여주기 싫어서 안 보여줬는데 그것 때문에 싸웠나봐요.

학생: 주인공 남자아이가 여자아이들하고는 안 친한가 봐요.

학생: 나중에는 좋은 일을 해서 친구들에게 칭찬도 받고 롤링페이퍼 같은 것도 받은 것 같아요.

학생: 카메라로 친구들 사진도 찍어주고, 겨울방학에 평생 친구 인증서를 선생님이 나눠줘요.

교사: 네, 삽화를 모두 살펴본 것 같네요. 혹시 인상 깊은 삽화가 있나요?

학생: 저는 엄마에게 누나가 손을 모으고 눈을 반짝이면서 애교 떠는 장면이 제일 웃겨요.

[읽기 중 활동]

4. 주인공의 마음 알아보기

'주인공의 마음 알아보기'에서는 다른 준비 없이 학생들과 '번갈아가며 읽기'를 하며 주인공의 감정 흐름을 따라갑니다. 주요 장면에서는 잠시 멈춰 교사의 질문을 통하여 주인공의 성격, 사건에 대응하는 마음이나 감정을 알아봅니다.

어린 학생들은 아직 자신의 마음과 감정을 솔직하게 표현하는 것이 서툴고 감정을 표현하는 다양한 언어 사용도 미숙합니다. 그래서 '주인공의 마음 알아보기'와 같은 활동을 하면서 인간의 다양한 감정과 정서를 간접적으로라도 배울 필요가 있습니다. 주인공의 상황에 감정이입하기도 하고, 객관적인 입장에서 주인공이나 등장인물이 느낄 감정을 예상해볼 수도 있습니다. 이렇게 다양한 입장에서의 감정을 헤아려본다면 실제 자신의 삶에서도 자기 자신, 친구와 주변 사람들의 마음을 이해하는 데 도움이 될 것입니다.

〈주인공의 마음 알아보기 활동 예시〉

〈징크스가 있는 범이〉

교사: 오줌을 흘리면 꼭 눈물 흘릴 일이 생기는 징크스가 범이에게 있군요. 이런 징크스가 있는 아이는 마음이 어떨까요?

학생: 오줌을 흘릴까봐 소변을 눌 때마다 긴장될 것 같아요.

학생: 항상 마음이 조마조마할 거예요.

〈예슬이의 팔찌를 망가뜨린 범이〉

교사: 예슬이와 범이의 마음이 어떨지 말해봅시다.

학생: 범이에게는 아무것도 아니라고 해도 예슬이에게는 소중한 것인데, 친구가 아무것도 아니라는 듯이 대할 때 정말 화나고 짜증날 것 같아요.

학생: 범이는 망가뜨리려고 했던 것이 아닌데, 예슬이가 끝까지 안 보여준 거잖아요. 꼭 범이 잘못만은 아닌데 팔찌가 망가져서 범이도 미안하고 속상했을 거예요.

〈계단에서 예슬이와 마주친 범이〉

교사: 계단에서 예슬이와 마주친 범이는 어떤 마음이 들었을까요?

학생: 정말 싫죠. 예슬이 때문에 선생님한테 불려가서 혼났으니까요.

학생: 그런데 범이가 자꾸 아무것도 아니란 듯이 말하니까 예슬이가 화가 나는 거예요. 결국, 예슬이가 아빠와의 추억 물건이라고 말하잖아요. 아빠 생각이 나서 우는 예슬이가 불쌍해요.

학생: 예슬이한테는 그게 아빠와의 추억인데 범이가 몰라주니 속상하고 망가뜨리니까 짜증나죠.

5. 이어질 내용 상상하며 읽기

[275p 학습지 활용]

'이어질 내용을 상상하며 읽기' 활동은 독서 중·후반에 할 수 있는 활동으로 학생들의 상상력을 자극하고 이후 벌어질 이야기들에 호기심을 불러일으키는 역할을 합니다. 이 활동을 하기 위해서는 학생들이 앞 내용을 바르게 이해하고 있는지 사전에 확인해야 합니다. 앞 내용을 제대로 이해하지 못한 상태에서 이어질 내용을 상상하도록 하면, 이야기 전반의 흐름과는 동떨어진 내용이나 상황 맥락을 무시한 이야기를 만들어내기도 하기 때문입니다.

TIP! '이어질 내용 상상하기' 활동은 학습지를 활용하여 진행하거나 이어질 내용을 간략하게 묻고 답하는 것만으로도 진행할 수 있습니다.

〈이어질 내용 상상하기 활동 예시〉

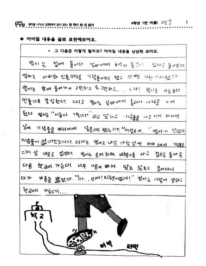

범이는 집에 돌아와 엄마에게 '추억의 물건'이 있느냐고 물어본다. 엄마는 아빠와의 신혼여행 기념품이라고 했고 아빠도 마찬가지였다. 범이는 방에 들어가서 고민하고 또 고민하고. 그때! 범이는 지금부터 만들기로 결심한다. 그리고 범이는 엄마에게 졸라서 여행을 가게 되었다. 범이는 "지금이 기회다!"라고 말하고 기념품을 샀다. 이제 마지막 날에 기념품을 캐리어에 넣으려고 했는데, "이럴 수가!" 범이가 말했다. 기념품이 없어진 것이다. 이제는 밤이고, 내일 아침 일찍 가야해서 기념품을 다시 살 여유도 없었다. 범이는 슬퍼하며 비행기를 타고 집으로 돌아온 다음 학교에 가는데 너무 기운이 빠져 앞도 안 보고 걸어가다가 개똥을 밟았다. "아, 진짜! 되는 일이 없네!" 범이는 이렇게 말하고 학교에 가는데……

[읽기 후 활동]

6. 친구를 관찰한 후, 친구의 버릇이나 습관 알아보기

주인공 범이는 '평생 친구 인증서'를 만들려고 친구들의 사진을 찍습니다. 사진을 찍는 과정을 통해 평상시 무심하게 지나쳤던 친구들을 유심히 관찰하게 되고, 이전에는 몰랐던 친구들의 습관이나 버릇, 그리고 왜 그 습관이 생겼는지도 알게 됩니다. 이처럼 학생들은 평상시 학급 친구들의 일상적인 소소한 모습들을 무심결에 지나치는 경우가 많습니다. 그래서 반 친구들의 습관과 버릇을 관찰하고 써보도록 하였습니다. 친구의 아는 습관을 적어도 되고 적지 못한 것은 일주일의 관찰 시간을 주고 적도록 했습니다. 이러한 활동을 통해 학생들은 친구의 일상적인 모습들을 세세하게 관찰하면서 친구의 새로운 모습을 발견하고 친밀감을 형성할 수 있는 계기를 마련했습니다.

〈친구의 버릇이나 습관을 찾아본 활동 예시〉

· 선생님 자리에 갔을 때 우리 쪽을 쳐다보며 놀란 표정을 짓는다.

· 턱을 앞으로 내민다. 발표할 때 손을 굽히면서 손을 든다.

· 말할 때마다 "아니", "그게 아니라"를 말한다.

· 입술을 물어뜯는다. 입술을 깨문다. 책상 밑을 자주 본다.

· 소심하게 웃는다. 긴장할 때 손톱을 물어 뜯는다. 자꾸 이곳 저곳을 본다.

· 웃을 때 입을 가린다.

· 옆 친구를 자주 본다. 수업 시간에 물병을 책상에 올려놓는다.

· 같은 말을 반복한다. 중요한 이야기를 할 때 팔짱을 낀다.

· 스케이트를 타듯 발을 밀며 걷는다.

· 입술을 당기거나 꾸부린다. 자주 뭘 쓴다. 손톱을 깨문다.

· 같은 말을 반복한다. 질문을 하면 부끄러워한다. 손을 깨문다.

· 뒤를 많이 살핀다. 글을 쓸 때 왼쪽으로 누워서 쓴다.

TIP! 학생들은 친구들의 좋은 점을 칭찬하기보다는 나쁜 습관을 먼저 인식하고 말하려고 하는 경향이 있습니다. 그러니 친구의 행동에 대한 개인적인 평가를 담기보다는 객관적으로 관찰한 사실만 적거나 말하도록 하여 인신공격이 되지 않도록 주의합니다.

7. 질문 만들기

[270p 학습지 활용]

질문 만들기는 책의 내용을 확인하는 동시에 생각을 나눌 수 있는 좋은 방법입니다. 먼저 학생들에게 질문을 자유롭게 만들어보도록 하고 이후에 이를 함께 유목화하면서 질문의 다양성을 배웁니다. 먼저 책 내용을 묻는 '닫힌 질문'과 책 내용에 대한 학생들의 생각이나 느낌을 묻는 '열린 질문'으로 질문을 나눕니다. 그리고 나서 어떤 질문이 토론에 좋을지를 이야기하면, 이후에 학생들이 토론을 위한 질문을 만들 때 도움이 됩니다.

토론에 적합한 '열린 질문'은 다시 '찬반 토론용'과 '자유로운 논의용'으로 나눕니다. 질문 만들기를 한 후 바로 이어서 토론을 해도 좋으나, 질문 만들기 활동 자체가 토론의 기초를 다지는 연습 활동이며, 학생들의 사고를 활성화시키므로 충분한 시간을 가지는 것이 좋습니다.

〈질문 만들기 활동 예시〉

닫힌 질문	열린 질문(찬반 토론용)	열린 질문(자유로운 논의용)
·범이는 왜 두 달 동안 깁스를 했나요? ·범이는 숙제하지 않고 왜 거실로 갔을까요? ·범이는 인증서를 왜 만들었나요? ·범이는 왜 스마트폰을 포기했나요? ·태현이가 범이에게 지선이를 좋아하냐고 물었을 때 왜 말을 더듬었을까요? ·두 달간 하고 있던 깁스를 풀고 난 후 범이 기분은 어땠을까요?	·3학년의 한 달 용돈으로 5천 원이 적당할까요? ·범이 누나가 동생에게 짜증 내도 괜찮은 가요? ·범이가 허락도 없이 친구 사진을 찍어도 될까요? ·범이가 엄마에게 폴라로이드 필름을 사달라고 하면 진짜 사주실까요? ·안 좋은 추억의 물건도 추억의 물건으로 택할 수 있나요?	·범이는 왜 자신을 화나게 한 예슬이를 사진 찍었나요? ·우리에게 '범이의 빨간색 더플코트' 같은 물건은 무엇일까요? ·범이에게 '인증서'란 어떤 의미일까요? ·범이는 왜 분홍색 폴라로이드를 싫어했을까요? ·예슬이는 범이를 왜 이해해주지 않았을까요?

8. 신호등 토론

질문 만들기를 하고 유목화하는 과정에서 토론에 적합한 논제가 발견된다면 신호등 토론과 같은 간단한 토론 기법을 활용하여 짧은 토론을 해보는 것도 좋습니다. 신호등 카드를 통해 논제에 대한 학급 친구들의 찬반 의견 분포를 한눈에 알 수 있고, 자신의 주장에 근거를 들어 말하는 연습을 할 수 있습니다. 친구가 제시하는 근거를 듣고 설득이 되었다면 입장을 바꿀 수도 있습니다. 이러한 토론은 우리가 일상적으로 당연시해왔던 것들에 대해 문제를 제기하며 학생들이 이를 새로운 시각으로 볼 수 있는 기회를 줍니다.

〈신호등 토론〉

· 특징: 신호등 카드를 이용하여 의사 표현하기, 의사 결정 과정의 참여, 신호등을 이용해서 동의
　　　 와 비동의 및 보류 표현하기

· 논제: '색깔로 남녀를 구분하는 것은 편견이다.'(예: 여자는 분홍, 남자는 파랑)

· 방법: ① 논제 제시 및 논제와 관련된 질문하기

　　　 ② 녹색 또는 빨간 카드를 들어 질문에 대한 찬반 입장 나타내기

　　　 ③ 찬반 입장에 대한 근거 제시 및 논의

　　　 ④ 주제에 대한 자신의 생각 정리하기

....

TIP! 신호등 카드를 초록, 노랑, 빨강의 세 가지로 준비하여 토론할 수 있습니다. 이때 노랑은 아직 의사 결정을 하지 못하였다는 뜻일 수도 있고, 명확한 찬성이나 반대가 아닌 중간 정도의 의견일 수도 있습니다. 이럴 때는 초록과 빨강이 노랑을 설득하는 형태로 신호등 토론을 해볼 수 있습니다. 또, 왜 노랑을 선택했는지 학생들의 의견을 들으면서 찬성 반대가 아닌 제3의 대안도 탐색할 수도 있습니다.

　실제로 우리 삶의 여러 문제는 찬성, 반대로 명확하게 구분지을 수 없을 때가 종종 있기 때문입니다. 예를 들어, 거짓말의 경우 '거짓말을 할 수 있다.', '거짓말을 해서는 안 된다.'의 양 극단이 아닌 '어느 정도까지는 거짓말을 할 수 있다'와 같이 정도의 차원에서 의견을 낼 수 있습니다.

〈신호등 토론 활동 예시〉

학생1: 분홍색은 여자색이라고 생각해요. 지금도 여학생은 분홍색 물건이 많잖아요?

학생2: 우리 아빠는 분홍색도 남자가 입을 수 있다고 하시던데요?

학생3: 저도 그렇게 생각합니다. 색깔은 개인적인 취향 아닌가요?

학생4: 어릴 때는 분홍색, 보라색을 좋아했는데 지금은 파랑이나 하늘색 같은 남자색이라 부르는
　　　 색들도 좋아하게 되었어요. 색깔을 좋아하는
　　　 것은 변할 수 있다고 생각합니다.

학생5: 하지만 축구화는 역시 파란색이 많아요. 남자
　　　 가 많이 사니까요. 여자들 물건은 분홍색, 빨
　　　 간색, 보라색이 많아요. 그건 사람들이 다 그
　　　 렇게 생각한다는 것이 아닐까요? (중략)

9. 추억의 물건 소개하기

《평생 친구 인증서》는 주인공 범이가 남들은 다 가지고 있는 '추억의 물건'에 대해 관심을 가지기 시작하며 자신의 '추억의 물건'을 만들며 일어나는 이야기입니다. 학생들에게 각자 추억이 담긴 물건을 하나씩 준비해 이를 소개하도록 하면 학생들의 환경과 마음가짐 그리고 숨겨진 이야기까지 들을 수 있습니다. 학생들의 추억 물건은 정말 다양하며, 이러한 활동을 통해 교사도 학급 친구들도 서로 이해하고 공감하는 소중한 시간을 만들 수 있습니다.

TIP! 학생의 가정사 등 조심해서 다루어야 할 부분이 소개되지 않는지 미리 살피는 것이 좋습니다. 또한, 아무리 하찮고 작은 것이라도 누군가에게는 소중한 추억 물건이 될 수 있음을 미리 알려줍니다.

〈나의 추억의 물건 소개하기 예시〉

1. 나의 추억의 물건은 인형이다. 왜냐하면 우리 아빠가 3주 동안 출장을 갔을 때 나를 위해 사 오신 물건인데, 그 인형이 나의 걱정을 덜어주고 지금도 아빠가 출장 가실 때 그 인형을 통해 아빠한테 마음을 전할 수 있을 것 같아 마음이 따뜻해진다.
2. 태국 코끼리 동전 지갑이다. 태국 동전을 주워서 코끼리 동전 지갑을 샀는데 스님이 뿌린 동전을 지갑에 넣고 다니면 복이 온다고 한다.
3. 나의 오른쪽 다리이다. 왜냐하면 수술로 상처가 7개 생겼고, 예전에는 쇠가 6개 있었는데 지금은 1개만 있다.
4. 내가 무서웠을 때 항상 지켜주었던 곰돌이 인형이다.
5. 앵무새를 묻어둔 노란 화분이다. 앵무새가 가 버렸을 때 나의 소중한 앵무새를 화분에 묻었다.

TIP! 학생들과 '추억을 돈으로 살 수 있는가?'에 대해 간단한 토론을 해볼 수도 있습니다. 간혹 돈이 없어서 추억으로 남길 만한 물건을 사지 못했다고 하는 학생도 있기 때문입니다. 꼭 물건을 사야만 추억을 담을 수 있는 것인지, 추억은 어떤 형태로 남는지 등에 대해 이야기하면서 추억의 의미를 생각해봅니다.

아이들과 어떻게 대화(토론)하면 좋을까?

[토론 전 활동]

1. 삽화를 보며 책의 줄거리 떠올리기

삽화는 내용을 예상하는 데도 활용되지만, 독서 중이나 독서 후에 줄거리를 요약하는 데에도 유용합니다. 모둠 활동이나 전체 활동을 통해 돌아가며 줄거리를 발표해도 좋고, 삽화의 순서를 따라 줄거리를 요약하면 학생들이 큰 흐름을 놓치지 않고 책을 읽을 수 있습니다. '삽화 보며 책의 줄거리 떠올리기'를 토론 전에 하면 이야기의 내용을 상기시키기 때문에 이와 관련 있는 논제를 선정하는 데에도 도움이 됩니다.

〈삽화를 보며 책의 줄거리 떠올리기 예시〉

1. 예슬이의 팔찌를 구경하겠다고 하다가 다퉜다.
2. 팔찌가 망가지고 예슬이가 울었다.
3. 선생님께 결국 혼나고 범이는 반성문을 쓰게 되었다.
4. 예슬이와 계단에서 만난 범이는 '추억의 물건'이란 말을 듣게 된다.
5. 도현이에게 추억의 물건이 뭐냐고 물어보자 웃음을 지으며 설명한다.
6. 아이스크림을 먹고 트레비 분수에도 갔었다며 자랑스럽게 말한다.

2. 논제 정하기

토론할 책에 대한 내용 파악과 다양한 독후 활동이 이루어져 적절한 논제가 선정된다면, 자유로운 분위기에서 토론할 준비가 되었다고 봅니다. 여기서는 자유롭고 편안한 분위기에서 이야기를 나눌 수 있는 '월드카페 토론'을 위한 논제를 정해보았습니다. 《평생 친구 인증서》는 진정한 추억의 의미와 일상의 가치를 다루고 있어서 논제 또한 그와 관련된 것들이 나올 가능성이 높습니다.

〈논제를 정하는 순서〉

1. 토론에 적합한 개인별 논제 쓰기
2. 모둠에서 자기 주제를 소개하고 의견 나누기
3. 모둠의 논제 선정하기
4. 각 모둠 논제를 칠판에 판서하기
5. 모둠 논제를 발표하며 논제를 선정한 이유 말하기

TIP! 논제가 정해졌으면 교사 주도하에 전체 학생들과 논제에 대해 토론할 때 나올 법한 이야기들을 예상해보고 논제에 대해서도 대화해봅니다. 초등학생은 사전에 논제에 대해 생각할 시간을 주지 않고 곧바로 토론을 하면 개인의 역량이나 주제에 따라 토론의 질이 많이 차이가 납니다. 어느 정도의 가이드와 팁만으로도 토론의 방향이나 내용이 달라질 수 있습니다.

〈그리기 활동 예시〉

각 모둠의 논제	논제 및 논제 선정 이유 발표

〈모둠에서 정한 논제 예시〉

모둠	논제	논제 선정 이유 발표 내용
1	범이와 예슬이는 어렸을 때부터 알던 친구일까?	저희 모둠에서는 '범이와 예슬이가 어렸을 때부터 알던 친구일까?'라는 질문이 대표 질문으로 뽑혔습니다. 왜냐하면 저와 진성이도 어릴 적부터 친구인데 맨날 싸우니 범이와 예슬이도 친하니까 싸우는 것 같습니다. 그리고 싫어하면 보지도 않기 때문입니다.
2	왜 범이는 평생 친구 인증서를 만들었을까?	책에 범이가 인증서를 만든 이유가 있지만, 그 이유에 대해서 서로 이야기해보고 싶었습니다.
3	3학년 한 달 용돈으로 5,000원이 적당한가?	한결이는 자기는 용돈이 없다고 합니다. 그러니 요즘은 얼마나 쓰는지 필요한 물건은 어떻게 구입하는지 궁금했습니다. 한 달에 5,000원이면 적당할지 친구들에게 물어보고 의견을 듣고 싶어서 이 주제를 선택했습니다.
4	범이 누나는 왜 유행이 지나면 쓸 데 없다고 생각할까?	저희 모둠에서는 예, 아니오의 대답이 아닌, 친구들의 다양한 생각을 들어볼 수 있는 질문이어서 이 질문을 선택했습니다.
5	범이는 왜 10년 동안 추억의 물건을 만들지 못했을까?	저희 모둠은 범이가 3학년이면 열 살이고 10년을 산 건데, 어떻게 추억의 물건이 하나도 없는지 궁금했습니다. 그래서 이 논제를 선택했습니다.

TIP! 논제에 대해 교사와 함께 생각해보고 난 뒤, 토론 전까지 논제에 대한 자신의 생각을 글로 써 보게 하면 좋습니다. 또 글로 쓰고 나서도 어느 정도 시간을 주어 논제에 대해 지속적으로 생각하게 하거나 부족한 부분을 보완하고 설득할 수 있는 구체적인 근거를 찾도록 하면 좀 더 준비된 토론을 할 수 있습니다.

[토론하기]

3. 월드카페 토론

1) 월드카페 토론이란?

월드카페 토론은 논제를 정하여 카페에서 이야기 나누듯이 편안하게 토론하는 형식입니다. 그래서 자유롭고 편안하게 말할 수 있는 분위기와 여건 조성을 중요시합니다. 월드카페 토론은 자유로운 토론을 전제로 하기 때문에 어떤 종류의 논제라도 토론이 가능합니다. 월드카페 토론은 후아니타 브라운Juanita Brown과 데이비드 이삭스David Isaacs에 의해서 1995년에 개발되었으며, 이제는 전 세계에 광범위하게 보급되었습니다.

월드카페는 '함께해야 지혜를 얻을 수 있다'라는 가치 아래 서로 소통하고 집단 지성에 접근하며 보다 창의적인 문제 해결을 위한 자유롭지만 강력한 '대화' 절차라고 할 수 있습니다.

2) 월드카페 토론의 순서

① 논제 정하기(토론 전 활동)

② 모둠 논제를 발표하고, 논제로 정한 이유 말하기(토론 전 활동)

③ 토론 환경 준비하기   ④ 호스트 정하기

⑤ 호칭 정하기   ⑥ 자기 모둠에서부터 토론 시작하기

⑦ 토론 자리 이동하기   ⑧ 새로운 손님 맞이하기

⑨ 새로운 자리로 이동하기   ⑩ 토론 내용 발표하기

〈월드카페 토론의 진행 장면〉

3) 월드카페 토론 진행 과정

① 논제 정하기(토론 전 활동)

가장 먼저 토론하고 싶은 질문을 만듭니다. 월드카페의 논제는 질문 만들기로 시작합니다. 개별적으로 질문을 만들고 모둠에서 모둠의 대표 논제를 정하도록 합니다. 5개 모둠으로 되어 있다면 5개의 카페에 5개의 논제가 있습니다.

② 모둠 논제를 발표하고, 논제로 정한 이유 말하기(토론 전 활동)

모둠에서 정한 논제에 대하여 학급 전체를 대상으로 논제 선정 이유를 발표합니다. 이 활동은 학생들이 각 논제에 대해 자세히 알도록 하고 자리를 이동할 때 어떤 모둠에서 어떤 논제를 다루는지 안내하는 역할을 합니다.

③ 토론 환경 준비하기

모둠 책상을 덮을 만큼의 커다란 종이를 깔고 여러 가지 색깔의 펜을 준비합니다. 토론 시간을 정하여 알려줄 종이나 신호음을 마련하고, 부드러운 분위기와 자유로운 카페 분위기를 위하여 약간의 간식과 잔잔한 음악을 준비하는 것도 좋습니다.

> **TIP!** 펜을 사용하며 메모하는 것은 낙서가 아니라 들은 내용을 정리하는 것임을 강조합니다. 앉은 자리에서 서로 다른 색깔의 펜을 사용하여 메모합니다.

> **TIP!** 종이에 간단히 메모하면서 토론하라고 하면 학생들은 적는 것에 집중하는 경향이 있습니다. 되도록 말하는 것에 집중하고 메모에 너무 집착하지 않도록 지도합니다. 논제에 대해 자신의 의견을 말하고 함께 토론하는 것이 더 중요합니다. 메모는 키워드를 중심으로 핵심적인 것만 간단하게 기록하도록 합니다.

④ 호스트 정하기

호스트는 사회자이며 토론의 조정자이자 토론 내용을 정리 요약하여 발표하는 대표자 역할을 합니다. 각 모둠에서 한 명의 호스트를 선정하는데 호스트의 역할은 참가하는 토론자들의 대화를 촉진시키고, 참가자 전원이 골고루 의견을 이야기할 수 있도록 조정해주며, 토론이 모두 끝나면 토론 내용을 정리하여 발표하는 것입니다.

> **TIP!** 사전에 호스트를 지정하여 대략적인 진행 방법과 호스트의 역할에 대하여 설명하고 이해시키는 시간이 필요합니다. 모둠에서 자발적으로 호스트를 뽑는 것이 보통이지만, 토론 활동이나 월드카페 토론이 처음인 경우에는 교사가 지정해주어도 좋습니다.

⑤ 호칭 정하기

호칭은 '1번 토론자'와 같은 방식으로 불러도 좋지만, 좀 더 자유롭게 이름을 불러도 좋습니다. 학급에서 논의하여 호칭을 정하면 됩니다.

⑥ 자기 모둠에서부터 토론 시작하기

원래 자신의 모둠에서 토론을 시작합니다. 말하는 순서가 따로 정해져 있지 않으니 자유롭게 이야기를 나눌 수 있습니다. 정해진 시간 동안 토론을 합니다.

> **TIP!** 친구들의 의견을 귀 기울여 들어야 자신도 의견을 말할 수 있음을 상기시킵니다.
> **TIP!** 제한 시간은 학급의 상황, 학생들의 수준에 따라 융통성 있게 정하면 됩니다.

⑦ 토론 자리 이동하기

선생님의 신호에 따라 호스트는 그대로 앉아 있고 나머지 모둠원만 이동합니다. 원래 모둠에서 정한 논제는 변하지 않고 참여하는 사람만 움직입니다.

⑧ 새로운 손님 맞이하기

호스트는 이전 토론 내용을 정리하여 새로온 토론자들에게 대략적으로 말해줍니다. 그리고 "아까 친구들은 OO 것에 관심이 있었는데 너희는 어때? 이번에는 OO에 대해 이야기해보자."라고 하며 새로운 이야기를 해보아도 좋고, 이전 토론에서 자세하게 다루어지지 못한 내용에 대해 보충하는 이야기를 나눠도 좋습니다.

> **TIP!** 논제에 대해 충분히 이야기가 되었거나 같은 이야기를 반복하는 등 토론이 활성화되지 않은 모둠은 교사의 조언을 받아 호스트가 이끌어가도록 지도합니다.

⑨ 새로운 자리로 이동하기

또 다시 선생님의 신호가 있으면, 다른 논제의 새로운 모둠을 찾아가서 토론합니다.

⑩ 토론 내용 발표하기

토론이 끝났다는 신호에 따라 호스트는 학급 전체가 볼 수 있는 자리에서 발표합니다. 모든 내용을 말하는 것이 아니라, 그동안 이야기된 것을 종합하여 요약 발표하거나 중요한 내용을 뽑아서 발표합니다. 호스트는 토론하는 동안 종이에 메모해둔 것을 활용합니다.

키워드를 메모하며 진행하는 월드카페 토론

4) 호스트의 역할

① 호스트는 사회자와 같은 역할이며 동시에 토론에 참여하는 사람들의 이야기를 이끌고 기록하여 정리합니다.

② 다음 토론자들이 오면 이전에 토론한 내용을 간략하게 소개합니다.

③ 같은 화제에 대해 이야기합니다. "아까 친구들은 ~것에 관심이 있었는데 너희는 어때?"라며 친구들의 의견을 끌어냅니다.

④ 다른 화제에 대해 이야기합니다. "이번에는 우리 이렇게 이야기해보는 게 어떨까?"라며 화제를 전환하여 이야기를 이끕니다.

⑤ 앞에서 이야기된 것에 대해 의견을 물어도 좋고, 주제와 관련한 새로운 이야기나 보충할 이야기를 제시해도 좋습니다.

⑦ 토론이 모두 끝나면 호스트는 종이에 정리된 내용을 요약하여 발표하거나 중요하다고 생각하는 내용을 발표합니다.

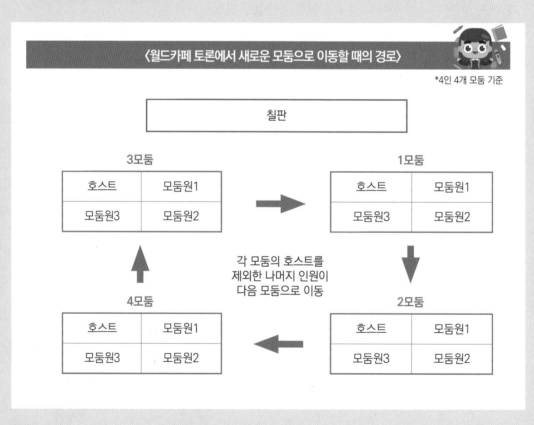

〈월드카페 토론에서 새로운 모둠으로 이동할 때의 경로〉

*4인 4개 모둠 기준

칠판

3모둠

호스트	모둠원1
모둠원3	모둠원2

1모둠

호스트	모둠원1
모둠원3	모둠원2

각 모둠의 호스트를
제외한 나머지 인원이
다음 모둠으로 이동

4모둠

호스트	모둠원1
모둠원3	모둠원2

2모둠

호스트	모둠원1
모둠원3	모둠원2

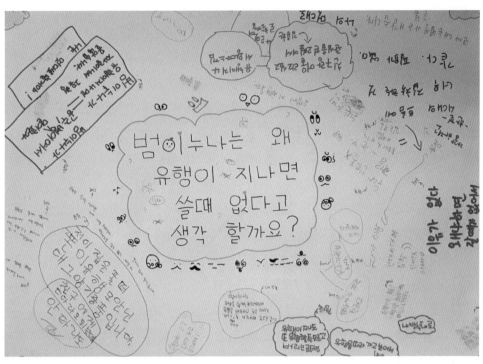

〈월드카페 토론 활동 후, 호스트의 발표 예시〉

〈1모둠〉

학생: 예슬이와 범이가 학교에서 싸우는 것을 보면 사이가 좋지 않습니다. 우리 모둠에서는 거의 대부분 어릴 적부터 친구가 아니라고 하는 의견이 많았습니다. 또 다른 의견으로 유치원부터 다녔다면 그렇게 서로 싸우지 않았을 것 같습니다. 저희는 마지막에 다른 이야기도 했는데, '여러분은 예슬이와 범이처럼 많이 싸우는 친구가 있는가?'라는 질문에 진성이는 철웅이랑 한결이랑 많이 싸우기도 하지만, 싸우고 바로 친해진다고 했습니다. 그래서 친구라고 했습니다.

　이 논제에 대한 호스트로서의 생각은 이 논제로 월드카페 토론을 해서 재미있었습니다. 저는 범이와 예슬이는 어릴 적부터 친했던 것이 아니었다고 생각합니다. 그런 사이라면 서로 배려해주고 서로의 부족한 점을 채워주는 친구여야 하는데 범이하고 예슬이는 안 그랬으니까요. 친구는 서로 좀 힘들 때 위로해주고 도와주는 것이 있어야 하는데 서로에게 으르렁대기만 하고 이해해주지 않는 것은 친구가 아니라고 생각합니다.

교사: 1모둠에서는 '범이와 예슬이는 어렸을 때부터 알던 친구일까?'라는 논제를 선택해서 토론해 보았는데요. 책의 내용을 묻는 질문을 하지 말자는 선생님의 말에 너무 추측으로 가지 않을까 싶었습니다. 그런데 친구들과 이야기를 나누며 친구와 지내는 이야기, 싸우는 이야기를 하였다니 좀 더 다양하고 풍부한 이야기를 나누었기를 바랍니다.

〈2모둠〉

학생: 저희 모둠에서는 '왜 범이는 평생 친구 인증서를 만들었을까?'로 토론을 하였는데요. 먼저 참가한 친구들이, 범이가 선생님께 칭찬을 듣고 싶어서, 범이가 친구랑 사이가 좋아지기 위해서, 친구들과 사이도 좋아지고 친구를 만들고 싶어서라는 이야기가 있었고요. 왜냐고 물으니까 범이가 도현이 말고는 다른 친한 친구가 없어 보여서라고 했습니다. 그 다음에는 이런 것이 나왔는데요. 평생 친구 인증서를 만든 이유가 '3학년에서 4학년으로 올라갈 때 자신의 추억을 만들려고 한 것이다, 추억으로 친구들을 오래도록 기억하려고, 범이는 추억이 없으니까 추억의 물건으로 만들려고 한 것이다, 친구들과 마지막으로 추억을 만들기 위해 인기 많은 사람, 인기 스타가 되고 친구들에게 추억과 웃음을 주기 위해서다.'라는 이야기도 나왔습니다.

　저는 호스트로서 친구들의 의견을 듣다 보니 저희 반에서도 평생 친구 인증서를 만들어보는 것이 어떨까 하는 생각을 했습니다. 5학년 올라가기 전에 서로에게 추억이 되는 인증서를 만드는 시간을 가졌으면 합니다.

교사: 추억을 위해 인증서를 만들자는 호스트의 의견이 흥미롭습니다. 친구들과 의논하여 결정해 보도록 하겠습니다. 수고하셨습니다.

〈3모둠〉

학생: 저희 모둠에서는 '3학년 한 달 용돈으로 5,000원이 적당한가?'라는 논제로 토론하였습니다. 한달에 용돈 5천원이 적절하다는 의견을 낸 친구들은 대부분 학원을 다니지 않거나 방과후도 안 하는 친구들이 많았습니다. 그래서 용돈이 많이 필요 없다고 했습니다. 필요한 학용품과 간식은 어머니께서 사주시니까 굳이 초등학생이 많은 돈이 필요하지는 않다고 생각하였습니다. 하지만, 한 달에 5,000원이면 일주일에 1,250원인데 그것이 적은 것이 아니라니 어처구니가 없었습니다. 친구랑 놀면 5,000원은 후딱 쓰는 돈이고 떡볶이만 사 먹어도 2,000원이나 2,500원 하니까 금세 다 쓰기 때문입니다. 동우는 용돈이 하나도 없고, 한달에 0원, 1년에도 0원이라고 했는데 그건 동우가 학원도 안 다니고 방과후도 안 하고 집으로 바로 가서 집에서 공부하고 놀고 하니까 그렇기 때문입니다. 친구랑 놀거나 학원을 다니면 돈이 듭니다. 나중에는 '그럼 얼마가 적당하다고 생각하십니까?'라고 질문을 했는데요. 적어도 1만원은 있어야 한다는 답변이 나왔습니다. 그럼 일주일에 2,500원을 쓰는 것입니다. 그래서 1만 2,000원에서 1만 3,000원이 적당하다고 동의했습니다.

교사: 3조의 주제가 흥미로웠는데요. 용돈에 대해 이야기를 나눌 줄은 몰랐습니다. 마침 우리 사회 단원에 현명한 선택과 소비 부분에서 이것에 대한 공부가 있으니 이번에 이야기한 것을 바탕으로 좀 더 심도 있게 공부할 수 있을 것 같습니다. 호스트 수고하셨습니다.

〈4모둠〉

학생: 저희 모둠에서는 '범이 누나는 왜 유행이 지나면 쓸 데 없다고 생각할까요?'라는 논제로 토론을 했습니다. 범이 누나가 유행이 지나면 쓸 데 없다고 생각하는 이유로 친구들은, 누나가 친구랑 어울리고 싶어 하고 관심을 얻고 싶어서라고 발표했습니다. 하지만 유행이 지난 것을 하거나 입으면 왕따가 되는 것 같아서 용환이는 자기 멋대로 하는 것이 좋다고 했습니다. 그리고 다른 의견들도 많았는데 서로 비슷했습니다. '시대의 흐름에 너무 집착하는 것 같아서 필요 없는 것 같다, 돈 낭비이고 사지 않고 있는 것을 활용하면 절약도 되고 좋다, 누나가 철이 없다, 범이 누나가 유행을 쉽게 생각하는데 유행을 선택하고 돈을 버리는 것이다, 유행을 너무 따라가면 돈만 많이 쓰는 경우도 있다, 유행은 지나면 아무것도 아니다, 유행만 따

라 하면 365일 유행하는 것을 사게 되는데 쓸 데 없는 짓이다.' 등이었습니다.

그리고 하영이가 유행이란 뜻을 아느냐고 질문했는데, 좋은 질문이었습니다. 우리 모둠에, 카페에 온 친구들은 대부분 유행에 관계없이 자기 멋대로 하는 게 좋다고 했습니다. 제 의견도 같습니다.

교사: 시대 흐름이라는 용어를 사용하는 것을 보니 사용 어휘도 매우 고급스럽네요. 4조의 토론 결과처럼 유행을 완전히 거스르며 지내기는 힘들겠지만, 자기만의 멋을 가지고 멋을 부리며 산다면 정말 매력적인 삶이라는 생각이 듭니다.

4조 호스트 수고하셨습니다.

〈월드카페 토론 활동 소감 나누기 예시〉

학생1: 이번에는 호스트를 했는데 호스트도 또 다른 재미가 있고 다양한 생각들이 나오니까 새로운 것도 알았다. 친구들이 잘 참여해줘서 고마웠다.

학생2: 우리 반 전체 친구들이 자기의 생각이나 느낌을 말할 수도 있었고, 친구들이랑 같이 이야기를 공유하면서 말하는 것이 재미있었다.

학생3: 1학기 때는 서툴러서 활동이 끝나고서야 '아!' 이랬는데 좀 커서 2학기 땐 아이들이랑 돌아다니면서 이야기하고 하니까 회의 느낌 같은 걸 느껴서 재미있었다.

학생4: 아이들이 양보와 배려, 즐거움을 주는 손님이 돼줘서 '우리 반이 많이 컸네!'라는 생각이 들었다.

학생5: 서로 다른 주제로 친구들과 한걸음 더 다가섰고 방법이 까다로웠지만 이야기를 들으니 스트레스를 푼 기분이었다.

학생6: 유빈이 모둠은 매우 인상 깊었는데 유빈이 모둠은 쓰기는 하지만 말을 더 많이 하게 되어서 좋았다.

학생7: 월드카페를 통해 친구들과 이야기를 나누니 너무 색다르고 재미있었다.

학생8: 친구들과 토론하고 이야기 나누는 게 좋았다. 나중에 호스트도 해보고 싶다.

이 책을 읽고 어떤 활동을 하면 좋을까?

1. 친구의 의미를 이미지로 나타내기

학생들은 《평생 친구 인증서》를 읽으면서 친구를 새로운 시각으로 바라보는 기회를 가집니다. 이러한 경험을 바탕으로 자신의 생각을 정리하여 '친구의 의미'에 대해 나름의 정의를 내려봅니다. 이러한 활동은 일상적이지 않은 새로운 의미의 '친구'를 발견하게 합니다.

〈친구의 의미를 이미지로 나타내기 활동 순서〉

1. 색종이를 오려 '친구의 의미'를 표현할 수 있는 형태나 모양을 표현합니다.
2. 포스트잇에 친구란 어떤 사람인지 자신이 오려낸 형태나 모양과 관련지어 쓴 후 발표합니다.
3. 발표 내용을 들으면서 '친구'가 어떤 사람인지, 그런 친구가 곁에 있는지, 자신은 그런 친구가 될 수 있는지 등에 대해 이야기를 나누고 제목인 '평생 친구'와 연결지으며 이야기를 마칩니다.

〈친구의 의미를 이미지로 나타내기 활동 예시〉

친구란 힘든 일을 같이 이겨내고 날 이해해주는 사람이다.	나의 생각과 마음을 편하게 공유할 수 있는 사람이다. 그리고 내가 어려운 일이 생길 때 도와주는 사람이다.

TIP! 자신의 생각이나 의견을 담은 그림을 고르는 것이 아니라 스스로 나타낸다는 점에서 보다 자유롭고 창의적인 아이디어들이 나옵니다. 책을 읽고 난 후 자신의 느낌이나 생각을 교실에 있는 그림카드나 사진에 빗대어 표현해보아도 좋습니다. 활동에 시간적 여유가 많지 않다면 더욱 유용합니다.

2. '평생 친구 인증서' 만들기

성장 소설을 읽으며 학생들이 한층 성장된 모습을 볼 수 있습니다. 여러 가지 다양한 주제에 대해 친구의 이야기를 듣고 자신의 생각을 나누며 친구와의 '진정한 추억'에 대한 견해가 생겼습니다. 그래서 친구들과 '평생 친구 인증서' 만들기를 하며 추억을 공유하는 활동을 해보면 학생들은 친구들에게 자신의 우정을 적극적으로 나타냅니다.

〈'평생 친구 인증서' 만들기 활동 순서〉

1. 약간 두꺼운 빈 상장 용지를 준비합니다.
2. 인터넷에서 인증서의 예시를 찾아 보여줍니다.
3. 인증서를 줄 친구를 정하고 어울리는 인증서 문구를 만들도록 합니다.
4. '평생 친구 인증서'를 예쁘게 꾸며 제작합니다.
5. 친구에게 '평생 친구 인증서'를 주는 수여식을 진행합니다.

TIP! 인증서를 함께할 친구가 없어서 소외되는 경우가 없는지 잘 살펴보아야 합니다. 그런 경우 학급이 아닌 다른 반 친구를 대상으로 만들어도 된다고 말해주는 것이 좋습니다.

〈'평생 친구 인증서' 만들기 활동 예시〉

· 제목: 평생 친구 인증서
· 내용: 위 두 사람은 겨울에 벚꽃이 필 때까지 우정을 간직하고, 남한이 북한과 통일해 우리가 백두산 천지 물을 마실 때까지 우정을 항상 함께하겠습니다.
· 날짜: 2018년 11월 19일
· 인증처: 친구 우정 인증 위원회

그 밖의 한 학기 한 권 읽기 활동

1. 국어 교과와 관련지어 할 수 있는 활동

1) 낱말의 뜻을 사전에서 찾으며 글 읽기

책을 많이 읽으면 독해력이 좋아진다고 합니다. 하지만 낱말의 정확한 뜻을 이해하였을 때 어휘력이 늘고 독해력도 향상됩니다. 국어사전을 활용하여 읽은 내용 중에서 알고 싶거나 모르는 낱말을 찾아 익히도록 합니다.

2) 이야기 구성 요소 중 한 가지를 바꾸어 새로운 이야기책 만들기

《평생 친구 인증서》의 이야기 구성 요소인 인물, 사건, 배경 중에서 한 가지를 바꾸어 다른 이야기를 만든 뒤, 미니 북 등으로 새로운 책 만들기를 해볼 수 있습니다.

3) 등장인물의 마음을 이미지로 나타내기

자기 자신과 타인의 감정을 아는 것은 정서 지능과 대인관계 향상에 도움이 됩니다. 등장인물의 표정이나 행동을 살펴보고 등장인물의 마음을 이미지로 나타내어봅니다. 그리고 누구의 마음인지 맞혀보는 활동을 해보면 재미있습니다.

《평생 친구 인증서》의 에피소드 중 하나인 '누나만 생일이 있냐고?'의 구성 요소를 바꾸어 새로운 이야기책으로 만든 예시

역사 소설

  역사 소설이란 역사적인 시대를 배경으로 삼아 특정 실존 인물이나 역사적 사건을 재현 또는 재창조한 소설입니다. 작가의 상상력이나 주제 의식에 따라 역사적 사실이 변형, 수정, 가감되는 정도가 달라질 수 있습니다.

  학생들과 역사 소설을 읽는 가장 큰 이유는 우리 역사에 대한 이해의 폭을 넓히고 역사에 대해 좀 더 관심을 가지도록 하기 위함입니다. 하지만 주의해야 할 것은 학생들이 책에 몰입하면서 역사 소설의 내용을 실제 역사와 동일시할 수 있다는 점입니다. 그래서 역사 소설의 내용은 작가의 상상력이 더해진 것이므로 실제의 역사와는 조금 다른 면이 있을 수 있다는 것을 학생들이 미리 인지할 수 있도록 해야 합니다. 이러한 점에 주의하여 '한 학기 한 권 읽기'를 한다면 역사 소설을 통해 학생들이 우리 역사에 관심을 가지고 역사적 사건과 인물에 대해 생각해보는 좋은 계기가 될 수 있을 것입니다.

5

다섯 번째로 만나는
'한 학기 한 권 읽기'

역사 소설

역사 소설로 진행하는 '한 학기 한 권 읽기'
흐름도

책 제목	서찰을 전하는 아이
책의 종류	역사 소설
대상	초등학교 5~6학년
선정 의도	역사에 대한 이해와 관심
읽기	[읽기 전 활동] 1. 책 제목과 표지 살피기 2. 작가에 대해 알아보기 3. 책에 대해 알게 된 것을 '만다라트'로 나타내기 4. 책 속의 삽화 살펴보기 [읽기 중 활동] 5. '까놀이 삼총사' 하면서 책 읽기 6. 질문 리스트 만들며 읽기 [읽기 후 활동] 7. 빙고 놀이하며 책 내용과 관련된 문장 만들기 8. 카드 퀴즈 놀이하며 읽은 내용 파악하기
생각 나누기	[토론 전 활동] 1. 삽화를 보며 책의 줄거리 떠올리기 2. 책에 대한 전체적인 생각, 느낌 나타내기 3. 논제 정하기 [토론하기] 4. 논제에 대한 의견 쓰기 5. 모둠 토론 6. 대표 토론
표현하기	1. 논제에 대한 의견 재구성하기 2. 등장인물에게 편지 쓰기
활동 더하기	1. 가치수직선 토론하기

이 책을 선정한 이유

한윤섭 글, 백대승 그림,
푸른숲주니어, 2011

《서찰을 전하는 아이》는 동학농민운동을 배경으로 하는 역사 소설입니다. 보부상을 하고 있던 아버지가 죽으면서 아이에게 남긴 한 장의 서찰, 그 서찰은 한 사람을 구하고, 때로는 세상을 구할 수 있는 것이라고 하였습니다. 세상에서 하나뿐인 가족인 아버지를 잃고 절망적인 상황에서 아이는 아버지가 남긴 서찰을 전하는 것이 남겨진 자신의 소명임을 깨닫습니다. 서찰의 의미를 추적해나가는 과정에서 하나씩 밝혀지는 사실들, 그것은 실제 동학농민운동이라는 역사 속 사건들과 얽혀 있습니다. 그래서 이 소설은 픽션이지만, 독자들은 역사를 체험하고 있는 듯한 느낌을 받습니다.

이 책은 자칫 어렵고 지루하게만 느껴질 수 있는 역사 내용을 작가의 상상력으로 재미있게 빚어낸 이야기를 담고 있습니다. 주인공 아이가 서찰 속 글자의 의미를 추적하는 과정은 마치 추리 소설을 읽고 있는 것 같은 느낌을 주어 궁금증을 가지고 끝까지 읽어 보고 싶게 만듭니다. 그래서 역사를 잘 모르고, 역사에 관심이 없는 학생들도 흥미 있게 볼 수 있는 책입니다.

이 책으로 '한 학기 한 권 읽기'를 한다면 초등학생들이 역사에 관심을 가지는 계기가 될 수 있을 것입니다. 학생들이 다양한 방식으로 책을 읽으면서 내용을 깊이 이해하고, 자연스럽게 생겨나는 질문거리들에 대해 친구들과 선생님과 함께 독서 토론을 하다 보면, 역사에 대한 인식과 이해도 함께 깊어집니다. 학생들은 이 책을 통해 역사라는 것도 결국 현재 우리가 살아가는 모습과 크게 다르지 않다는 것, 누군가가 살아왔던 이야기들이라는 것을 알 수 있습니다.

지금부터 학생들과 함께 읽고 질문하고 토론하면서 역사에 대해 생각해보는 의미 있는 시간을 만들길 바랍니다.

아이들과 이 책을 어떻게 읽으면 좋을까?

[읽기 전 활동]

1. 책 제목과 표지 살피기　　　　　　　　　　　　　　　　[266p 학습지 활용]

《서찰을 전하는 아이》라는 제목과 표지 그림에는 책 내용 전체가 함축되어 있습니다. 그래서 이 두 가지에 대해 대화를 나누기만 해도 책의 주요 내용을 대략적으로 예측할 수 있습니다. 서찰이 무슨 뜻인지, 왜 서찰을 전하는지, 또 하필 어른이 아닌 아이가 전하는지 등을 물음을 통해 책 내용에 접근해봅니다. 표지 그림을 함께 보며 어떤 그림인지, 왜 그런 것들이 그려져 있는지 묻고 답하면서 학생들과 책 내용을 예측해볼 수 있습니다.

교사: 여러분과 함께 읽어나갈 책을 선생님이 들고 있는데요. 제목이 뭐죠?

학생: 서찰을 전하는 아이요.

교사: 맞아요. 여러분은 이 제목을 보고 어떤 내용일 거라고 생각하나요?

학생: 음, 일단 서찰이 무슨 뜻인지를 잘 모르겠는데요?

교사: 그럴 수 있죠. 혹시 서찰이 무슨 뜻인지 아는 사람 있나요?

학생: 편지 같은 것 아닌가요?

교사: 맞습니다. 예전에 썼던 편지와 비슷한 것이죠. 좀 더 정확한 뜻을 알아보려면 어떻게 해야 할까요?

학생: 사전을 찾아보면 돼요!

교사: 그러면 사전을 같이 찾아볼까요?

　　　사전에는 뜻이 뭐라고 되어 있나요?

학생: 사전에는 '안부나 소식 따위의 알릴 내용을 다른 사람에게 적어 보내는 글'이라고 나와요.

학생: 선생님, 그러면 편지와 거의 같은 뜻인 것 같아요.

교사: 그렇군요. 자, 그러면 이제 다음 낱말로 넘어가야겠네요.

　　　서찰을 '전하는' 아이잖아요. 왜 아이는 서찰을 전하는 걸까요?

학생: 서찰에 뭔가 비밀이나 중요한 내용이 담겨 있는 것이 아닐까요?

교사: 좋은 생각이네요. 그럴 수도 있죠.

　　　다른 사람들은 어떻게 생각하나요?

학생: 누군가에게 꼭 전해야 할 서찰이었나 봅니다.

교사: 그렇게 생각할 수도 있겠네요.

　　　그러면 왜 서찰을 어른이 아닌 '아이'가 전하는 걸까요?

학생: 음, 그건 원래 어떤 사람이 서찰을 전하기로 되어 있었는데, 그 사람이 아이에게 대신 부탁
　　　한 것이 아닐까요?

교사: 그럴 수도 있겠군요. 또 다른 생각이 있나요?

학생: 아이가 어떤 집의 심부름꾼이었을 수도 있어요. 그래서 항상 서찰을 전하러 다니는 것이죠.

교사: 그것도 정말 좋은 생각이네요. 그러면 이제 표지 그림을 한 번 찬찬히 살펴보세요. 무엇이 보
　　　이나요?

학생: 서찰을 들고 있는 아이가 보여요. 세 명이나 있는데요?

학생: 선생님, 그건 세 명이 아니라 같은 아이가 바쁘게 뛰어다녀서 그렇게 보이는 것 같은데요?

학생: 세 명의 아이가 모두 같은 복장을 하고 있는 것을 보면 맞는 것 같아요.

교사: 그렇게도 보이는군요. 아이는 왜 저렇게 바쁘게 뛰어다니는 걸까요?

학생: 빨리 서찰을 전해야 해서요.

학생: 음, 오른쪽 위에 보면 어떤 흰 옷 입은 사람이 앉아 있어요.

학생: 어? 진짜 그러네요? 선생님, 저 사람이 서찰을 받아야 되는 사람이 아닐까요?

교사: 아직 우리가 책을 읽어보지 않아 모르겠지만, 그럴 가능성도 있겠죠?

학생: 선생님, 자세히 보면 표지에 글자가 보여요! 한자 같은데요?

학생: 아! 진짜다! 한자로 뭐라고 쓰여 있어!

학생: 어디 어디? 어? 진짜네!

　　　선생님, '하늘 천' 자 이런 것들이 보이는데요?

교사: 오, 훌륭한 발견을 했네요. 이 글자들은 대체 뭘까요?

학생: 혹시 서찰에 담긴 글자 아닐까요?

교사: 그럴 수도 있지요!

학생: 아, 내가 한자만 잘 알았어도 무슨 뜻인지 아는 건데!

교사: 하하, 여러분! 우리가 제목과 표지만으로도 상당히 많은 이야기를 나누었는데요. 그러면 이

제 제목과 표지를 바탕으로 이 책이 어떤 내용일지 예측해볼까요?

학생: 어떤 아이가 한자로 쓰여 있는 중요한 서찰을 누군가에게 전하는 이야기 같아요.

교사: 그래요. 또 다른 사람은 어떻게 예측했나요?

학생: 어떤 심부름꾼인 아이가 중요한 서찰 심부름을 받고 전하러 가는데 저 그림처럼 산을 몇 개 나 넘고 온갖 힘든 일을 다 겪으면서 결국 저 흰 옷 입은 사람에게 무사히 서찰을 전달하는 이야기일 것 같아요.

교사: 하하! 우리가 이야기 나눈 것을 바탕으로 내용을 잘 예측했네요. 그러면 우리가 예상한 것처럼 실제 이야기가 흘러갈지 한번 읽어볼까요?

학생: 네, 재미있을 것 같아요. 선생님, 얼른 읽어봐요.

2. 작가에 대해 알아보기 [267p 학습지 활용]

이 글을 쓴 작가인 한윤섭 씨는 원래 연극연출가로 다수의 희곡을 썼습니다. 《봉주르 뚜르》라는 동화를 시작으로 하여 《서찰을 전하는 아이》까지 아이들을 위한 좋은 동화를 많이 창작했습니다. 표지에 있는 한윤섭 작가에 대한 설명이나 책 뒤에 있는 '작가의 말' 등을 학생들과 함께 살펴봅니다. 학생들은 작가를 좀 더 가깝게 느끼고, 《서찰을 전하는 아이》라는 작품에도 관심을 가지게 될 것입니다.

교사: 이제 이 책을 쓴 작가가 어떤 사람인지 알아보겠습니다. 작가인 한윤섭 씨는 동화작가이신 데 선생님이 알아본 바에 따르면 원래는 연극을 공부하신 분이라고 하네요.

학생: 그래요? 연극을 공부한 사람이 어떻게 이런 책을 써요?

교사: 연극에도 드라마나 영화처럼 대본 같은 것이 있는 것 알고 있죠? 그걸 뭐라고 하죠?

학생: 그걸 뭐라고 하더라……. 아, 희곡이요!

교사: 그래요. 한윤섭 작가님은 연극을 하는 데 필요한 희곡을 많이 쓰신 분이에요.

학생: 아, 그런 글을 많이 써서 이런 동화책도 쓸 수 있었구나!

교사: 하하! 아마도 그런 것 같네요. 이분이 처음으로 쓰신 동화책은 《봉주르 뚜르》라고 합니다. 혹시 아는 사람 있나요?

학생: 어? 저 《봉주르 뚜르》 읽어봤어요. 같은 작가가 쓴 거였구나! 작가 이름에는 별로 신경을 안 써서 몰랐어요.

학생: 나도 《봉주르 뚜르》 읽어봤는데! 아는 작가였구나.

교사: 책에 보면 작가가 읽는 이들에게 전하는 말이 맨 뒤에 있네요. 한번 읽어볼게요.

  '작가에게 역사란 거대한 보물 창고와 같습니다. 언제고 원하기만 하면 이야기의 좋은 재료들을 마음대로 꺼내 쓸 수 있으니까요.' 이렇게 시작되고 있네요. 작가는 왜 역사가 거대한 보물 창고와 같다고 했을까요?

학생: 음, 역사는 굉장히 오래되고 정말 많은 일이 있었잖아요. 그래서 그렇게 생각한 것이 아닐까요?

교사: 네, 좋은 생각입니다. 계속 읽어볼게요.

  '그런데 역사 속 재료는 꺼내기는 쉽지만, 사용하기는 그리 만만치 않습니다. 왜 이런 생각을 했을까요? (중략)'

교사: 어떤가요? 이 책을 쓴 작가의 생각을 좀 알게 되었나요?

학생: 네, 근데 선생님, 책은 언제 읽어요?

교사: 하하! 빨리 읽고 싶은 모양이네요. 조금만 더 기다려주세요!

3. 책에 대해 알게 된 것을 '만다라트'로 나타내기   [268p 학습지 활용]

제목과 표지, 작가, 삽화가에 대해 이야기를 나누면서 학생들은 이미 책과 관련하여 상당히 많은 것들을 떠올리고 배경지식을 활성화하였을 것입니다. 이렇게 이야기를 나누면서 알게 된 것들을 '만다라트' 기법을 활용하여 나타내보면 알게 된 것들을 정리하는 데 도움이 됩니다.

일본의 오타니 쇼헤이라는 야구선수는 만다라트를 이용하여 자신의 목표 달성을 위한 행동 목표를 세우고 실천하였습니다. 그는 결국 목표를 이루어 세계적인 야구선수가 되었는데, 그로 인해 만다라트가 널리 알려지게 되었습니다.

여기서는 책의 제목, 표지, 작가, 삽화가라는 네 가지 키워드를 중심으로 알게 된 것들을 정리하는 일종의 '마인드 맵Mind Map'과 비슷한 형태로 활용하였습니다. 학생들에게 자신이 알게 된 것을 만다라트로 나타내도록 하고, 이를 실제 독서하면서 알게 된 내용과 비교하게 하면 내용을 이해하는 데 많은 도움이 됩니다.

책 제목	서찰을 전하는 아이

편지		레세지
	제목	
옛날		심부름

한자		집
	표지	
어린이		밭

	제목		표지	
		책		
	책을 쓴 사람		그림을 그린 사람	

한윤섭		연극같이 는 사람
	책을 쓴 사람	
봉주르 투르		역사는 보물창고

백대승		일러스트 레이터
	그림을 그린 사람	
어린이책		특이하 다

위의 예시는 제목과 표지를 통해 책의 내용을 예측하고 글쓴이와 그린이에 대해 생각해보며 알게 된 것들 중 떠오르는 것을 만다라트로 나타낸 것입니다. 이를 통해 교사는 학생들이 책을 읽기 전에 책 내용과 작가에 대해 어떤 생각들을 하였는지 대략적으로 짐작해볼 수 있습니다.

4. 책 속 삽화 살펴보기

[269p 학습지 활용]

초등학생들을 대상으로 하는 책은 대체로 삽화가 포함되어 있습니다. 삽화는 책의 주요 장면들을 표현하는 경우가 많기 때문에 이를 잘 활용하면 책 내용을 짐작하는 데 도움이 됩니다. 책에 있는 삽화들 중 중요한 장면을 표현하고 있는 것들을 미리 골라 학생들에게 보여주면서 어떤 장면인지 퀴즈처럼 알아맞히고 내용을 예상해보도록 합니다. 학생들은 내용을 자연스럽게 추리하면서 책에 관심을 가지고, 배경지식도 활성화합니다.

〈삽화를 살펴보며 책 내용을 예측한 예시〉

◎ 삽화를 살펴보며 이 책의 내용에 대해 짐작할 수 있는 것을 적어봅시다.

삽화1. 책 (10) 쪽의 그림	삽화2. 책 (22) 쪽의 그림	삽화3. 책 (31) 쪽의 그림
한 아이가 외로워 보인다.	마을을 여행하는 것 같다.	누가 돌아가셨다.
삽화4. 책 (45) 쪽의 그림	**삽화5. 책 (50) 쪽의 그림**	**삽화7. 책 (64) 쪽의 그림**
어떤 아저씨에게 무엇을 부탁하는 것 같다.	일본인과 싸우는 것 같다.	돈을 사용하려는 것 같다.
삽화7. 책 (82) 쪽의 그림	**삽화8. 책 (89) 쪽의 그림**	**삽화9. 책 (94) 쪽의 그림**
마을을 떠다니는 것 같다.	누구를 생각하는 장면 같다.	마치 노래를 부르고 있는 것 같다.

◎ 삽화를 통해 알아낸 것을 바탕으로 이 책이 어떤 이야기일지 생각하여 적어봅시다.

자기의 아버지가 돌아가셔서 자기의 노력으로 노래와 시를 작곡해서 살아가는 그런 이야기 같다.

[읽기 중 활동]

5. '까놀이 삼총사' 하면서 책 읽기

'까놀이 삼총사'는 서울교대 어린이철학교육센터의 김혜숙 박사가 학생들의 질문 연습을 위해 만든 놀이인데 '까바', '까만', '까주'의 세 가지 놀이로 되어 있습니다. '까바'는 '까바꾸기', '까만'은 '까만들기', '까주'는 '까주고받기'로 앞 두 글자씩을 따서 만든 말들입니다.

질문을 하면서 책을 읽는 것과 그냥 읽는 것은 학생이 책을 이해하고 받아들이는 데 있어서 큰 차이를 가져옵니다. 그래서 이러한 질문 놀이를 통해 질문하며 독서하는 습관을 기르게 한다면 '한 학기 한 권 읽기'가 추구하는 깊이 읽기를 효과적으로 달성할 수 있습니다.

① '까바꾸기' 놀이

'까바꾸기'는 평서문을 의문문 형태(질문)로 바꾸는 것을 말합니다. 예를 들어, 짝과 함께 까바놀이를 하면 한 친구는 책 속의 문장(평서문)을 그대로 읽어줍니다. '나와 같은 보부상들에게는 비슷한 버릇이 있다.' 그러면 다른 한 친구는 이것을 질문으로 바꾸어서 '나와 같은 보부상들에게는 비슷한 버릇이 있을까?' 하는 식으로 바꾸어보는 것입니다.

② '까만들기' 놀이

'까만들기'는 질문을 만드는 놀이입니다. 특별한 주제 없이 짝과 함께 서로 하나씩 번갈아가면서 질문을 만들어보거나 반 전체가 릴레이로 해볼 수 있습니다. '질문을 만들어볼까?', '질문을 왜 만들어야 할까?', '지금 말한 것은 질문이 아닐까?', '수업은 언제 끝날까?', '선생님은 왜 어려운 말만 하실까?', '쉬는 시간이 필요하지 않을까?' 이런 식으로 말입니다. 또 주제를 주고 그와 관련된 질문 만들기를 할 수도 있습니다. 예를 들어, '네모'를 주제로 주고 질문 만들기를 하면 '네모는 왜 네모라는 이름으로 부를까?', '네모난 것에는 무엇이 있을까?', '왜 이 세상에는 네모난 것들이 많을까?', '네모는 다 똑같을까?' 이런 식으로 끊임없이 질문을 만들어나갈 수 있습니다.

③ '까주고받기' 놀이

'까주고받기'는 질문을 서로 주고받으며 인터뷰를 하는 놀이입니다. 서로 질문을 주고받아야 하므로 공동의 주제가 있어야 하고 질문 리스트가 있어야 합니다. 예를 들어, 학생들이 좋아하는 '공'을 주제로 '까주고받기'를 하면 '공들 중에서 어떤 공을 가장 좋아합니까?', '그 공을 좋아하는 이유는 무엇입니까?', '공으로 할 수 있는 재미있는 놀이는 무엇이 있습니까?' 이런 식으로 질문 리스트를 만든 후, 서로 질문하고 답하는 형태로 진행합니다.

〈까놀이 삼총사의 활동 예시〉

· 까바꾸기 놀이

· 나와 같은 보부상들에게는 비슷한 버릇이 있을까?

왜 시간이 지나면 기억들은 다시 뒤섞여 버릴까?

왜 제일 먼저 희미해져야 할 것이 가장 또렷한 셈일까?

· 까만들기 놀이

스마트폰은 왜 비쌀까?

왜 부모님은 스마트폰을 안사 주실까?

스마트폰은 언제 생겼을까

· 까주고받기 놀이

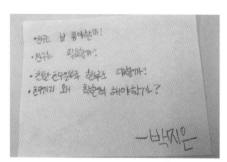

· 친구는 왜 좋아할까!
· 친구는 필요할까?
· 친구랑 친구끼리 순서로 대할까!
· 친구끼리 왜 착한척 해야할까?

─박지은

6. 질문 리스트 만들며 읽기

[270p 학습지 활용]

토론이 제대로 이루어지기 위해서는 질문과 독서가 가장 중요합니다. 양질의 질문을 만들어 낼 수 있는 능력이 갖추어지면, 독서와 토론의 수준이 올라가고 그에 따라 텍스트를 이해하는 폭과 깊이도 달라집니다.

질문은 여러 가지 분류가 가능하겠지만, 여기서는 답이 정해져 있는 '닫힌 질문'과 답이 정해져 있지 않아 다양한 생각이 가능한 '열린 질문' 두 가지로 분류하여 학생들이 만들어보게 하였습니다. 닫힌 질문은 책의 내용 파악에 유용하며, 열린 질문은 학생들과 다양한 생각을 나누어보는 논제로 활용하기에 좋습니다.

〈책을 읽으면서 만든 질문 리스트 예시〉

책 속에서 답을 찾을 수 있는 닫힌 질문을 만들며 읽어봅시다.
1. 이 이야기의 배경은 무슨 전쟁일까?
2. 녹두 장군은 누구였을까?
3. 주막에서 만난 사내는 누구일까?
4. 오호 피노리 경천매는 무슨 뜻일까?
5. 왜 청일 전쟁이 벌어졌을까?
6. 아이가 가진 돈과 쓴 돈은 얼마일까?
7. 전봉준은 왜 처형을 당했을까?
8. 천주교를 믿는 사람은 왜 처형을 당했을까?
9. 아이는 왜 처음부터 전봉준에게 가지 않았을까?
10. 녹두장군은 어떻게 됐을까?

책 속에서 답을 찾을 수 없지만, 함께 생각해보면 좋을 열린 질문을 만들며 읽어봅시다.
1. 노스님은 경천이 녹두장군을 밀고할 것을 알았을까?
2. 그 중요한 서찰을 많고 많은 사람 중 왜 주인공의 아빠한테 맡겼을까?
3. 주인공 아버지는 갑자기 왜 돌아가셨을까?
4. 아이는 그 작고 여윈 몸으로 절벽에서 떨어졌는데 살 수 있었을까?
5. 주인공의 목소리에는 왜 약이 들어있었던 것일까?
6. 백성들이 마지막에 그 노래를 왜 불렀을까?
7. 아이의 아빠는 왜 서찰을 꼭 전해야 할까?
8. 아이는 몇 살이었을까?
9. 만약 녹두장군이 끝까지 살아남았다면 무슨 일이 있었을까?
10. 전봉준은 왜 녹두장군이었을까?

[읽기 후 활동]

7. 빙고 놀이하며 책 내용과 관련된 문장 만들기

[271p 학습지 활용]

책을 읽고 떠오르는 낱말들로 빙고판을 완성하는 것은 학생들이 책을 읽고 난 뒤 어떤 것들을 주로 기억하고 있는지 확인할 수 있는 좋은 방법입니다. 또한, 책을 읽고 떠오른 낱말들로 빙고 게임을 하면서 쉽고 즐겁게 읽은 내용을 정리할 수 있습니다. 떠올린 낱말들로 책 내용과 관련된 문장을 만들어보도록 하면 읽은 내용을 떠올리고 정리하는 데 도움이 됩니다. 한두 낱말만 넣어서 만들어보아도 되고, 여러 낱말을 동시에 사용하여 만드는 도전 과제를 주어도 좋습니다. 문장은 가급적 다양하게 많이 만들어보게 하는 것이 좋습니다.

〈빙고 놀이하며 책 내용과 관련된 문장 만들기 예시〉

◎ 책을 읽고 떠오르는 책 속 낱말을 적고 빙고놀이 하기

◎ 빙고놀이에서 나온 낱말을 넣어서 책 내용과 관련된 문장 만들기

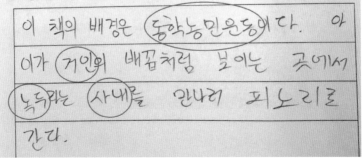

8. 카드 퀴즈 놀이하며 읽은 내용 파악하기

카드 퀴즈 놀이는 책에서 답을 찾을 수 있는 닫힌 질문을 활용하여 하는 놀이입니다. 이 역시 빙고와 마찬가지로 책의 내용을 이해하는 데 도움이 됩니다. 방법은 다음과 같습니다. 먼저 포스트잇을 한 명당 다섯 장씩 나누어줍니다(나누어주는 매수는 상황에 맞게 조절한다.).

〈카드 퀴즈 놀이의 절차〉

1. 포스트잇 앞장에 책 내용과 관련된 문제를 쓰고, 뒷장에 정답을 쓰기
2. 포스트잇을 어느 한 곳에 붙이고 정해진 시간 동안 짝을 만나 문제를 내기
3. 정답을 말한 친구에게 포스트잇을 주기
4. 가지고 있던 포스트잇을 다 쓰고 새로 받은 것들로 채워지면 자리로 돌아오기

TIP! 주의 사항

1. 포스트잇 한 장에 질문 한 가지만 작성해야 하며, 뒷장에 답을 쓸 때 근거가 되는 책의 쪽수도 함께 써야 합니다. 쪽수를 쓰지 않으면 나중에 답을 찾아서 확인하기가 어렵습니다.
2. 활동을 할 때는 한 사람에게 한 가지 질문만 할 수 있으며, 활동을 마친 후에는 자기가 적은 포스트잇을 가지고 있으면 안 됩니다.

〈카드 퀴즈 놀이 장면과 포스트잇 예시〉

[토론 전 활동]

1. 삽화를 보며 책 줄거리 떠올리기

    삽화는 내용을 예측하는 데도 활용할 수 있지만, 읽은 내용을 정리하여 줄거리를 떠올리게 하는 데도 효과적입니다. 주요 장면이 담긴 삽화들을 쭉 보여주면서 어떤 장면이었는지 읽은 책의 내용을 상기시킨 뒤, 1분 이내로 줄거리를 요약하여 모둠 친구들과 돌아가며 발표하는 연습을 합니다. 서로의 줄거리를 들으면서 중요한 부분이 빠지지는 않았는지 이야기해줍니다. 모둠 친구들과 줄거리를 나누었으면 전체 학생과 이를 공유하면서 다시 한번 줄거리를 정리합니다. 이러한 과정을 거치는 이유는 학생들이 토론하기 전에 독서한 내용을 떠올림으로써 토론과 독서를 연결시키고자 함입니다.

〈삽화를 보며 책의 줄거리 떠올리기 예시〉

    보부상을 하며 아버지를 따라다니던 소년은 아버지가 돌아가시면서 남긴 중요한 서찰을 전하기 위해 길을 떠난다. 서찰은 한자로 되어 있었지만, 소년은 글을 몰랐고 그래서 그 뜻을 알기 위해 여러 곳을 떠돌고, 여러 사람을 만난다. 힘든 여행 끝에 서찰이 녹두장군 전봉준에게 배신자가 생긴다는 위기를 담고 있으며, 그에게 전달해야 함을 알게 된다.

  이를 전하려던 소년은 산 속에서 길을 잃고 쓰러지는데, 그를 구해준 스님과 함께 있던 사람이 다름 아닌 전봉준이었고 드디어 서찰을 전할 수 있게 된다. 그러나 소년의 기대와는 달리 녹두장군 전봉준은 배신자를 처벌하지 않고 붙잡히게 되어 결국 동학농민운동은 실패로 돌아간다. (1분 정도 분량의 줄거리 요약 발표)

2. 책에 대한 전체적인 생각, 느낌 나타내기

앞의 삽화를 통한 줄거리 떠올리기가 세부적인 것이었다면, 이번에는 전체적인 책에 대한 평가에 해당하는 활동입니다. 책을 읽고 난 뒤에 드는 책에 대한 생각, 느낌을 일종의 한 줄 서평처럼 나타내어보면서 책에 대한 자신의 소감을 짧게 정리해보는 것입니다.

방법은 '포토 스탠딩Photo Standing'이라는 창의성 기법을 사용합니다. 교실 바닥에 다양한 종류의 이미지를 깔아두고 그 이미지에 빗대어 자신의 생각과 느낌을 표현합니다. '저는 ~이 떠올랐습니다. 왜냐하면 ~이기 때문입니다.'와 같은 형태로 나타냅니다. 바닥에 깔아둔 이미지와 나의 생각을 창의적으로 연결시키는 일종의 '강제 결합법'이라고 할 수 있습니다. 서로 다른 관점에서 그림을 바라보고 그것을 나의 생각과 말이 되도록 연결시키기 때문에 창의적이고 논리적으로 생각을 표현하는 데 도움이 되는 방법입니다.

> **TIP!** 이미지는 어떤 것을 사용해도 상관이 없지만 저학년이라면 사물이 있는 것을 쓰는 것이 비유적으로 표현하기에 좋습니다. 고학년이라면 상황이 담긴 그림 카드나 이미지를 쓰는 것도 좋습니다.

〈책에 대한 전체적인 생각, 느낌 나타내기 예시〉

 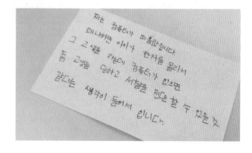

· 저는 컴퓨터가 떠올랐습니다. 왜냐하면 아이가 한자를 몰라서 그 고생을 했는데 컴퓨터가 있었으면 아이가 좀 덜 고생하고 서찰을 전달할 수 있을 것 같다는 생각이 들어서입니다.(박○○)
· 저는 이 책을 읽고 시계가 떠올랐어요. 왜냐하면 전봉준이 죽을 때 시간을 뒤로 돌리면 전봉준이 죽지 않을 것 같기 때문이에요.(김○○)
· 저는 돈이 떠올랐습니다. 아이가 한자의 뜻을 알아내는데 사람들이 돈을 요구했고, 여행을 하는데도 돈이 필요했기 때문에 돈이 좀 더 많았더라면 서찰을 좀 더 빨리 전할 수 있지 않았을까 하는 생각이 듭니다.(심○○)

3. 논제 정하기

학생들이 줄거리와 전체적인 소감을 나누어보면서 책에 대한 내용이 충분히 상기되었다면, 이를 바탕으로 함께 토론해보고 싶은 질문을 떠올려 포스트잇에 적어보도록 합니다. 토론할 질문은 이전에 작성한 질문 리스트를 참고해도 되고, 새로 떠오른 것을 적게 해도 좋습니다. 처음에 나온 학생이 질문을 적은 포스트잇을 칠판의 왼쪽에 붙이고, 다음 사람은 그 질문을 보면서 같은 종류의 질문이면 그 질문 아래에, 다른 종류의 질문이면 그 질문의 오른쪽에 자신의 질문을 붙입니다. 같은 방법으로 모든 학생의 질문이 다 붙을 때까지 계속합니다.

〈논제를 정하는 장면과 예시〉

칠판에 붙은 질문을 학생들과 하나씩 검토해봅니다. 질문이 적절하게 분류되었는지 확인해보고 분류가 잘못되었다면 다시 분류합니다. 또 질문이 같은 것을 묻고 있다면 좀 더 큰 범주의 질문으로 통합합니다. 질문이 묻고 있는 것이 무엇인지도 정확하게 확인하여 질문의 형태를 좀 더 명료하게 다듬습니다. 그리고 논제로서 적절한지도 확인해봅니다. 책 속에서 답을 찾을 수 있거나 답이 정해져 있는 질문은 논제로 적절하지 않으므로 제외시킵니다.

> **TIP!** 이렇게 질문을 다듬고 정리하는 모든 과정은 교사가 직접 하지 않고 학생들에게 질문하여 끌어내도록 합니다. 교사가 하면 학생들은 질문을 정교하게 다듬어볼 수 있는 기회를 잃게 됩니다.
>
> 질문에 대한 검토와 정리가 끝나면 표결을 통해 논제를 선정합니다. 질문의 개수가 많을 경우, 두 번 정도 손을 들게 하여 많은 학생이 원하는 것을 논제로 정합니다. 표결의 결과, 몇 가지 질문이 거의 표차 없이 비슷하게 나온 경우는 비슷한 표를 얻은 질문들을 대상으로 결선 투표를 한 번 더 진행하여 논제를 결정하는 것이 좋습니다.

〈학생들이 논제로 적합하다고 생각한 질문 예시〉

· 서찰을 전하는 아이가 아버지 대신 서찰을 전한 이유는 무엇일까?

· 전봉준은 피노리에 가면 안 되는 것을 알면서 왜 피노리에 갔을까?

· 김경천은 왜 오랜 친구인 전봉준을 팔아넘겼을까?

· 왜 서찰을 전하는 아이는 아버지를 청나라 군사로 생각하고, 책장수를 일본 군사로 생각했을까?

· 왜 사람들은 서찰을 전하는 아이의 목소리에 약이 있다고 했을까?

· 왜 세상을 바꿀 수 있는데도 사람들은 도와주지 않았을까?

· 아이가 세상을 바꿀 수 있다는 믿음을 가지게 된 이유가 무엇일까?

· 믿음으로 세상을 바꿀 수 있을까?

· 사람들이 도와주었다면 세상은 바뀌었을까?

· 어차피 녹두장군은 죽는데, 아이는 왜 서찰을 전하려고 했을까?

· 아이가 서찰을 전하였는데도 불구하고 녹두장군이 죽었는데, 허탈하지 않았을까?

· 다섯 냥과 세상을 구하는 가치를 바꿀 수 있을까?

· 세상을 바꾸는 힘은 어느 정도일까?

· 전봉준이 피노리에 가지 않았다면 세상을 바꿀 수 있었을까?

· 행복은 누구의 것인가?

· 만약 나라면 위험을 무릅쓰고 받을 사람이 누군지도 모른 채 서찰을 전하러 갔을까?

· 세상을 바꾸기 위해 필요한 것은 무엇일까?

보통은 이러한 질문들 중 논제 한 가지만을 정하여 토론하게 됩니다. 하지만 위의 질문들을 잘 살펴보면 연관성 있는 질문이 있음을 확인할 수 있습니다. 예를 들어, 파란색으로 표시된 질문들은 '세상을 바꾸는 것과 관련된 질문들'입니다. 이 질문들을 통합할 수 있는 더 큰 상위의 질문을 만들고, 나머지 질문들을 하위 질문으로 적절하게 활용하면 좀 더 구체적인 토론을 진행할 수 있습니다. 이렇게 하면 논제가 좀 더 여러 학생의 질문을 포함하므로 학생들은 자신의 질문이 채택되어 논의된다는 느낌을 받아서 보다 적극적이고 진지하게 토론에 참여합니다.

> **TIP!** 논제는 가급적 많은 학생이 원하는 것이어야 하며, 그들이 꼭 탐구하고 싶어 하는 것이어야 합니다. 학생들이 진정성 있게 논의해보고 싶어 하는 주제인만큼 시키지 않아도 다양한 발언들이 쏟아지게 될 것입니다.

[토론하기]

4. 논제에 대한 의견 쓰기

독서 토론을 제대로 하기 위해서는 논제에 대한 각자의 생각이 준비되어 있어야 합니다. 이 준비된 생각을 여기서는 '의견 쓰기'로 표현했는데 보통 '입론'이라고도 부릅니다. 어른들도 갑자기 논제를 주고 자신의 생각을 발표하라고 하면 하기가 쉽지 않습니다. 하물며 초등학생은 더 그럴 것입니다. 그래서 생각을 준비할 시간이 필요하며 논제에 대한 의견 쓰기는 바로 그러한 생각을 준비하는 시간에 해당합니다.

어떤 토론이든지 미리 주제에 대해 생각해보지 않고 토론을 하면, 결국 말을 잘하는 일부 학생들의 언어 게임이 될 뿐입니다. 그러니 말을 잘하지 못하는 친구들도 자신의 생각을 준비하여 표현할 수 있도록 기회를 주어야 합니다.

독서 토론의 논제가 결정되면, 교사는 학생들에게 생각할 수 있는 충분한 시간을 부여해야 합니다. 또 한 번으로 끝나는 것이 아니라 써온 의견을 읽어보고 부족한 부분을 보완할 수 있도록 안내하면 좋습니다. 이때 부족한 부분에 대한 안내는 지적이 아닌 조언의 형태가 되어야 합니다. '~한 부분에 대한 근거를 좀 더 다양하게 제시해보면 글이 좀 더 설득력이 있을 것 같다.'처럼 구체적으로 어떤 부분을 좀 더 손봐야 하는지를 학생에게 잘 설명해주어야 합니다. 그리고 잘 써온 부분은 아낌없이 칭찬을 해주고, 이때도 어디가 어떻게 잘된 것인지를 명확하고 구체적으로 설명해주어야 합니다.

잘된 부분은 친구들에게 예시 자료로 소개할 수도 있습니다. 토론 전에 학생의 생각을 공개하면 안 된다고 생각할 수 있으나 독서 토론의 목적이 상대방을 이기는 것이 아닌 독서한 내용을 깊이 이해하는 것임을 생각할 때 오히려 좋은 생각과 글을 나누면 학생들의 생각의 폭을 넓혀주는 긍정적인 효과를 가져옵니다. 또 전체 의견과 근거를 모두 공개하는 것이 아닌 잘 표현된 일부분만을 제시하는 것이므로 크게 문제가 되지 않습니다. 오히려 다른 친구들이 그 생각에 자극을 받아 좀 더 좋은 글을 써오는 것을 볼 수 있습니다.

> **TIP!** 교사가 논제에 대한 의견(입론)을 쓴 글을 예시로 보여주는 것도 좋습니다. 학생들은 이와 같은 형태의 글을 잘 써보지 않아 익숙하지 않습니다. 그래서 형식이 잘 갖추어진 글을 제시해주고 그 틀을 활용하여 자신의 생각을 담도록 하면 좀 더 쉽게 입론을 쓸 수 있습니다. 차츰 학생들이 형식에 익숙해지면 교사 예시는 제시하지 않고 학생 스스로 쓰도록 합니다.

<논제에 대한 의견 쓰기 예시>

'서찰을 전하는 아이' 읽고 독서토론 하기

*날짜 : 2018년 4월 16일(월)

*주제 : 세상을 바꾸기 위해서는 무엇이 필요할까?

     (서찰을 전하는 아이의 내용을 중심으로)

*나의 생각 : 전봉준이 일단 잡혀 처형된것을 막기위해서 그리고 세상을 바꿀 확률이 높게 만들기위해서는 서찰이 전봉준에게 갔어야 한다고 생각한다 그리고 자신을 희생하더라도 세상을 바꾸기 위해 노력하는 사람들의 마음이 있어야 한다고 생각한다 마지막으로 녹두장군, 아이, 사람들의 절실함이 있었어야 된다. 하지만 사람들이 그렇게 하지 않아 세상을 못 바꿀것이다. 물한방울이 모여 강이 되고 바다가 되어 큰힘이 되듯이 그런 사람들의 마음이 모이면 세상을 바꿀수 있었을 것이다. 그 마음만 있었어도 세상을 바꾸는데 충분하다고 생각된다. 하지만 모든 사람이 그렇게 해주지 않거나 절실함 만이 있다고 되는게 아니라고 생각할 수 있지만 그래도 희망그 긍정적인 생각과 사람들의 의 도움으로 만 물철이도 분명히 세상을 바꿀수 있을것이라고 생각된다. 작게시작 한 그 작은깐의 절실함이 우리, 전봉준과 합 뒤돼져 실행이라도 되 있으면 분명히 가능성 이 있을것이라고 보고, 또 그러함으로 다른 사람 그리고 사회의 불도럼에 살고있던 사람들이 희망을 가져 세상을 바꾸 없을것이다. 즉 세상을 바꾸기 위해서는 절실함을 필요로한다.

TIP! 의견 쓰기에 대한 피드백 예시

위 학생의 글은 절실함에 포인트가 맞춰져 있어 자세하게 설명된 점은 장점이지만, 글이 전체적으로 산만하고 문단 구성이 체계적이지 않은 것이 단점입니다. 이런 장단점을 학생에게 이야기해주고 장점을 강화하고 단점을 보완하면 글이 훨씬 좋아질 것이라고 지도합니다. 학생에게 지적의 형태가 아닌 토론의 준비를 좀 더 잘하기 위함임을 진정성 있게 말하면 더욱 효과적입니다.

5. 모둠 토론

1) 모둠 토론이란?

　모둠 토론에는 다양한 토론 기법을 적용할 수 있지만, 여기서는 서울초등토론교육연구회에서 개발하여 서울시초등학생독서토론대회의 운영 모델로 활용하고 있는 'SEDA 원탁 토론' 방식을 활용했습니다. 'SEDA 원탁 토론'은 일정한 형식과 절차에 따라 동등한 발언 기회가 부여되며 1:1 논의 과정이 중심이 되어 밀도 있는 논의를 연습할 수 있는 토론 방법입니다.

2) 모둠 토론 진행 과정

① 논제에 대한 개인 의견 준비하기(모둠은 4인 이내로 구성)

② 모둠원에게 1~4의 번호를 부여하고, 1번 토론자부터 2분 이내로 준비한 의견을 발표하기

③ 1번 토론자의 발표 내용에 대해 2번 토론자가 1분 이내로 논평하기

　(논평 시에는 질문, 지지 발언, 반론, 보충 의견 등을 제시할 수 있다. 1분의 제한 시간 안에 질문하고 답변하는 시간까지 포함된다.)

④ 1번 토론자의 발표 내용에 대해 3번 토론자가 1분 이내로 논평하기

　(이때 1번과 2번이 논의한 내용과 자연스럽게 연결되도록 의견을 말하는 것이 좋다.)

⑤ 1번 토론자의 발표 내용에 대해 4번 토론자가 1분 이내로 논평하기

⑥ 같은 방식으로 2번 토론자가 2분 이내로 준비한 의견을 발표하고 3번, 4번, 1번 순으로 1분 이내의 논평을 실시하기

⑦ 같은 방법으로 4번 토론자까지 순서대로 진행하기

〈모둠 토론 진행 장면〉

TIP! 원탁 토론의 시나리오나 유튜브의 동영상(서울시초등학생독서토론대회 검색)을 활용하여 연습하면 효과적입니다.

6. 대표 토론

[287p 학습지 활용]

1) 대표 토론이란?

대표 토론은 모둠 토론과 진행 방식이 같으나 여기서는 '패널 토론'의 방식을 활용했습니다. 각 모둠에서 대표 토론자를 한 명씩 선정하고 이들이 논제에 대한 '패널(전문가)'이 됩니다. 나머지 인원은 방청객이 되어 패널들의 토론을 듣고 질의응답하는 방식으로 진행합니다.

2) 대표 토론 진행 과정

① 패널은 사전에 논제에 대한 개인 의견을 준비하기

② 패널 수대로 1, 2, 3…… 순으로 번호를 부여하기

   (학급의 모둠이 6개라면 패널은 6명이 된다.)

③ 1번 패널부터 2분 이내로 준비한 의견을 발표하기

④ 1번 패널의 발표 내용에 대해 2번, 3번, 4번 패널들이 차례대로 1분 이내로 논평하기

⑤ 토론 내용에 대해 방청객의 질의응답 시간 가지기(3분 이내)

⑥ 같은 방식으로 2번 토론자가 2분 이내로 준비한 의견을 발표하고 3번, 4번, 1번 순으로 1분 이내에 논평하기

⑦ 토론 내용에 대해 방청객의 질의응답 시간 가지기

⑧ 토론한 내용을 교사와 함께 정리하는 시간을 가지며 소감 나누기

〈대표 토론 진행 장면〉

TIP! 패널 토론에서 중요한 것은 방청객의 역할입니다. 방청객이 역할을 제대로 하지 못하면 패널들만의 토론이 될 수 있으므로, 방청객들도 토론 내용을 요약 정리하면서 질문할 거리나 자신의 의견을 메모하도록 사전에 안내해줍니다.

3) 대표 토론 진행 예시

사회자: ○○초등학교 여러분 안녕하십니까? 지금부터 논제 '세상을 바꾸기 위해서는 무엇이 필요할까?'를 주제로 패널 토론을 해보도록 하겠습니다. 먼저 패널을 소개해드리겠습니다.(패널 소개 후) 공정한 토론을 위한 시간 측정에는 ○○○ 님이 수고해주시겠습니다. 청중들께서는 토론을 잘 들어보시고 궁금한 점이나 자신의 의견을 잘 메모해두었다가 청중들과의 질의응답 시간에 말씀해주시기 바랍니다. 그러면 먼저 1모둠 대표의 의견부터 들어보도록 하겠습니다. 발언 시간은 2분입니다. 시작!

(이하 내용 생략)

사회자: 다음은 2모둠 대표의 의견을 들어보도록 하겠습니다. 발언 시간은 2분입니다. 시작!

2모둠 대표: 《서찰을 전하는 아이》는 전봉준이 잡히면서 이야기가 끝이 났습니다. 만약 전봉준이 잡히지 않고 세상을 바꿀 수 있었다면, 세상을 바꾸기 위해서 필요한 것은 무엇일까요? 제 생각에는 세상을 바꾸기 위해서 필요한 것은 용기, 희망, 희생정신 그리고 충분한 힘이라고 생각합니다.

왜냐하면 첫째, 전봉준과 동학농민군이 불리한 상황임에도 세상을 바꾸기 위해서는 관군과 일본군에 맞서 싸워야 하는데, 그러기 위해서는 용기가 필요합니다.

둘째, 동학농민군이 관군이나 일본군에게 잡히면 갖은 고문을 당하기 때문에 백성들이 동학농민군에 참여하기 위해서는 용기가 필요합니다. 셋째, 동학농민군이 세상을 바꾸기 위해서는 자신들이 세상을 바꿀 수 있다고 생각하는 희망이 필요합니다. 넷째, 동학농민군은 나와 다른 사람들을 위해 세상을 바꾸자는 기본적인 희생정신이 필요합니다. 다섯째, 동학농민군은 서로를 지키고 나라를 바르게 만들기 위해서 희생정신이 필요합니다. 여섯째, 앞에서 말한 용기, 희망, 희생정신이 있다고 해도 충분한 힘이 없다면 세상을 바꾸기는 어렵습니다. 그래서 세상을 바꾸기 위해서 필요한 것은 용기, 희망, 희생정신 그리고 충분한 힘이라고 생각합니다.

사회자: 네, 2모둠 대표의 의견 잘 들었습니다. 다음은 3모둠 대표가 2모둠 대표와 1분 동안

질의응답을 하도록 하겠습니다. 시작!

3모둠 대표: 희생이란 목숨까지 내놓는 것이라고 생각하는데요. 세상을 바꾸기 위해 사람들이 목숨까지 내놓으려 할까요?

2모둠 대표: 희생이 꼭 목숨까지 내놓는 것은 아니라고 생각합니다. 세상을 바꾸기 위해 자신의 재산을 내놓는다든지, 시간을 내어 봉사하는 것도 희생의 일종이라고 생각합니다.

3모둠 대표: 제가 생각했던 희생과는 좀 다른 뜻이었군요. 답변 감사합니다. 한 가지 더, 말씀하신 내용 중에 '충분한 힘'이라는 말이 있었는데, 충분한 힘이 무엇인지 좀 더 자세히 설명해주시기 바랍니다.

2모둠 대표: 충분한 힘은 예를 들면 신식 무기 같은 것을 들 수 있습니다. 책을 보면 우금치 전투에서 많은 동학농민군이 일본군에게 죽임을 당했는데 이들에게 좀 더 강력한 신식 무기가 있었다면, 일본군과의 싸움에서 좀 더 힘을 발휘할 수 있었을 것입니다. 생각해보면 조선에게 강한 무기가 있었고 힘이 있었다면, 애당초 일본에게 나라를 그리 쉽게 빼앗기지도 않았을 것입니다.

3모둠 대표: 알겠습니다. 그러면 충분한 힘의 예는 신식 무기뿐인가요?

2모둠 대표: 아닙니다. 우리나라가 교육의 힘을 통해 지금까지 발전해 왔듯이 학자들을 통해 백성들에게 가르침을 주는 것도 힘을 키우는 것이라고 생각합니다.

시간 측정관: 시간이 다 되었습니다.

사회자: 다음은 4모둠 대표가 2모둠 대표와 1분 동안 질의응답을 하도록 하겠습니다. 시작!

4모둠 대표: 2모둠 대표는 세상을 바꾸기 위해 필요한 것으로 희망을 말했습니다. 그러나 희망만 가진다고 세상이 바뀔 수 있을까요?

2모둠 대표: 물론 희망만으로 세상이 바뀌지는 않을 것입니다. 하지만 희망마저 가지지 않는다면 세상은 바뀔 가능성이 아예 없을 것입니다. 사람들의 마음속에 세상은 바뀔 것이라는 희망이 있어야 실제로 세상이 바뀔 가능성이 높아질 것입니다.

4모둠 대표: 그러면 일종의 마음의 준비 같은 것이라고 봐도 될까요?

2모둠 대표: 네, 맞습니다. 그리고 제가 말한 희망은 꼭 마음에 있는 것만을 말하지 않습니다. 희망이 좀 더 믿을 만한 것이 되기 위해서는 여러 가지가 실제로 준비되어 있어야 합니다. 그래야 사람들은 그것을 보고 좀 더 이루어질 가능성이 높다고 생각하여 희망을 가지게 될 것이기 때문입니다.

사회자: 두 분의 말씀 잘 들었습니다. 다음은 1모둠 대표가 2모둠 대표와 1분 동안 질의응답을 하도록 하겠습니다. 시작!

1모둠 대표: 아까 3모둠 대표와 희생에 대한 이야기를 했었는데요. 저는 세상을 바꾸기 위해 희생이라는 것이 꼭 필요한지가 궁금합니다.

2모둠 대표: 세상을 바꾸려 하는데 누구도 자신의 것을 내어놓지 않고 봉사하려 하지 않는다면 세상은 바뀌지 않고 그대로일 것입니다. 아까도 말씀드린 것처럼 희생이 꼭 목숨을 내놓아야 하는 것만이 아니라 주변을 위한 노력 정도로 봐주시면 될 것 같습니다.

1모둠 대표: 알겠습니다. 답변 감사합니다.

사회자: 더 이상 질문할 것이 없나요?

1모둠 대표: 네, 없습니다.

사회자: 알겠습니다. 2모둠 대표와의 토론 내용 잘 들었습니다. 토론 내용에 대해 방청객에서 질문이나 의견이 있으면 발표해주시기 바랍니다.

방청객1: 2모둠 대표에게 질문이 있습니다. 세상을 바꾼다는 것은 재산 좀 내놓고 봉사 좀 한다고 해서 바뀌는 것이 아니라 목숨을 걸어야만 가능한 일이라고 생각합니다. 세상을 바꾼다는 것은 기존의 질서를 뒤바꾸는 일들이기 때문에 기존에 힘을 가진 자들이 그것을 내버려두지 않을 것이고 따라서 목숨을 위협받는 상황이 계속될 것입니다. 그래서 저는 세상을 바꾸기 위한 희생이 목숨까지 내놓는 것이라고 생각하는데 그러면 사람들이 잘 따르지 않았을 것 같습니다. 이에 대해 어떻게 생각하십니까?

2모둠 대표: 물론 세상을 바꾸는 노력을 하다 보면 목숨까지 내놓아야 하는 상황이 될 수도 있습니다. 하지만 누구도 희생을 하지 않는다면 세상은 바뀌지 않을 것입니다. 지금 우리도 누군가의 희생 때문에 바뀐 세상에서 살고 있는 것이 아닐까요?

(이하 논의 과정 생략)

사회자: 이제 논제 '세상을 바꾸기 위해서는 무엇이 필요할까?'에 대한 결론을 내려야 할 것 같습니다. 그동안 논의를 중심으로 토론 내용을 정리하는 것은 선생님께서 진행해주시겠습니다.

교사: 여러분의 멋진 토론 잘 들었습니다. 우리 반이 논의한 내용을 바탕으로 세상을 바꾸기 위해 필요한 것들을 정리해봅시다. 먼저 사람이 필요하네요. 그런데 여러분은 권력자가 아닌 백성 혹은 국민, 학자들까지 포함해서 사람들이 필요하고 이 사람들이 뜻을 같이 해야 세상을 바꾸는 움직임이 확산될 수 있다고 했습니다. 맞나요?

학생 일동: 네!

교사: 두 번째로 세상을 바꾸는 일은 저항에 부딪치기 때문에 그것을 지켜내는 힘이 필요하다고 했습니다. 우리를 방어하는 힘 그리고 신식 무기, 훈련 이런 것들을 예로 들었네요. 또 있었나요?

학생: 그런 힘 말고 눈에 보이지 않는 힘도 필요하다고 했어요.

교사:	네, 좋습니다. 그러면 세상을 바꾸기 위해 필요한 눈에 보이지 않는 힘에는 어떤 것이 있었는지 말해봅시다.
학생:	믿음이요. 모둠 대표 발언 중에 '배신은 실패할 거라는 믿음의 부족 때문이다'라는 말이 있었는데 공감이 갔어요.
교사:	그렇군요. 믿음이라는 힘 외에 또 어떤 힘들이 필요하다고 했었죠?
학생:	용기, 단합, 희망 그리고 마음의 준비도 있었습니다.
교사:	네, 아까 희생에 대한 이야기도 꽤 나왔던 것 같은데 희생은 어떤가요?
학생:	희생이 필요한 것은 맞지만 목숨까지 내놓아야 하는가에 대해서는 확실하게 정리가 안 되었어요.
교사:	맞아요. 목숨까지 희생해야 하는가를 여기서 결정하는 것은 어려울 것 같고 그것은 여러분의 판단에 맡기겠습니다. 하지만 일단 세상을 바꾸기 위해 희생이라는 것이 필요하다는 것은 모두 동의하는 것인가요?
학생:	네, 동의합니다.
교사:	또 빠진 것이 있을까요?
학생:	돈이요! 세상을 바꾸기 위해서는 자금력이 있어야 한다고 했어요.
교사:	그렇군요. 그러면 우리가 토론한 결과 세상을 바꾸기 위해 필요한 것에 대한 잠정적인 결론이 정리되었네요. 왜 확실한 결론이 아닌 잠정적인 결론이라고 할까요?
학생:	우리가 빠뜨린 것들이 있을 수 있으니까요.
학생:	우리가 내린 결론이 완벽하지 않을 수도 있잖아요.
교사:	맞습니다. 그래서 우리는 앞으로도 계속 이 주제에 대해 생각해봐야 합니다. 책도 더 읽어봐야 하고요. 우리가 내린 결론에 앞으로 여러분의 경험과 독서와 토론이 더해지면 더 좋은 결론이 나올 수도 있습니다. 오늘은 여기까지 하도록 하고 사회자에게 정리를 부탁하겠습니다.
사회자:	이상으로 논제 '세상을 바꾸기 위해서는 무엇이 필요할까?'에 대한 패널 토론을 모두 마치겠습니다. 패널 여러분 수고하셨습니다. 끝까지 잘 들어주신 청중 여러분도 감사드립니다.

....

TIP! 토론 중에는 말이 빠르게 지나가기 때문에 아직 생각 정리가 익숙하지 않은 학생들에게는 토론자의 발언을 요약·정리하는 것이 어려울 수 있습니다. 그래서 교사의 판서는 학생들에게 토론 내용을 요약하는 방법을 보여주는 동시에 학생들이 생각의 끈을 놓치지 않고 토론을 이어가게 하는 중요한 역할을 합니다.

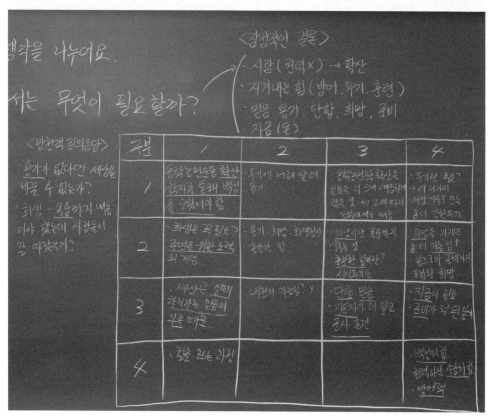

위의 사진은 학생들의 발표 내용을 판서한 것인데 그 기록 순서는 원탁 토론의 발언 순서와 같습니다. 기록하는 칸을 좌표로 하여 설명하면, (1, 1) 칸에는 1모둠 대표의 발표 내용 중 핵심적인 것, 중요한 것을 간단하게 낱말 등의 형태로 메모합니다. 이어서 오른쪽으로 (2, 1) 칸에는 2모둠 대표의 질의응답 내용 중 중요한 것을 메모합니다. (3, 1) 칸에는 3모둠 대표의 질의응답 내용 중 중요한 것을, (4, 1) 칸에는 4모둠 대표의 질의응답 중 중요한 것을 간략하게 기록합니다.

같은 방법으로 (2, 2) 칸에는 2모둠 대표의 발표 내용을 요약하여 적고, (3, 2), (4, 2), (1, 2) 칸의 순서로 3, 4, 1모둠 대표와의 질의응답 내용을 기록합니다.

사진과 같이 표의 형태로 발언 내용을 정리하면 한눈에 보기도 쉽고, 학생들의 발언 흐름을 따라가기도 쉽기 때문에 아주 편리합니다. 하지만 반드시 이렇게 해야 하는 것은 아니니 다른 메모 방법을 활용해도 무방합니다.

1. 논제에 대한 의견 재구성하기

토론 후에는 논제에 대한 학생들의 생각이 대부분 바뀝니다. 다른 사람들의 생각을 듣고 나서 그 의견에 설득되어 처음에 선택했던 입장이 반대로 바뀌기도 하고, 자신이 선택했던 입장의 지지·보완 근거를 친구들과의 논의 중에 얻어 논리가 더 탄탄해지기도 합니다. 혹은 토론 과정에서 나왔던 아이디어를 바탕으로 대안적인 생각을 도출해내기도 합니다. 이렇게 생각이 재구성되는 것입니다.

> **TIP!** 다른 사람들과 토론하면서 새롭게 알게 된 점, 중요한 내용, 새로운 관점을 제시해주거나 생각에 변화를 준 내용들을 토론 중에 간단히 메모하도록 하면 토론 후에 생각을 재구성하는 데 도움이 됩니다. 이를 바탕으로 학생들은 독서 토론을 통해 심화시킨 독서 이해를 자신의 언어로 표현할 수 있게 됩니다.

〈다른 사람들과 토론하며 얻은 생각 예시〉

*다른 사람들과 토론하며 얻은 생각(새롭게 알게 된 점, 중요한 내용, 새로운 관점이나 나의 생각에 변화를 준 내용 등)

현지 : 금사들로부터 동학농민군의 반대가 철저해야 한다.

→ 현재생각 : 공격만큼 중요한 것이 수비이다.

영건 : 동학농민군 사이에 희생정신이 있어야 한다.

→ 요론생각 : 단순히 힘과 무기를 필요한 것이 아닌, 서로서로가 하나되고 희생해야 세상이 하나될 수 있다.

서영 : 서양문물 학자와 개혁해서 서양무기를 개발하자.

→ 요론생각 : 농민들에게 지금이 부족해도 학자들과 교류하면 좋은 무기들을 만들 수 있을 것 같다는 생각이 들었다.

*토론 후 나의 생각(결론) : '동학농민군이 세상을 바꾸기 위해서는 무엇이 필요할까?'라는 질문에 대한

나의 결론은 세상을 바꾸기 위해선 동학농민군에게 그들 사이의 단합과 믿음, 군사훈련, 학자들과의 교류가 필요하다는 것이다.

그 이유는 첫째 그들 사이에 단합과 믿음이 있어야 밀고자와 배신자가 생기지 않아 사기가 떨어지지 않기 때문이고, 둘째 군사훈련이 되어야 군인들은 많아지고 마음에서 불러여유가 생기기 때문이다. 또한 셋째 학자들과의 교류가 있어야 지금의 낙후한 동학농민군이 학자들과 협력해 신식무기들을 개발할 수 있기 때문이다.

이렇게 보면 그 당시 동학농민군에게 부족한 것이 많았고, 매우 힘들었다는 것은 느낄 수 있다.

결론! 세상을 바꾸기 위해 필요한 것은 권력이 아닌 사람의 힘과 지켜낼 힘(방어, 무기, 훈련)과 함께 `믿음, 용기, 단합,

희망, 준비`등이 필요하며, 앞의 것을 지원할 자금이 필요하다.

결론②! 동학농민군이 세상을 바꾸기 위해서는 더욱 더 많은

농민군의 수와 그 농민군을 군대처럼 체계화를 적용해야 한다. 그리고 무기도 우수한 무기나 신식 무기를 도입해야 하며, 농민군은 서로 단합해야 한다. 마지막으로 동학농민군은 용기와 희망이 필요하고 희생정신과 충분한 힘 그리고 모든 것을 지원할 자금이 필요하다.

독서 토론 후 변화된 학생들의 생각을 볼 수 있습니다. 이렇게 변화된 생각의 틀을 가지고 다시 한번 《서찰을 전하는 아이》를 읽어보도록 해도 좋고, 세상의 변화가 주제인 다른 책을 추천해준다면 학생들은 훨씬 폭넓은 독서를 경험할 수 있습니다.

TIP! 독서 토론을 한 내용을 바탕으로 학생들이 현실의 문제에 대해 생각해보도록 하는 것도 의미가 있습니다. 예를 들어, 현재 우리가 살고 있는 세상에는 바뀌어야 할 부분이 없는지, 문제가 되는 부분에는 무엇이 있는지, 그런 문제가 되는 것을 바꾸고자 할 때 우리가 논의한 조건들만으로 충분한지 등을 고민해보게 한다면, 독서 토론을 한 내용을 자연스럽게 삶과 연결할 수 있습니다.

2. 등장인물에게 편지 쓰기

[272p 학습지 활용]

토론 후 등장인물에게 편지를 써보도록 하는 것도 좋습니다. 앞의 표현하기에서 했던 '논제에 대한 의견 재구성하기'는 논리적이고 이성적인 측면이 강한 활동입니다. 그러니 주인공이나 등장인물에게 느꼈던 감정을 중심으로 편지를 써보도록 하면 정서적인 측면의 감상을 보완해주는 역할을 합니다.

또는, 토론 후 재구성된 생각을 편지 형식을 빌어서 표현할 수도 있습니다. 세상을 바꾸기 위해 무엇이 필요한지 토론한 내용을 바탕으로 녹두장군 전봉준에게 조언하는 형태의 편지를 써보는 것입니다. '나라면 이렇게 했을 것이다', '세상을 바꾸기 위해서는 이러한 것들이 필요하다' 하는 조언을 전봉준에게 들려주는 식으로 편지를 써본다면 재미있게 토론 내용을 정리하는 기회가 됩니다.

〈등장인물에게 쓴 편지 예시〉

등장 인물에게 편지쓰기

(서찰을 전하는 아이) 에게

안녕!! 나는 이 서찰을 전하는 아이를 읽은 전태현이라고 해.

서찰을 전하는 아이를 읽고 너에게 편지를 쓰고 싶게 되어서 이 편지를 쓰게 되었어.

먼저 가장 궁금한게 그렇거 어린 나이에 아버지를 도맡아서 서찰을 전하는 것이 가장 대단하다고 생각했어. 왜냐하면 그 어린 나이에 아버지가 돌아가시자 너가 대신 서찰을 전하는 것이 신기하고 대견하게 느껴졌기 때문이야. 나 같으면 아버지가 돌아가셔서 슬픔에 잠겨있어서 아무 생각도 들지 않을 것 같은데... 그리고 그다음에 서찰을 전했을 때 기분이 좋았는지 궁금해 서찰을 전해서 기분은 좋을 것 같지 만 어제부터 무엇을 할지 막막할 것 같은데...
그리고 너의 노래에는 모든 사람들의 뜻이 들어있다고 하는데 왜 뜻이 들어있다고 하는지도 궁금했어. 마지막으로 너는 정말 다른사람에 비해 대단하고 똑똑하다고 생각돼. 전라도를 가서 녹두 장군한테 서찰을 전하고... 돌아가겠지만 여락돈 해!! 휴이덩

활동 더하기
그 밖의 한 학기 한 권 읽기 활동

1. 가치수직선 토론하기

《서찰을 전하는 아이》를 읽고 난 뒤 논제를 정하고 의견 쓰기, 모둠 토론, 대표 토론의 과정을 거칠 충분한 시간적 여유가 없다면, 가치수직선 토론을 활용하여 간단하게 토론할 수도 있습니다. 이 토론은 서찰을 전하는 아이가 서찰을 전하러 간 행동에 대하여 나는 얼마만큼 동의하는지 그 정도의 차이를 수치로 표현하여 수직선 위에 나타내고 왜 그렇게 생각하는지 이야기를 나누어보는 방식입니다. 가치수직선 토론의 절차는 다음과 같습니다.

〈가치수직선 토론의 절차〉

1. 칠판에 가치수직선을 그리고 동의와 비동의의 정도를 단계별로 표시하기
2. 개인별로 자신은 어느 단계에 위치하는지 생각하기
3. 포스트잇에 자신의 이름과 의사 결정의 이유를 적기
4. 돌아가면서 한 사람씩 자신의 의견과 이유를 발표하고 수직선의 해당 단계에 포스트잇을 붙이기
5. 친구들의 의견과 이유를 듣고 생각이 바뀐 경우 포스트잇을 옮겨 붙이기
6. 수직선에 단계별로 붙어 있는 포스트잇의 분포를 통해 학급의 의견 현황 파악하기
7. 단계별 의견을 함께 정리해보고 소감 나누기

TIP! 가치수직선 단계는 경우에 따라 더 세분화시켜서 나타낼 수도 있습니다. 이는 학생들이 좀 더 세밀한 판단을 할 수 있도록 도와줍니다.

TIP! 동의하는 측과 비 동의하는 측으로 팀을 나누어 중립 측을 설득하는 방식으로 가치수직선 토론을 운영해볼 수 있습니다.

〈아이가 서찰을 전하러 간 행동에 대해 동의하는가?〉

매우 동의하지 않음	동의하지 않음	중립	동의함	매우 동의함

203

고전 문학

　고전 문학이란 예로부터 전하여 내려오는 가치 있고 훌륭한 문학을 말합니다. 고전 문학은 오랜 시간에 걸쳐 많은 사람이 읽으면서 그 가치가 검증되었으며, 지금까지 꾸준히 읽히며 사랑을 받고 있습니다.

　고전 문학은 작품 자체로 문학적 가치를 지니고 있으며, 책에 담겨 있는 사상이나 철학, 삶의 의미 등을 통해 읽는 이에게 감동과 지혜를 줍니다. 또 옛사람들의 생활과 가치관 등을 살펴보면서 현재 우리의 삶을 되돌아볼 수 있습니다.

　간혹 고전 문학이 초등학생들에게 지루하고 어렵다고 생각하는 경우가 있는데 '한 학기 한 권 읽기'에서 고전 문학을 접할 수 있는 기회를 제공하여 이러한 편견을 바로잡고 실제로 고전 문학을 읽는 재미를 느끼게 할 것입니다. 또한, 고전 문학을 읽는 것에만 그치지 않고, 다양한 활동을 함께하면서 더욱 깊이 있는 사고 능력을 기를 수 있습니다. 이는 학생 스스로 자신을 재평가하는 데에도 많은 도움이 될 것입니다.

6

여섯 번째로 만나는
'한 학기 한 권 읽기'
고전 문학

고전 문학으로 진행하는 '한 학기 한 권 읽기'
흐름도

책 제목	베니스의 상인
책의 종류	고전 문학
대상	초등학교 5~6학년
선정 의도	다양한 생각을 통한 삶에 대한 성찰
읽기	[읽기 전 활동] 1. 책 제목과 표지 살피기 2. 역사적 상황과 연관 지어 생각하기 3. 가상 인터뷰로 작가에 대해 알아보기 [읽기 중 활동] 4. 질문에 대한 답 찾으며 읽기 [읽기 후 활동] 5. 주요 등장인물에 대해 한 줄 설명하기 6. 인물 관계도 만들기 7. 사건과 내용을 생각그물로 정리하기
생각 나누기	[토론 전 활동] 1. 토론을 위한 질문 만들기 2. 생각을 여는 질문하기 3. 논제에 대해 사전 조사하기 [토론하기] 4. 논제에 대한 입론 쓰기 5. 토론하기
표현하기	1. 주제, 교훈 이야기하기 2. 현재와 비슷한 부분과 다른 부분 찾아보기 3. 서평 쓰기 4. 등장인물에게 편지 쓰기
활동 더하기	[그 밖의 한 학기 한 권 읽기 활동] 1. 책 내용 UCC로 만들기

이 책을 선정한 이유

셰익스피어 원작, 현소 엮음,
이영훈 그림, 아이세움 논술, 2008

《베니스의 상인》은 항구 도시 베니스를 배경으로 한 고전 소
설입니다. 셰익스피어가 1596년경 쓴 작품으로 5막으로 이루
어진 희극입니다.

고전 문학이라고 하면 초등학생들이 어렵게 생각할 수도 있
지만, 《베니스의 상인》은 초등학생들도 쉽고 재미있게 읽을 수
있는 내용으로 구성되어 있습니다. 그리고 《베니스의 상인》은
교과서에도 자주 등장하는 이야기로 학생들에게 제목과 내용이 익숙하여 비교적 부담 없이 다
룰 수 있습니다. 무엇보다 교과서에 주로 등장하는 재판 장면처럼 긴장감과 재미를 느끼게 하
고, 어떻게 살아가는 것이 좋을지 배울 수 있는 부분이 많습니다. 이런 내용은 초등학생에게
다양한 생각을 이끌어낼 수 있게 합니다.

보통 교과서에는 책 내용 중 한 부분인 재판 장면만 등장하여 《베니스의 상인》에 대해 단편
적으로만 알게 됩니다. 그러나 책 전체를 읽으면 전체 흐름을 알고, 그 내용을 풍부하게 음미
할 수 있습니다. 예컨대 친구간의 우정, 사랑과 결혼, 여성에 대한 가치관, 인권, 자본주의, 신
분 차별, 공정한 재판과 같은 여러 가지 문제 상황을 접할 수 있습니다. 그 결과, 책을 통해 세
상을 넓고 깊게 바라볼 수 있는 시야를 가질 수 있습니다.

책을 읽은 후에는 친구들과 책에 나온 내용에 대해 다양한 이야기를 나누고 토론을 하면서
비판적 사고, 창의적 사고, 배려적 사고를 하게 합니다. 이러한 사고는 학생들의 사고력 향상
과 삶에 대한 성찰을 돕습니다. 이외에도 책 속 삽화는 이야기의 한 장면을 개성 있는 표정의
캐릭터와 그림으로 생동감 있게 표현하여 초등학생이 재미있게 읽을 수 있게 합니다. 이야기
서술 방식도 고전의 어려운 내용을 쉬운 용어와 문장으로 번역하여 초등학생이 쉽고 편안하게
읽을 수 있게 구성되었습니다.

아이들과 이 책을 어떻게 읽으면 좋을까?

*본 사례의 활동 대상 : 5학년

[읽기 전 활동]

1. 책 제목과 표지 살피기   [266p 학습지 활용]

《베니스의 상인》이라는 제목과 표지를 보고 내용을 상상해봅니다. 학생들이 논리적인 생각을 할 수 있게 상상한 내용과 이유를 발표하게 합니다.

교사: '베니스'는 무슨 뜻인가요?

(사람 이름, 도시 이름 등 대략적인 답변이 나올 수 있다. 이탈리아 '베네치아'를 영어로 '베니스'라고 말한다는 것을 알려주고, 세부적인 것은 역사적 상황 소개에서 자세히 설명한다.)

교사: 그림에서 '베니스의 상인'은 누구일까요?

(각자 상인이라고 생각되는 사람을 말하고, 왜 그렇게 생각하는지 이유를 발표하게 한다.)

학생: 초록색 상의에 눈은 아래를 내려보고, 땀방울을 흘리고 있는 사람입니다.(안토니오)

교사: 이곳은 어디일까요?

(법원, 법정, 재판소 등 자유롭게 이야기하고, 그렇게 생각한 이유도 발표하게 한다.)

학생: 법원이에요. 왜냐하면 판사 복장을 하고 있고, 판사봉이 있기 때문입니다.

교사: 어떤 상황인가요?

학생: 재판을 하고 있어요. 서로 자신의 주장을 이야기하고 있어요.

교사: 그림 속 인물들의 표정에서 느끼거나 알 수 있는 것은 무엇인가요?

(각 등장인물의 표정과 눈빛, 가지고 있는 물건, 복장 등을 관찰하며 발표하게 한다.)

학생: 한 사람은 곤란해보이는 표정을 짓고 있어요.

학생: 판사봉이 보여요. 그 뒤쪽 사람은 판사인 것 같아요.

교사: 표지에 나온 '살 1파운드? 피 한 방울!'은 어떤 의미일까요?

(다양한 답변이 나올 수 있는 질문이므로 정확한 답이 아니더라도 자유롭게 발표하여 흥미를 높일 수 있도록 하며, 정확한 답은 책을 읽어나가면서 스스로 찾을 수 있게 한다.)

TIP! 1파운드 단위에 대해 알아보기

주변의 물건을 이용하여 어느 정도 양인지 확인해보는 과정을 통해 1파운드가 생각보다 많은 양임을 알 수 있습니다. (1파운드 = 약 0.453kg = 약 453g)

2. 역사적 상황과 연관 지어 생각하기

작가가 책을 썼던 시기의 역사적 상황에 대해 알아본 후, 책을 읽으면 내용을 좀 더 깊이 있게 이해할 수 있습니다. 다음 내용을 참고하여 학생들에게 역사적인 배경을 설명해줄 수 있습니다. 먼저 이탈리아 베네치아는 영어식 표기로 베니스 Venice 입니다. 이탈리아 북동부에 위치해 있으며 '물의 도시'로 불립니다. 역사적으로 바다와 가까이 있던 이탈리아를 비롯한 지중해 연안 나라들은 주로 해상 교통을 이용하여 무역을 하였습니다. 《베니스의 상인》에서도 해상 교통을 이용한 무역 이야기가 나옵니다.

이 글이 쓰였을 당시(1596년경) 유럽은 종교가 정치, 사회, 경제, 문화 등 모든 영역에서 강력한 영향력을 발휘했던 시기입니다. 그중 가장 영향력이 컸던 기독교에서는 대금업을 금지하고, 기독교인은 고리대금업자(높은 이자를 받고 돈을 빌려주는 직업을 가진 사람)가 될 수 없었습니다. 그러나 유대교에서는 대금업을 금지하지 않았기 때문에 대부업자 대부분이 유대인이었습니다. 작가는 이러한 역사적 배경을 바탕으로 《베니스의 상인》을 썼습니다. 이렇게 고리대금업을 좋지 않게 생각하고 있던 시기였기에 《베니스의 상인》에서도 유대인인 샤일록을 기독교인이었던 안토니오가 무시하고 업신여기는 것으로 나옵니다.

이처럼 다른 문학 작품에서도 흔히 유대인은 매부리코를 가진 수전노(돈을 쓰는 데 인색한 사람)이자 고리대금업자로 등장하며, 돈밖에 모르는 교활한 악덕업자로 묘사되어 있습니다. 이러한 역사적 상황을 알아보고, 등장인물 중 '샤일록'에 대한 객관적이고 균형적인 시각을 가질 수 있게 하는 것이 중요합니다.

TIP! 사회 수업과 연계하여 이탈리아에 대한 조사 수업을 함께 진행할 수 있습니다.

<베니스의 모습을 보며 생각해보기>

교사: 베니스는 어떤 도시라고 불리었나요?

학생: 물의 도시라고 불리었을 것 같아요.

교사: 베니스를 여행하면서 볼 수 있는 것에는 어떤 것이 있을까요?

학생: 배, 바다, 물고기 등을 볼 수 있어요.

교사: 베니스에서는 어떤 직업이 많았을까요?

학생: 어부, 상인 등이 많았을 것 같아요.

3. 가상 인터뷰로 작가에 대해 알아보기

　학생들이 흥미를 가지고 적극적으로 참여하도록 가상 인터뷰를 할 수 있습니다. 학생들은 가상 인터뷰를 통해 평소 질문을 받던 위치에서 질문을 하는 위치가 됩니다. 발표에 자신이 없는 학생도 편하게 발표(질문)를 할 수 있습니다. 또 즉석에서 질문할 수도 있지만, 셰익스피어에 대해 잘 알지 못하므로 책에 있는 내용을 참고로 질문을 미리 만들어봅니다.

<가상 인터뷰 진행 방법>

1. 책 164~165p에 나온 작품과 작가 소개를 함께 읽어보며 작품과 작가에 대해 알아봅니다.

2. 작가에게 질문하고 싶은 내용을 종이에 적은 후 기자가 된 것처럼 발표(질문)할 준비를 합니다.

3. 교사가 의자에 앉아서 셰익스피어 역할을 하고, 학생들은 기자가 되어 궁금한 점을 질문합니다.

기자(학생1): 어디서 태어나셨나요?

셰익스피어(교사): 영국에서 태어났습니다.

기자(학생2): 어떤 일을 하셨는지요?

셰익스피어(교사): 시인이자 극작가입니다.

기자(학생3): 대표적인 작품에는 어떤 것이 있나요?

셰익스피어(교사): 《로미오와 줄리엣》, 《햄릿》, 《오셀로》, 《리어왕》, 《한여름 밤의 꿈》, 《베니스의 상인》 등이 있습니다.

기자(학생4): 셰익스피어의 4대 비극은 무엇인가요?

셰익스피어(교사): 4대 비극은 《햄릿》, 《리어왕》, 《멕베스》, 《오셀로》입니다.

기자(학생5): 셰익스피어의 5대 희극은 무엇인가요?

셰익스피어(교사): 5대 희극은 《말괄량이 길들이기》, 《한여름 밤의 꿈》, 《베니스의 상인》, 《뜻대로 하세요》, 《십이야》가 있습니다.

기자(학생6): 가장 마음에 들었던 작품은 어떤 것인가요?

셰익스피어(교사): 《베니스의 상인》입니다.

기자(학생7): 가장 좋아하는 주인공은 누구인가요?

셰익스피어(교사): 로미오와 줄리엣입니다.

이외에 '왜 작가가 되셨나요?', '베니스의 상인을 쓴 이유는 무엇인가요?', '작가가 되어서 돈을 많이 벌었나요?', '제일 싫어하는 등장인물은 누구인가요?', '가장 아끼는 작품은 무엇인가요?', '글을 쓸 때 제일 어려운 점은 무엇인가요?' 등 다양한 질문을 할 수 있습니다.

TIP! 질문을 만들 때 셰익스피어 자체에 대한 내용뿐만 아니라 일반적인 작가에 대해 궁금한 점을 작성할 수 있도록 사전에 안내하면 더 활발한 활동이 될 수 있습니다. 그리고 교사가 발표를 어려워하거나 책을 읽기 싫어하는 학생에게는 예시 질문을 주어 참여를 유도할 수 있습니다.

TIP! 질문을 할 때 한 번에 한 가지 답변을 할 수 있는 질문을 합니다. 또 학생이 작가의 역할을 하게 하는 등 다양한 방법을 적용할 수 있습니다.

[읽기 중 활동]

읽기 중 여러 가지 활동을 하면 글의 흐름이 끊길 수 있습니다. 그래서 전체적인 흐름을 잘 이해할 수 있는 한 가지 활동을 집중적으로 하는 것이 좋습니다.

4. 질문에 대한 답 찾으며 읽기

책의 분량이 많거나 책을 잘 읽지 않는 학생을 위하여 미리 준비한 관련된 질문을 하고, 답을 찾아보는 활동을 하면 효과적입니다. 특히, 《베니스의 상인》은 총 8장으로 구성되어 있는데 교실에서 함께 책을 읽을 때 각 장(1~8장)별로 책을 읽게 하고 장별 내용을 요약해보면, 책을 대충 읽거나 내용 파악을 어려워하는 학생들이 책 내용을 이해하는 데 도움을 줄 수 있습니다. 또 각 장의 소제목 내용과 연관된 자신의 경험이나 생각을 이야기하는 활동을 통해 깊이 있는 독서를 할 수 있습니다.

> **TIP!** 각 장을 모둠별로 나누어주어 요약하게 할 수도 있습니다.

〈질문에 대한 답 찾으며 읽기 진행 순서〉

1장부터 8장까지 각 장별로 다음과 같은 과정으로 책을 읽어보면서 내용을 파악합니다.
1. 책을 읽기 전 각 장에 있는 소제목을 보고 책의 내용을 추측해서 발표하게 합니다. 단, 책의 내용을 이미 알고 있는 학생들은 보충 발표를 하도록 합니다.
2. 책을 읽은 후 교사가 소제목과 관련된 내용을 다시 한번 구체적으로 질문해 답을 확인해보고, 학생들은 어떤 생각을 하고 있는지 알아보는 추가 질문을 합니다.
3. 추가적으로 각 장의 내용을 이해하는 데 도움이 되는 몇 가지 질의응답을 합니다.

〈질문과 답변 예시〉

1장 친구를 위하여(23~36p)

(읽기 전)

교사: '친구를 위하여' 했을 일이 무엇일지 추측해서 발표해봅시다.

학생: 목숨을 바칠 것 같습니다. 함께 여행을 갈 것 같습니다. 돈을 빌려줄 것 같습니다.

(읽은 후)

교사: 안토니오는 '친구를 위하여' 어떤 일을 하려고 하나요?

학생: (안토니오가 바사니오를 위해) 돈을 빌려주려고 해요.

교사: 여러분이 '친구를 위해' 했던 일에는 어떤 것이 있나요? (사소한 것이라도 친구를 위해 노력했던 경험을 발표하게 한다.)

학생: 같이 놀았어요. 숙제를 도와줬어요. 준비물을 빌려줬어요.

교사: 안토니오와 바사니오는 어떤 관계였나요?

학생: 친한 친구사이예요.

교사: 바사니오가 안토니오에게 부탁한 일은 무엇이었나요?

학생: 돈을 빌려 달라고 했어요.

교사: 바사니오가 돈이 필요한 이유는 무엇인가요?

학생: 사랑하는 사람(포샤)에게 청혼하기 위해서예요.

2장 포샤의 구혼 법칙(37~48p)

(읽기 전)

교사: 책에서 나온 '포샤의 구혼 법칙'이란 어떤 것일까요? (구혼 법칙이 결혼 상대를 구하는 방법이라고 설명해준다.)

학생: 잘생겨야 해요. 재산이 많아야 해요. 인기가 있어야 해요.

(읽은 후)

교사: '포샤의 구혼 법칙' 세 가지는 어떤 것이었나요?

학생: 첫째, 자기가 고른 상자에 대해 그 누구에게도 말해서는 안 된다. 둘째, 잘못된 상자를 골라 포사와 결혼하지 못하면 기회는 다시 주어지지 않으며 곧바로 포샤의 집을 떠나야 한다. 셋째, 포샤에게 청혼한 다음에는 어느 여자에게도 청혼하지 않는다고 맹세한다.

교사: 포샤의 아버지가 정한 청혼 방법인 세 가지 조건에 대해 어떻게 생각하는지 자신의 생각을 이야기해봅시다.

학생: 너무 어려운 조건인 것 같아요.

　　　저런 조건이라면 결혼을 하지 못할 것 같아요.

교사: 현명한 사람과 결혼하기 위한 나만의 구혼 법칙을 만들어볼래요?

학생: 수수께끼를 만들어서 풀어보게 할 거예요.

　　　세상에서 제일 멋진 물건을 가져오라고 할 거예요.

3장 고리대금업자 샤일록(49~70p)

(읽기 전)

교사: '고리대금업자 샤일록'은 어떤 사람일까요?

학생: 무서운 사람일 것 같아요. 무자비한 사람일 거예요.

    (역사적 상황과 연관 지어 생각해보는 과정에서 이미 샤일록에 대해 배웠기 때문에 고리대금업자에 대해

    알고 답을 한다.)

(읽은 후)

교사: '고리대금업자 샤일록'은 어떤 인물로 소개 되었나요?

학생: 유대인 출신으로 악명 높은 고리대금업자예요.

학생: 높은 이자를 받고 돈을 빌려주어 많은 사람에게 원망을 받아요.

교사: 베니스의 고리대금업자는 어떤 사람들이 하고 있었습니까?

학생: 대부분 유대인이었어요.

교사: 샤일록은 안토니오에 대해 어떻게 생각하고 있었고, 그 이유는 무엇인가요?

학생: 샤일록은 안토니오를 굉장히 미워했어요. 기독교인인 베니스의 상인들은 유대인이 성경에
    서 금하는 고리대금업을 한다고 비난하고 업신여겼는데, 그 대표적인 인물이 안토니오라고
    생각했기 때문이에요.

학생: 안토니오가 사람들에게 돈을 빌려줄 때는 이자를 한 푼도 받지 않았기 때문에 샤일록과 같
    은 베니스의 고리대금업자들이 돈을 빌려주고도 이자를 충분히 받을 수 없었어요.

교사: 샤일록과 안토니오는 어떤 계약을 했나요?

학생: 빌려간 돈을 석 달 안에 갚지 못할 때는 위약금으로 안토니오의 기름진 살(가슴 쪽 부위)을 딱
    1파운드만 베어낸다는 계약을 했어요.

교사: 샤일록의 딸 제시카는 사랑하는 로렌조를 위해 어떤 일을 했나요?

학생: 샤일록에게서 도망을 쳐서 로렌조와 결혼하기로 했어요.

4장 줄을 잇는 구혼자들(71~89p)

(읽기 전)

교사: '줄을 잇는 구혼자'로 어떤 사람들이 나올까요?

학생: 왕, 부자, 귀족, 평민이요.

(읽은 후)

교사: 포샤에게 구혼을 한 대표적인 사람들은 누구인가요?

학생: 모로코 왕과 아라곤 왕이에요.

교사: 포샤가 구혼자들에게 자신을 아내로 맞이할 기회를 주기 위해 어떤 요구를 하였나요?

학생: 세 개의 상자 중에 하나를 고르도록 했어요. 그리고 정답이 아닌 상자를 고르면 아무 말 없이 돌아가고, 이후로는 어느 처녀에게도 청혼하지 않겠다는 맹세를 해달라고 했어요.

교사: 모로코 왕이 선택한 것은 각각 어떤 상자였고, 그 상자를 선택한 이유는 무엇인가요?

학생: 금궤를 선택했어요. 그 이유는 납궤에 새긴 글귀가 너무 무례하게 느껴졌고, 또 아름다운 포샤 양의 초상화가 고작 은궤 따위에 들어있지는 않을 거라고 생각했기 때문이에요.

교사: 아라곤 왕이 선택한 것은 각각 어떤 상자였고, 그 상자를 선택한 이유는 무엇인가요?

학생: 은궤를 선택했어요. 그 이유는 모든 재산을 내놓고 운명을 걸기에는 납궤가 너무 볼품없다고 생각했고, 금궤에 적힌 '만인'이라는 단어가 모든 사람을 뜻하는데 그런 어중이떠중이와 자신을 같이 취급할 수 없다고 생각했기 때문이에요.

교사: 금궤와 은궤에는 각각 어떤 것이 들어있었나요?

학생: 금궤에는 해골이 있었고, 해골의 푹 꺼진 눈 속에는 쪽지가 꽂혀 있었어요.

학생: 은궤에는 어릿광대 형상을 한 인형이 튀어나왔어요.

5장 안토니오, 파산하다(90~103p)

(읽기 전)

교사: 안토니오가 파산한 이유는 무엇일까요?

학생: 배가 침몰해서요. 돈을 갚지 못해서요.

(읽은 후)

교사: 안토니오가 파산한 이유는 무엇인가요?

학생: 안토니오의 무역선이 침몰했기 때문이에요.

교사: 샤일록은 딸이 로렌조와 도망친 걸 안 뒤 어떻게 되었나요?

학생: 제정신이 아니었어요.

학생: 미친 사람처럼 소리를 지르며 주위 사람들을 괴롭혔어요.

교사: 안토니오가 파산했다는 소문을 듣고 샤일록은 어떤 생각을 했나요?

학생: 복수를 하려고 생각했어요.

6장 행복한 결혼, 불행한 소식(104~125p)

(읽기 전)

교사: '행복한 결혼과 불행한 소식'은 각각 무엇일까요?

학생: 행복한 결혼은 포샤와 바사니오가 결혼하는 것 같아요.

학생: 불행한 소식은 안토니오가 파산했다는 소식인 것 같아요.

(읽은 후)

교사: 행복한 결혼과 불행한 소식은 각각 무엇인가요?

학생: 행복한 결혼은 포샤와 바사니오가 결혼한 거예요.

학생: 불행한 소식은 안토니오가 파산한 거예요.

교사: 바사니오가 선택한 상자는 무엇인가요?

학생: 납궤요!

교사: 바사니오가 금궤와 은궤를 선택하지 않고, 납궤를 선택한 이유는 무엇인가요?

학생: 금궤는 겉과 속이 다를 수도 있을 것 같았고(금이라는 것은 겉치레에 불과한 것 같았고), 은궤는 지나치게 가볍고 얄팍한 느낌이 났어요. 하지만 납궤에서는 솔직함을 느꼈기 때문이에요.

교사: 포샤가 바사니오에게 사랑의 정표로 준 것은 무엇인가요?

학생: 반지요!

교사: 포샤가 바사니오에게 사랑의 정표를 주면서 어떤 이야기를 했나요?

학생: 만약 반지를 손에서 빼거나 잃어버리거나 다른 사람에게 준다면 사랑이 깨진 걸로 알겠다고 했어요.

교사: 안토니오가 바사니오에게 보낸 편지에는 어떤 내용이 있었나요?

학생: 안토니오가 파산했고, 마지막으로 바사니오의 얼굴을 꼭 한 번 보고 싶다는 내용이었어요.

7장 베니스의 명재판관(126~150p)

(읽기 전)

교사: '베니스의 명재판관'이라고 불린 이유는 무엇일까요?

학생: 재판을 잘했을 것 같아요.

(읽은 후)

교사: '베니스의 명재판관'이라고 불린 이유는 무엇인가요?

학생: 판결을 지혜롭게 했기 때문이에요. 안토니오를 구해주었기 때문이지요.

교사: '베니스의 명재판관'이라고 불릴만하다고 생각하나요?

   (간단하게 각자의 생각을 이야기한다.)

교사: 샤일록이 돈보다 1파운드의 살을 받으려는 이유는 무엇이라고 했나요?

학생: 안토니오를 증오하고 있기 때문이라고 했어요.

교사: 샤일록은 사람들이 가진 노예와 비유하여 안토니오의 살 1파운드는 자기 것이라고 주장하였어요. 어떤 내용이었나요?

학생: 만약 내가(샤일록) 사람들에게 노예를 해방하여 당신 딸과 결혼시켜라, 당신이 먹은 음식과

똑같은 음식을 주라고 말해도 사람들은 '참견 마라, 노예는 내 것이니 내 마음대로 할 권리가 있다'라고 대답할 것이니 안토니오의 살 1파운드는 자신의 것이라고 했어요.

교사: 재판장은 샤일록이 제기한 소송은 법적으로 어떻다고 했나요?

학생: 법적으로 타당하여 샤일록을 비난할 수는 없다고 했어요.

교사: 재판관은 처음에 샤일록을 설득하기 위하여 어떤 조건을 제시하였나요?

학생: 자비심을 베풀어 세 배의 돈을 받고 계약서를 찢어 버리라고 했어요.

교사: 안토니오와 바사니오의 깊은 우정을 느낄 수 있는 부분은 어떤 내용인가요?

학생: 안토니오가 바사니오의 빚을 대신 갚기 위해 죽는 거라면 조금도 슬프지 않다고 하였으며, 바사니오는 아내도, 자신의 생명도, 이 세계도 안토니오만큼 소중하지는 않다고 했어요.

교사: 재판관은 샤일록과 안토니오의 계약에 대해 어떤 판결을 내렸나요?

학생: 안토니오 몸에서 살을 베어내되 단 한 방울의 피라도 흐를 경우 샤일록의 전 재산을 베니스의 법에 따라 몰수할 것이라고 했어요.

교사: 베니스의 법에는 베니스 시민의 생명을 위협한 죄인에게는 어떤 벌을 주게 되어 있나요?

학생: 죄인의 전 재산 중 절반은 피해자에게, 나머지 절반은 국고에 몰수하도록 되어 있고, 죄인의 생명은 공작의 손에 달려있게 돼요.

교사: 안토니오는 샤일록에게 받게 될 재산 절반을 어떻게 했나요?

학생: 샤일록이 죽은 뒤에는 샤일록의 딸 부부에게 유산으로 물려주도록 했어요.

8장 맹세의 결혼반지(151~161p)

(읽기 전)

교사: 책에서 '맹세의 결혼반지'와 관련해서 어떤 일이 일어날까요?

학생: 반지를 잃어버렸을 것 같아요.

(읽은 후)

교사: '맹세의 결혼반지'와 관련해서 어떤 일이 일어났나요?

학생: 젊은 재판관이 바사니오에게 결혼반지를 달라고 해서 주었어요.

교사: 여러분이 바사니오라면 결혼반지를 젊은 재판관에게 주었을까요?

학생: 네, 어쩔 수 없는 상황이었기 때문에 주었을 것 같아요.

학생: 아니오, 반지는 누구에게도 주지 않겠다고 약속했기 때문에 주지 않았을 거예요.

교사: 재판관에게 주었던 반지를 어떻게 되찾게 되었나요?

학생: 젊은 재판관으로 변장했던 포샤가 다시 반지를 바사니오에게 주었어요.

교사: 안토니오에게 온 편지에는 어떤 내용이 있었나요?

학생: 안토니오의 무역선 세 척이 베니스로 돌아오고 있다는 내용이었어요.

[읽기 후 활동]

5. 주요 등장인물에 대해 한 줄 설명하기

책 속 등장인물들은 각자의 역할을 가지고 이야기를 이끌어나갑니다. 그래서 등장인물의 성격이나 직업, 처한 상황 등을 잘 알아야 이야기가 어떻게 변하는지 알 수 있습니다. 이러한 등장인물들에 대해 학생들은 어떻게 생각하고 있는지 서로 알아보는 시간을 갖습니다. 그렇게 함으로써 자신과 다른 생각, 다양한 의견이 있음을 알고 이야기의 내용을 간단하게 정리하는 방법을 배울 수 있습니다.

> 교사: 책을 읽고 등장인물에 대해 간단하게 한 줄로 쓰고, 발표해보도록 합니다.
>
> 교사: 안토니오
>
> 학생: 돈 많은 베니스의 상인이며 우정을 위해 자신의 목숨도 바칠 수 있어요.
>
> 학생: 우정이 아니면 죽음을 달라.
>
> 교사: 바사니오
>
> 학생: 사랑하는 여자와 결혼하기 위해 친구에게 돈을 빌려요.
>
> 교사: 샤일록
>
> 학생: 욕심이 많고 배려심이 없어요.
>
> 교사: 포샤
>
> 학생: 아름다우며 지혜롭고 현명하며, 변장을 잘해요.
>
> 교사: 제시카
>
> 학생: 아빠를 싫어하고 사랑하는 사람과 도망을 쳐요.

6. 인물 관계도 만들기

내용을 한눈에 알아보기 위해서 등장인물을 관계도로 나타내봅니다.

① 인물 관계도의 예시 자료 살펴보기(학생들에게 인기 있는 영화나 드라마 등을 소개한 홈페이지에서 인물 관계도를 살펴본다.)

② 모둠별로 등장인물에 대한 인물 카드 만들기(인물 카드에는 인물 그림과 이름, 간단한 설명이

나 역할을 모둠 내에서 나누어 그린다.)

③ 도화지 위에 인물 카드를 배치해서 붙이기

④ 인물 관계를 나타낸 화살표를 그리고, 서로 어떤 관계에 있는지 화살표 위에 낱말로 쓰기(화살표 색깔과 방향으로 서로의 관계를 알 수 있게 한다.)

이름	
(간단한 설명)	

인물 카드 예시

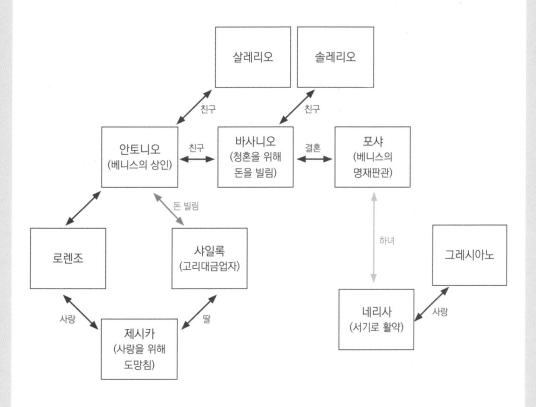

<〈인물 관계도 만들기 예시〉>

빨간색 화살표	←——→	상호 적대적 관계	——→	한 쪽에서만 적대적 관계
파란색 화살표	←——→	상호 우호적 관계	——→	한 쪽에서만 우호적 관계
노란색 화살표	←——→	상호 일반적 관계	——→	한 쪽에서만 일반적 관계

살레리오   솔레리오

안토니오 (베니스의 상인) ←친구→ 바사니오 (청혼을 위해 돈을 빌림) ←결혼→ 포샤 (베니스의 명재판관)

친구   친구

돈 빌림   하녀

로렌조   샤일록 (고리대금업자)   그레시아노

사랑   딸   네리사 (서기로 활약)   사랑

제시카 (사랑을 위해 도망침)

TIP! 인물 관계도를 만들 때 책 5p의 '한눈에 살펴보기'에 나오는 등장인물들을 참고하면 좀 더 쉽게 만들 수 있습니다.

219

7. 사건과 내용을 생각그물로 정리하기

이 책은 내용이 긴 글이므로 줄거리 쓰기나 내용 요약하기 활동을 하기 전에 다시 한번 정리할 필요가 있습니다. 생각그물(마인드맵)을 통해 주요 사건과 내용을 정리하도록 합니다. 예시 내용을 보면서 생각그물(마인드맵)의 형식은 매우 다양하므로 형식에 구애받지 않고 상위 영역과 하위 영역을 구분해서 쓰도록 안내합니다.

〈생각그물로 정리하기 활동 순서〉

1. 가운데에 중심이 되는 내용을 씁니다.
2. 중심을 기준으로 상위 영역을 구분해서 쓰고, 선을 그립니다.
   (상위 영역에 따라 각각 다른 색깔로 구분해서 쓰면 한눈에 알아보기 좋다.)
3. 상위 영역 아래 하위 영역을 단어 중심으로 최대한 간단하게 씁니다.
   (단어를 시각적으로 보여줄 수 있도록 간단한 그림으로 표현할 수 있다.)

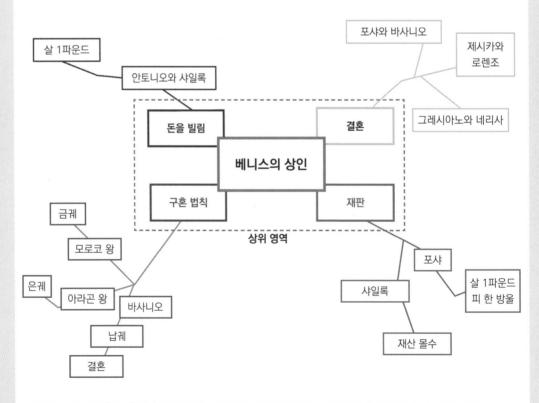

TIP! 생각그물을 내용이나 사건 중심 외에 등장인물 중심으로 만들어 내용 정리를 할 수 있습니다.

생각 나누기 활동
아이들과 어떻게 대화(토론)하면 좋을까?

[토론 전 활동]

1. 토론을 위한 질문 만들기　　　　　　　　　　　　　　　　[270p 학습지 활용]

《베니스의 상인》을 읽고 학생들이 궁금해하는 것을 질문으로 만들어봅니다.

　일반적으로 알고 있는 친구와의 우정이나 권선징악적인 내용 외에 《베니스의 상인》 속에 들어
있는 다양한 가치관에 대해서 생각해보는 기회를 주어 비판적 사고력을 키워줍니다. 역사적 배경
을 다시 환기시켜주는 것도 좋습니다.

〈토론을 위한 질문 만들기 진행 방법〉

여러 가지 토론 중 《베니스의 상인》을 읽고 적용하기 좋은 찬반대립 토론과 원탁 토론을 위한 질문
을 만들어보도록 합니다.

1. 각자 책을 읽고 궁금한 내용에 대해 질문 만들기

2. 함께 질문 분류하기

　(찬반대립 토론이 가능한 질문과 원탁 토론이 가능한 질문으로 분류한다.)

3. 토론을 할 수 있도록 질문 내용 다듬기

　(논제는 다음 조건이 포함되어 있는 것이 좋다.)

찬반대립 토론을 위한 논제	원탁 토론을 위한 논제
① 질문에는 한 개의 내용이 들어갑니다. ② 확실한 쟁점을 가지고 있어야 합니다. ③ 의견이 한쪽으로 치우지지 않도록 합니다. ④ 긍정문으로 작성합니다.	① 질문에는 한 개의 내용이 들어갑니다. ② 대체로 표현 형식에 제한이 없습니다.

TIP! 쟁점이란 '찬반대립 토론에서 찬성 측과 반대 측이 서로 토론에서 다투고자 하는 주장'을 말하는 것임을 학생들에게 설명해줍니다.

TIP! 예시 논제를 두세 가지 제시해주고, 예시 논제와 비슷한 형식으로 논제를 만들어보도록 합니다.

〈논제에 대한 이해〉

논제는 찬반대립 토론처럼 '찬성과 반대로 나눌 수 있는 논제'와 원탁 토론에 적용할 수 있는 '다양한 의견이 나올 수 있는 논제'로 나눌 수 있습니다. 논제는 기준에 따라 다음과 같이 분류합니다.

① 논제의 **성격**에 따라 사실 논제, 가치 논제, 정책 논제
② 논제의 **형식**에 따라 지시형 논제, 질문형 논제, 주장형 논제
③ 논제의 **내용**에 따라 열린 논제, 닫힌 논제

성격에 따라	사실 논제 : 어떤 일이 사실인지 아닌지를 알아보는 논제	가치 논제 : 어떤 것이 좋다, 나쁘다, 바람직하다, 바람직하지 않다 등 가치 판단을 하는 논제	정책 논제 : 행동의 변화를 추구하는 정책(방법)을 토론 대상으로 하는 논제
형식에 따라	지시형 논제 : ~하라.	질문형 논제 : ~한가?	주장형 논제 : ~해야 한다.
내용에 따라	열린 논제 : 다양한 답이나 의견, 대안이 나올 수 있는 논제	닫힌 논제 : 선택지 중에 하나를 선택해야하는 논제	

〈논제와 분류 예시〉

1. 원탁 토론을 할 수 있는 논제

논제	논제		
	성격	형식	내용
진정한 우정은 무엇인가?	가치	질문	열린
베니스의 상인의 재판에서 공정한 재판을 위해 어떻게 해야 하는가?	정책	질문	열린
약속은 어느 정도까지 지켜야 하는가?	가치	질문	열린
안토니오가 친구인 바사니오의 부탁을 받고 샤일록에게 돈을 빌린 것에 대해 어떻게 생각하는가?	가치	질문	열린
만약 안토니오와 같은 상황에서 바사니오에게 돈을 빌려달라는 부탁을 받았을 때 어떻게 행동하는 것이 지혜로운 것일까?	정책	질문	열린

2. 찬반대립 토론을 할 수 있는 논제

논제	논제		
	성격	형식	내용
친구를 구하기 위해 법정을 속이는 것이 정당한가?	가치	질문	닫힌
샤일록과 안토니오 간의 계약은 정당한가?	가치	질문	닫힌
사람이 절박한 상황에 처한다면, 어떤 약속이라도 해도 된다.	가치	주장	닫힌
자신의 어려운 상황을 극복하기 위해 친한 친구를 곤란한 상황에 빠뜨리는 것이 괜찮은가?	가치	질문	닫힌
친구 간에 돈거래는 해도 될까?	가치	질문	닫힌
바사니오처럼 친한 친구에게는 곤란한 부탁을 해도 된다.	가치	주장	닫힌
포샤가 한 판결은 공정한가?	가치	질문	닫힌
샤일록에 대한 일반 사람들의 생각은 합당한가?	가치	질문	닫힌
샤일록과 같은 사람은 벌을 받아야 한다.	가치	주장	닫힌
법정에서 샤일록이 죄를 지었다고 판결한 것은 정당한가?	가치	질문	닫힌
올바르지 못한 행동을 하는 친구를 도와주는 것이 우정인가(옳은 것인가)?	가치	질문	닫힌
결과와 상관없이 포샤가 사랑하는 사람에게도 다른 구혼자들처럼 똑같은 시험을 보게 하는 것이 잘한 것인가?	가치	질문	닫힌
포샤의 아버지가 딸의 결혼 상대를 구하기 위한 방법으로 세 가지 구혼 조건을 요구하는 것이 좋은 방법인가?	정책	질문	닫힌
사람의 신체로 빌린 돈을 대신 갚을 수 있는가?	가치	질문	닫힌
반지처럼 소중한 물건을 가지고 사람의 마음을 시험해보는 것이 바람직한가?	가치	질문	닫힌

TIP! 논제는 어디에 초점을 맞추어 논의하는지, 어떤 태도로 논제를 다루는지 등에 따라 다르게 분류될 수도 있습니다. 여기서의 논제 분류는 참고 자료로 활용하기 바랍니다.

2. 생각을 여는 질문하기

여러 가지 논제를 만들어본 후, '생각을 여는 질문하기'를 통해 학생들이 생각해보지 못한 질문을 합니다. 즉, 《베니스의 상인》을 또 다른 시선으로 바라보았을 때 어떻게 생각할 수 있는지 질문이나 논제 제시를 통해 비판적 시각을 갖게 하고, 사고의 확장이 이루어집니다.

이를 위해 다음 내용과 같이 교사가 학생들에게 비판적으로 생각할 수 있는 질문을 미리 준비해서 학생들이 다양한 생각을 할 수 있도록 이끌어줍니다. 또 토론을 하기 전 이런 활동을 하면 사고의 확장을 도와 활발한 토론을 할 수 있습니다.

교사: 샤일록의 입장에서 생각했을 때 샤일록은 어떤 사람인가요?

학생: 종교와 인종의 차별로 핍박받는 억울한 사람일 수 있어요.

교사: 빌린 돈을 제 날짜에 갚지 못한 안토니오를 어떤 사람으로 생각할 수 있나요?

학생: 감당하지 못할 만큼 큰 빚을 진 사람이며, 자신이 빌린 돈을 갚지 못하겠다고 하여 신뢰가 없고, 책임감이 없는 사람으로 볼 수 있어요.

교사: 법정에 등장한 젊은 재판관과 판결에 대해 어떻게 생각할 수 있나요?(또는 판결은 과연 정당했는가?, 판결에 대해 반박한다면? 등의 질문도 가능하다.)

학생: 자신의 이익을 위해 다른 사람들을 속인 것으로 생각할 수 있어요.

학생: 안토니오와 샤일록의 계약은 서로의 합의 하에 맺어진 정당한 계약이었음에도 합리적인 재판이 아닌 한쪽으로 치우친 잘못된 판결을 내린 것으로 볼 수 있습니다.

교사: 샤일록이 자신의 생각을 정정해서 원금만 받겠다고 하였으나 이미 거절하였기 때문에 재판관이 받아들이지 않은 것에 대해 어떻게 생각하나요?

학생: 재판관이 샤일록에게 벌을 주기 위해 샤일록이 원금만 받겠다고 하는 것을 받아들이지 않은 것이기 때문에 정당하지 않은 것 같아요.

교사: 바사니오가 친구를 통해 큰 빚을 지면서까지 결혼을 위한 돈을 빌리는 것에 대해 어떻게 생각하나요?

학생: 돈을 빌리기 위해서는 갚을 수 있는 능력이 있어야 해요. 하지만 바사니오는 결혼을 했을 경우 포샤의 돈으로 갚으려고 했어요. 만약 결혼에 실패하면 갚을 능력이 없는 상황에서 돈을 빌리는 것은 잘못된 것 같아요.

교사: 바사니오가 포샤와 결혼해서 포샤(아내)의 돈으로 빚을 갚겠다는 생각을 한 것에 대해 어떻게 생각하나요?

학생: 아무리 사랑한다고 해도 아내의 돈을 자신의 돈처럼 생각하고 돈을 갚겠다고 생각하는 것은 잘못된 생각이에요.

교사: 포샤가 스스로 남편감을 선택할 수 없고, 아버지가 돌아가시기 전에 남편을 고르는 방법을 정해 놓았기 때문에 그것을 따르는 포샤에 대해 어떻게 생각하나요?

학생: 남편을 고르는 방법이 알맞지 않고, 사랑과 관계없이 시험을 통해 남편을 고르면 자신이 좋아하지도 않는데 결혼을 해서 행복하지 않을 것이므로 어리석은 행동이라고 생각해요.

교사: 샤일록의 딸 제시카가 아버지의 돈과 보석을 훔쳐서 도망간 것에 대해 어떻게 생각하나요?

학생: 아버지가 아무리 반대한다고 해도 아버지의 재산을 훔친 것은 잘못된 행동이에요.

교사: 샤일록에게 유대교가 아닌 기독교로 개종한다면 국고로 넘어갈 재산 절반을 보호해준다고 한 것처럼 재판 결과로 종교를 바꾸게 하는 것이 옳은 일일까요?

학생: 종교는 자신이 선택하는 것이니 강제적으로 바꾸게 하는 것은 옳지 않다고 생각해요.

3. 논제에 대해 사전 조사하기

여러 가지 논제를 이야기하고 나서 제시된 논제 중에 함께 토론하기 위한 논제를 정하고, 관련 자료를 조사하여 정리합니다.

〈논제에 대한 사전 조사하기 진행 방법〉

1. 학급에서 할 찬반대립 토론 또는 원탁 토론을 위한 논제를 정합니다.

2. 논제가 정해졌으면 논제와 관련된 자료를 조사해오도록 합니다.

3. 다음과 같은 양식에 논제에 대해 조사한 자료를 정리해보면 생각을 정리하는 데 도움이 됩니다.

– 찬반대립 토론을 위한 양식   [282p 학습지 활용]

찬성의 이유와 근거	반대의 이유와 근거

– 원탁 토론 준비를 위한 양식

자신의 주장과 그에 대한 이유와 근거	예상되는 질문

TIP! 학생들과 논제를 함께 정하고 논제가 어떤 것으로 정해지는가에 따라 찬반대립 토론, 원탁 토론 중 어떤 토론 방식으로 토론할 것인지 결정합니다.

TIP! 찬반대립 토론을 위한 자료 조사시에는 찬성과 반대 양측의 이유와 근거를 모두 적게 하는 것이 좋습니다. 자신이 선택한 입장과 다른 측 입장의 이유와 근거를 생각해봐야 토론 시에 상대방을 좀 더 잘 설득할 수 있기 때문입니다.

[토론하기]

4. 논제에 대한 입론 쓰기

토론을 하기 전에 찬반대립 토론이나 원탁 토론을 위한 '입론 쓰기'를 합니다. '입론 쓰기'는 토론을 위하여 여러 가지 이유와 근거를 바탕으로 자신의 입장을 정리하고 주장하는 글을 쓰는 과정입니다. 입론 쓰기를 하면서 자신의 생각을 정리하고, 논리적으로 표현하는 능력과 비판적인 사고를 가질 수 있을 것입니다.

〈입론 쓰기 지도 방법〉

1. 서론 쓰기

① 용어 정의(자신이 생각하는 주요 개념에 대한 정의가 무엇인지 제시한다.)

② 논제와 관련된 상황에 대한 설명

③ 논제에 대한 나의 입장(찬반대립 토론일 경우는 찬성 또는 반대 중 하나로 명확하게 입장을 밝힌다.)

2. 본론 쓰기

내 주장에 대한 객관적이고 타당한 근거를 두세 가지 쓰고, 예상되는 질문에 대해 답변할 수 있는 내용을 한 가지 더 쓰면 좋습니다.

① 자신이 주장하는 내용의 근거와 그에 대한 객관적 이유 쓰기

② 또 다른 근거와 그에 대한 객관적 이유 쓰기

③ 다른 토론자가 질문할 것이라고 예상되는 질문에 대한 설득 내용 쓰기

　※ 객관적 이유를 쓸 때 예를 들어 설명하는 것도 한 방법이다.

　※ 독서 토론에서는 책에 있는 내용을 기준으로 근거를 제시하는 것이 좋다.

3. 결론 쓰기

결론을 쓸 때는 앞에 쓴 내용을 반복하고, 정리하는 형식보다는 논제에 대해 토론을 하면서 생각했던 것과 미래지향적인 창의적 의견을 제시하는 방향으로 쓰는 것도 좋습니다.

5. 토론하기

1) 찬반대립 토론의 절차
[280, 281, 283p 학습지 활용]

'입론 → 반론 펴기 → 반론 꺾기 → 최종 변론'의 순서로 진행합니다.

〈찬반대립 토론의 구성〉

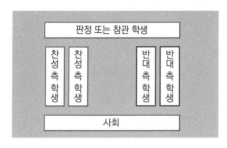

찬반대립 토론의 자리 배치는 찬성과 반대 인원을 서로 비슷하게 구성하여 마주보는 형태로 배치합니다. 전체 학생을 찬성과 반대 두 팀으로 나누어 진행하지만, 필요에 따라 판정 학생(또는 참관 학생)을 따로 구성할 수 있습니다.

TIP! 토론하는 과정에서 의견이 충돌하면서 다툼이 생기는 경우가 있습니다. 토론을 시작하기 전에 다른 의견을 받아들이는 법, 토론의 규칙과 예절, 배려 등을 알려줍니다. 또한, 찬성과 반대 중 어느 편이 이겼다고 판정하기보다는 상대방이 잘한 점과 좋은 의견, 적절한 근거가 무엇이었는지 등에 중점을 둡니다.

2) 원탁 토론의 절차
[286, 287p 학습지 활용]

'모둠 자유 토론 → 대표 참여 전체 토론 → 내용 정리'의 순으로 진행합니다.
(학급에서는 모둠별로 원탁 토론을 한 후 모둠 대표를 선발해서 전체 토론으로 진행할 수 있다.)

〈원탁 토론의 구성〉

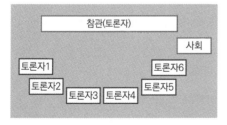

모둠별 대표를 1명씩 선발하거나 희망 학생을 대상으로 4~6명 정도를 대표 토론자로 선정합니다.
① 1번 토론자가 먼저 입론을 발표하고, 다음 번호인 2~6번 토론자가 차례대로 1번 토론자에게 질의응답을 합니다.

② 1번 토론자의 입론 발표, 질의응답이 끝나면 2~6번 토론자가 같은 방법으로 토론을 진행합니다.

TIP! 참관하는 학생에게 원탁 토론(대표 토론) 중 좋은 질문과 답변 등을 적게 하면 집중력 있게 참관합니다. 또한, 토론이 끝난 후 적은 내용을 발표하면서 자연스럽게 내용 정리와 동료 평가가 이루어집니다.

표현하기 활동
이 책을 읽고 어떤 활동을 하면 좋을까?

[표현하기]

1. 주제, 교훈 이야기하기

《베니스의 상인》은 다양한 생각을 하게 하는 책입니다. 재판 장면과 전체 내용을 통해 알 수 있는 주제나 교훈을 자유롭게 이야기해봅시다. 또, 《베니스의 상인》을 통해 알 수 있고, 생각해볼 수 있는 것에는 어떤 것이 있는지 이야기해봅니다.

> **TIP!** 주제나 교훈을 이야기할 때 먼저 발표한 학생의 이야기를 듣고 더 이상 새로운 생각을 못하는 경우가 있습니다. 그러므로 발표하기 전에 각자 몇 가지씩 적어보고 그중에 한 가지만 발표하게 합니다. 그리고 이미 발표한 내용이라도 단어나 문장을 조금씩 자기 말로 바꾸어 발표하게 합니다.

2. 현재와 비슷한 부분과 다른 부분 찾아보기

《베니스의 상인》은 오래 전 이야기이므로 현재와 다른 가치관과 사회적 배경을 담고 있습니다. 학생들과 함께 현재와 비교해보며 비슷한 부분과 다른 부분을 찾으면서 상황에 따라 다양한 평가가 이루어질 수 있음을 이해하게 합니다. 이 부분은 학생들의 생각을 이끌어낼 수 있도록 교사가 관련 내용을 소개하면서 진행합니다.

내 용	현재와 비슷한 부분	현재와 다른 부분
〈현재와 비슷한 부분과 다른 부분 찾기 예시〉		
결혼에 대한 생각	사랑하는 사람과 결혼함.	예전에는 부모님의 영향력이 절대적임.
생활 방식	가정을 이루고 살고 있음.	노예가 있었음.

친구 간의 우정	친구 간의 우정은 변하지 않음.	-
다른 나라와의 무역	다른 나라와 무역을 통해 돈을 벎.	예전에는 배를 이용한 무역이어서 태풍과 같은 자연재해의 피해가 큼.
재판의 모습	문제가 있을 때 재판을 통해 결정함.	현재는 가짜 재판관이 재판을 할 수 없음. 검사와 변호사가 있으며, 여러 번 재판이 이루어짐.
베니스의 법	각 나라마다 법이 있음.	과거에는 법이 너무 엄격하고 단순함.

3. 서평 쓰기

서평은 책의 내용과 특징을 소개하거나 책의 가치를 평가한 글입니다. 서평 내용으로는 등장하는 인물이나 책의 줄거리, 작가에 대해 소개하는 내용이 들어있습니다. 또 책을 읽은 소감, 책의 내용, 삽화, 글씨 등에 대해 쓰면서 자신의 생각을 정리할 수 있습니다. 이외에 내용이 가지고 있는 가치, 어떤 사람들이 읽으면 좋을지 등을 쓸 수 있습니다.

TIP! 내용을 짧게 쓰더라도 자신만의 글로 쓸 수 있도록 합니다.

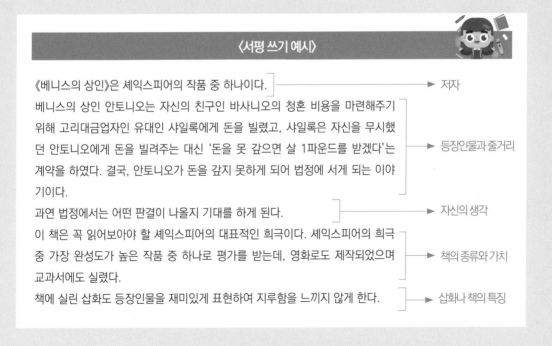

〈서평 쓰기 예시〉

《베니스의 상인》은 셰익스피어의 작품 중 하나이다. ──────▶ 저자

베니스의 상인 안토니오는 자신의 친구인 바사니오의 청혼 비용을 마련해주기 위해 고리대금업자인 유대인 샤일록에게 돈을 빌렸고, 샤일록은 자신을 무시했던 안토니오에게 돈을 빌려주는 대신 '돈을 못 갚으면 살 1파운드를 받겠다'는 계약을 하였다. 결국, 안토니오가 돈을 갚지 못하게 되어 법정에 서게 되는 이야기이다. ──────▶ 등장인물과 줄거리

과연 법정에서는 어떤 판결이 나올지 기대를 하게 된다. ──────▶ 자신의 생각

이 책은 꼭 읽어보아야 할 셰익스피어의 대표적인 희극이다. 셰익스피어의 희극 중 가장 완성도가 높은 작품 중 하나로 평가를 받는데, 영화로도 제작되었으며 교과서에도 실렸다. ──────▶ 책의 종류와 가치

책에 실린 삽화도 등장인물을 재미있게 표현하여 지루함을 느끼지 않게 한다. ──────▶ 삽화나 책의 특징

4. 등장인물에게 편지 쓰기

[272p 학습지 활용]

등장인물 중 한 명을 정해서 책을 읽고 생각한 것을 편지 형식으로 쓰면서 책 내용에 대해 자신이 생각한 부분을 정리하게 합니다.

〈등장인물에게 쓴 편지 예시〉

샤일록 아저씨에게,

안녕하세요 저는 ○○초등학교 5학년 △△△입니다.

돈을 빌려주고 못 갚으면 살 1파운드를 받기로 한 건 너무했던 것 같아요.

살 1파운드를 잘라내면 아프기도 하고, 죽을 수도 있을 것 같은 데 아무리 미워도 사람을 죽일 수 있는 행동은 하지 말아야할 것 같아요. 차라리 다른 방법을 사용했다면 사람들이 샤일록 아저씨를 그렇게까지 미워하지는 않았을 것 같아요. 책을 보고, 친구들과 같이 토론도 해보니 아저씨도 힘들게 살았던 것 같아서 위로를 해주고 싶은 생각도 있어요. 하지만 위로를 받으려면 샤일록 아저씨부터 다른 사람을 배려하면 좋을 것 같아요.

앞으로는 사람들에게 마음을 열고 잘 지낼 수 있으면 좋겠어요. 힘내세요.

ㄴ0○○년 ○월 ○일

○학년 ○반 △△△ 보냄

1. 책 내용 UCC로 만들기

《베니스의 상인》을 읽고 고학년이 재미있게 할 수 있는 활동 중 하나는 책의 내용이나 주제와 관련된 내용을 UCC로 만들어보는 것입니다.

〈책 내용 UCC로 만들기 진행 방법〉

1. 주제와 내용 정하기
2. 그림, 만화, 정지 화면, 연극, 글자 등 표현 방법 정하기
 방법1 : 8컷 만화로 그려서 한 장면씩 손으로 넘기면서 스마트폰으로 촬영한다.
 방법2 : 학생들이 한 장면씩 표현한 것을 사진으로 찍어서 파워포인트에 옮기고 글도 쓴다. 이어서 슬라이드 넘기기를 하면서 컴퓨터 화면 녹화 프로그램으로 녹화한다.
 방법3 : 장면을 연극으로 표현한 것을 스마트폰으로 촬영해서 편집한다.
3. 콘티(촬영 대본) 작성하기
 – 각 장면을 어떤 내용으로 그릴 것인지 작성한다.

〈콘티 작성 예시〉

내용	필요한 준비물	시간(초)
장면 1: 대사(지문) 넣기 / 대략적인 그림으로 표현하기	음악, 소품, 배경 등	
장면 2: 대사(지문) 넣기 / 대략적인 그림으로 표현하기	음악, 소품, 배경 등	

4. 정해진 표현 방법으로 UCC 만들기(음악이나 효과음을 적절하게 넣어서 편집한다.)
5. UCC 발표하기

동 시

동시는 어린이다운 심리와 정서로 어른이 어린이를 위하여 쓴 시입니다. 그러므로 동시는 적어도 어린이들이 이해할 수 있는 언어와 소박하고 단순한 사상과 감정을 담아야 합니다.

어른이 되어서 시를 어렵게 느끼고 잘 읽지 않는 이유는 즐겁게 감상해본 경험이 부족하기 때문입니다. 어린이들이 시에 담겨 있는 운율과 아름다움, 감동을 온몸으로 느끼고 표현해보면 저절로 시의 참맛을 느끼게 되면서 써보고 싶은 마음도 들게 됩니다.

시 감상은 시를 이해하고 분석하는 것보다 마음으로 느끼고 몸으로 표현해보는 것이 먼저입니다. 그러기 위해서는 교사는 시를 실감나게 낭송하고 어린이들은 눈을 감고 감각적으로 시를 만나게 해줍니다. 시를 들으며 그 장면을 상상하여 그려보고 몸으로 표현해봅니다. 시를 만난 느낌을 써보고 공유하며 시에 대한 감각을 나누어봅니다. 그럴 때 시에 대한 다양한 감각이 깨어나고 다양한 경험들이 오가며 친구들의 생각까지도 함께 느끼게 됩니다.

7

일곱 번째로 만나는
'한 학기 한 권 읽기'
동시

동시로 진행하는 '한 학기 한 권 읽기'
흐름도

책 제목	똥 찾아가세요
책의 종류	동시
대상	초등학교 1~6학년
선정 의도	정서 함양, 감수성, 감정 이입
읽기	[감상 전 활동] 1. 표지와 동시의 특징 살피기 2. 작가에 대해 알아보기 3. 동시들의 제목과 삽화 훑어보기 4. 마음에 드는 시 고르기 [감상 중 활동] 5. 모둠 동시와 학급 동시 정하기 6. 시와 친해지기 7. 낭송과 몸 표현하기 8. 시를 노래로 표현하기 [감상 후 활동] 9. 질문 만들기 10. 좋은 표현 찾기 11. 중심 생각 찾기
생각 나누기	[토론 전 활동] 1. 암송하며 시 음미하기 2. 시를 읽고 감상문 쓰기 [토론하기] 3. 모둠 토론하기 4. 대표 토론하기
표현하기	[창작하기] 1. 대화 글 써서 시로 표현하기
활동 더하기	[다양한 창작 지도] 1. 시의 일부를 바꾸어 쓰기 2. 한 연을 창작해서 쓰기 3. 일기를 시로 바꾸어 보기

이 책을 선정한 이유

《똥 찾아가세요》는 동시 작가로 유명한 권오삼 시인의 일곱 번째 동시집입니다. 아이들은 재미있어 하지만 말하기는 부끄러운 '똥'이란 단어가 들어있는 제목을 보며 웃음을 터뜨립니다. 아파트 숲 사이에 똥 아이가 난처한 표정을 짓고 서 있는 표지만으로도 호기심과 궁금증을 불러일으킵니다.

권오삼 글, 오정택 그림,
문학동네, 2009

아이들의 감수성은 시골 같은 자연에만 있는 것이 아니라 학교 생활 속에, 아이들 간의 관계에도 있습니다. 도시에 사는 아이들과 친숙한 생활을 다룬 동시를 서로 이야기하다 보면 느낌의 솔직함, 사실적인 표현, 생활에서 생각한 것을 가감 없이 꺼내곤 합니다. 그러나 그런 내용만 다루면 감수성을 높이고 내면의 아름다움을 꺼내는 데에 한계가 있습니다. 아이들이 자라듯이 생명의 자람, 생명의 변화를 같이 느끼면서 공감해야 내면에 있는 아름다움을 꺼낼 수 있고, 자연의 아름다움을 느껴야 생명의 귀함을 알게 됩니다. 도시라고 해서 자연과 동떨어진 생활이 아닙니다. 아이들은 교정의 개나리와 진달래, 은행나무와 단풍나무를 보며 계절의 변화를 느끼고 도로 옆 가로수와 공원의 작은 들풀을 보면서 자연의 아름다움을 느낍니다. 아이들의 생활뿐만 아니라 시골 자연의 변화 및 아름다움을 느낄 수 있는 동시집을 선택하고 싶었습니다.

《똥 찾아가세요》 동시집에는 '물방울 열매', '작달비', '하늘 공원', '해' 등과 같이 날씨의 변화를 다룬 시가 있고, '똥파리들', '지렁이', '은행나무', '가로수' 등과 같이 도시에서도 흔히 볼 수 있는 동식물을 다룬 시가 있습니다. 그뿐만 아니라 '비 오는 날 우리 집 유리창은', '한약 먹기', '방귀 한 개' 등 아이들이 쉽게 경험할 수 있는 생활을 다룬 시와 '궁금증', '머리 무게', '폭력이라면 딱 질색이지만' 같은 아이들이라면 누구나 한 번쯤 생각해보았을 소재를 다룬 시도 있어 다양한 감성을 만날 수 있답니다.

아이들과 이 책을 어떻게 읽으면 좋을까?

[감상 전 활동]

1. 표지와 동시의 특징 살피기 [266p 학습지 활용]

《똥 찾아가세요》는 아파트 건물 숲 가운데 똥이 그려져 있는 표지 그림이지만, 아파트에서 살아가는 생활과는 동떨어진 그림으로 표현되었습니다. 더구나 똥 자체를 제목으로 한다는 것은 보통 사람들의 생각과는 다르게 파격적으로 느껴집니다. 이런 장치들이 아이들에게 무궁한 반전과 말도 안 되는 이야기들을 막 쏟아져나오게 합니다. 부끄러움과 말도 안 되는 것, 냄새 나는 것이 표지가 되니 아이들의 상상력을 극대화시키고 모든 것이 시의 소재가 될 수 있다는 가능성을 보여주며, 아이들이 마음껏 표현할 수 있는 장을 마련한 것입니다.

교사: 선생님이 여러분과 함께 읽고 싶은 책을 한 권 갖고 왔습니다. 제목이 뭐죠?

학생: 똥 찾아가세요. 와하하하!

교사: 책 표지만 보고 책 안에 어떤 내용이 있을지 예상해봅시다. 표지에서 가장 재미있는 그림은 무엇인가요?

학생: 똥 그림이에요.

교사: 똥 그림을 보니 어떤 내용이 들어있을 것 같나요?

학생: 자기 똥을 찾아가, 찾아가! 하는 이야기가 있을 것 같아요.

학생: 길을 가다가 똥을 머리에 맞아서 황당해하는 이야기도 있을 것 같아요.

학생: 웃긴 이야기가 있을 것 같아요.

학생: 똥 주인을 찾아주는 이야기가 있을 것 같아요.

교사: 또 어떤 것이 그려져 있나요?

학생: 건물들이 있어요.

학생: 건물들 안에 똥이 서 있네요. 작은 집도 보여요.

학생: 아파트도 보여요.

교사: 아파트를 보면 어떤 시의 내용이 있을 것 같나요?

학생: 도시에서 일어난 이야기들이 있을 것 같아요.

학생: 아파트에는 집들이 많이 있으니까 이웃끼리 생기는 이야기들도 있을 것 같아요.

학생: 층간 소음 때문에 다투는 이야기도 있을 것 같아요.

학생: 아파트 지나서 학교 가는 길에 볼 수 있는 이야기들도 있을 것 같아요.

학생: 아파트 엘리베이터를 타는 것이 재미있다는 시도 있을 것 같아요.

교사: 집은 왜 있을까요?

학생: 집에서 일어나는 일들도 이 책에 있으니까요.

교사: 가정에서 일어나는 일들은 무엇이 있나요?

학생: 언니오빠랑 같이 노는 이야기가 있어요.

학생: 부모님과 같이 여행가는 일도 있어요.

학생: 집에서 가족이랑 재미있게 논 이야기도 있어요.

교사: 그런데 아파트와 집 사이에 왜 똥을 그려 넣었을까요?

학생: 똥은 재미있잖아요. 집이나 마을에서 재미있는 이야기가 나올 거라서 그랬을 것 같아요.

학생: 화장실을 깨끗하게 쓰자는 내용도 있을 것 같아요.

학생: 집에 가다가 길에 있는 강아지 똥에 대한 시도 있어서 그랬을 것 같아요.

교사: 지금까지는 표지 그림을 보고 내용을 예측해보았습니다. 다음 동시에는 어떤 특징이 있는지 생각해봅시다.

학생: 짧아요.

학생: 재미있어요.

학생: 노래 가사 같아요.

학생: 여러 가지 생각이 들어있어요.

학생: 연과 행으로 나누어져 있어요.

교사: 시를 많이 읽으면 어떤 점이 좋을까요?

학생: 고운 말을 많이 알 수 있어요.

학생: 시를 읽으면 마음이 맑아져요.

학생: 시를 읽으면 재미있어져요.

학생: 상상력이 좋아져요.

학생: 시를 많이 읽으면 마음이 아름다워져요.

TIP! 시를 많이 읽으면 대상에 대해 관심을 가지게 되고 생각을 많이 하게 되므로 상상력이 커집니다. 대상을 사람처럼 느끼기 때문에 배려하고 사랑하게 되어 마음이 따뜻해집니다. 그래서 자라나는 초등학생들의 정서와 언어가 순화되고 감수성이 풍부해집니다.

TIP! 일반적으로 아동이 쓴 '아동시'까지도 동시의 범주에 포함시키는 경향이 있으나, 엄격한 의미에서는 성인이 쓴 것만 의미합니다. 그것은 문학 작품의 근본적인 성격이 창조적 의도에서 지어지는 것이기 때문에 학습의 방편으로 쓰인 '아동시'는 원칙적으로 아동 문학의 한 장르로서 동시와는 구별하고 있습니다.

2. 작가에 대해 알아보기 　　　　　　　　　　　　　　　　　　**[267p 학습지 활용]**

　　권오삼 시인은 초등학교 교사로 일하다가 지금은 교사직을 그만두고 좋은 동시를 쓰는 데 힘을 쏟고 있습니다. 그동안 선보인 동시집으로는 《진짜랑 깨》, 《물도 꿈을 꾼다》, 《고양이가 내 배 속에서》, 《라면 맛있게 먹는 법》 등이 있습니다. 오정택 그림 작가는 《진정한 일곱 살》, 《책으로 똥을 닦는 돼지》, 《어이 없는 놈》 등 다양한 그림책과 동시집의 삽화를 그렸습니다. 오정택 그림 작가의 홈페이지를 찾아보면 삽화에 대한 관심을 높일 수 있을 것입니다.

교사: 이제 이 책을 쓴 시인이 어떤 사람인지 알아보겠습니다.
　　　 뒷표지를 읽어봅시다.

학생: 권오삼 선생은 동시인이다. (중략) 우리의 잃어버린, 곧 잃어버릴지도 모르는 그 능력을 지켜
　　　 내고 있다.

교사: 여기서 말하는 잃어버린, 곧 잃어버릴지도 모르는 능력은 무엇을 말할까요?

학생: 아이 같은 마음이요.

학생: 어린이다운 생각이요.

교사: 그런 마음을 동심이라고 해요. 이런 마음을 잘 간직하고 계신 권오삼 시인에 대해 좀 더 알
　　　 아볼까요? 다시 앞으로 와서 시인을 소개한 글을 읽어봅시다.

학생: 1943년 경북에서 태어났다. (중략) 그동안 선보인 동시집으로 (중략).

학생: 와, 70세가 넘으셨구나!

교사: 작가가 이 동시집을 내면서 쓴 글이 뒷장에 있습니다. 다 같이 읽어봅시다.

학생: 일곱 번째 동시집을 내면서 내가 '고향의 봄'을 지으신 (중략) 해설을 써주신 김상욱 평론가,
　　　 좋은 그림으로 작품을 빛내주신 오정택 화가, 두 분께 고마운 마음을 전하며 (중략)

교사: 이 동시집은 권오삼 시인의 일곱 번째 동시집이군요. 지금은 벌써 열 번째 동시집이 나왔다

고 합니다. 대단하죠? 이번에는 좋은 그림으로 작품을 빛내주었다는 오정택 그림 작가에 대해

서도 알아봅시다. 한 장 앞으로 넘기면 오정택 화가에 대한 짧은 소개글이 있어요. 한번 읽어

볼까요?

학생: 1972년 부산에서 태어나 (중략).

학생: 선생님, 《진정한 일곱 살》을 알아요. 예전에 읽어봤어요.

교사: 그렇군요! 이 화가의 홈페이지에 들어가 보면 직접 그린 더 많은 그림책을 볼 수 있답니다.

3. 동시들의 제목과 삽화 훑어보기

동시의 제목은 어린이의 눈높이에 맞고 호기심을 불러일으키는 경우가 많습니다. 차례에 있
는 제목을 잠깐 읽어보는 활동만으로도 학생들은 어떤 내용일지 궁금해져서 빨리 읽고 싶어합
니다. 삽화를 살펴보는 것은 동시를 읽기 전 상상력을 높이는 데 효과적입니다. 학생들이 책장
을 넘기며 삽화를 훑어보는 동안 자신도 모르게 시의 아름다움이 마음에 스며들고 어떤 내용
이 나올지 궁금해합니다.

교사: 여러분, 책장을 넘겨서 차례를 봅시다.

　　　차례는 무엇을 적어 놓은 것일까요?

학생: 어떤 동시들이 있는지 알려주는 제목들입니다.

교사: 그래요. 그럼 어떤 동시들이 있을까 생각하면서 읽어볼까요? 읽다가 재미있고 정말 궁금한

　　　동시 제목이 나오면 동그라미를 그려보아도 됩니다.

학생: 비 오는 날 우리 집 유리창은, 물방울 열매, 노래 (중략)

　　　(읽는 중간 중간 제목 때문에 학생들은 몇 번씩 웃는다.)

교사: 어떤 동시가 가장 읽고 싶은지 제목과 이유도 같이 말해볼까요?

학생: '재미없는 책'이요. 얼마나 재미없을지 궁금하기 때문입니다.

학생: '나무들과 얼음 땡'이요. 어떻게 나무들과 얼음 땡을 하는지 알고 싶기 때문입니다.

학생: '이 동물은 통째로 먹어야 해'요. 어떤 동물인지 궁금하기 때문입니다.

교사: 그럼 책을 넘기면서 어떤 그림들이 있는지 살펴봅시다.

학생: 와, 똥파리다!

학생: 어? 여기 뒷표지에 있는 숟가락이 나온다!

교사: 끝까지 그림을 살펴보았나요?

어떤 그림이 가장 기억에 남는지 이야기해봅시다.

학생: '똥파리들'이요. 똥파리가 똥에 빨대 같은 것을 꽂고 먹고 있는 게 웃기기 때문입니다.

학생: '폭력은 딱 질색이지만' 그림이 가장 기억에 남습니다. 어떤 아이가 엄청 큰 뿅망치를 들고 있는 게 웃기기 때문입니다.

학생: '하늘 공원' 그림이 가장 좋아요. 그림이 예쁘고 색깔이 예뻐서 기분이 좋아지기 때문입니다.

교사: 그럼, 우리 모두 동시를 읽어봅시다. 읽으면서 마음에 드는 동시를 3개만 찾아보세요.

4. 마음에 드는 시 고르기

학생들에게 '이제부터 동시집을 읽고 마음에 드는 시 3개를 골라보자'라고 말합니다. 그러면 시를 그냥 눈으로 빨리 읽고 지나가는 것이 아니라 3개를 고르기 위해서 시를 집중해서 읽게 됩니다. 도시에 관한 것, 자연에 관한 것, 생활에 관한 것 등 분야별로 한 개씩 골라보게 하는 것도 좋은 방법입니다.

시를 깊이 있게 감상하는 법을 배우기 위해 학급에서 함께 감상할 시 한 개를 정해봅니다. 학급 동시는 '개인→모둠→학급'의 순서를 거쳐 정하고, 개인별로 마음에 드는 동시를 다음과 같은 순서로 정합니다.

〈마음에 드는 시 고르기 진행 방법〉

① 각자 《똥 찾아가세요》 동시집을 읽습니다. 눈으로 읽어도 좋고 중얼거리면서 읽어도 좋습니다.

② 학생들에게 마음에 드는 시를 3개 고르고, 제목과 이유를 적도록 합니다.

TIP! 이유를 쓸 때에는 두 문장, 두 줄 이상 쓰도록 합니다. 그냥 이유를 적으라고만 하면 학생들은 '마음에 들어서', '재미있어서' 등 대강 적는 경우가 있습니다. 또 고학년의 경우에는 '재미있다', '웃긴다'라는 식으로 한 줄에 두 문장을 다 써버리는 경우도 있기 때문입니다.

③ 마음에 드는 시란 무엇인지 함께 알아봅니다.

TIP! 여기서는 학생들에게 마음에 드는 시 3개를 직관적으로 고르고 이유를 적게 한 후 발표를 통해 마음에 드는 시가 무엇인지 알아보는 방법을 썼습니다. 이와 반대로 마음에 드는 시가 무엇인지 기준을 먼저 정한 후, 정한 기준에 따라 학생들이 시를 골라보게 하는 방법도 있습니다.

교사: 마음에 드는 시는 어떤 시를 말하는 것인지 알아봅시다.

　　　모두 마음에 드는 시를 골랐나요?

학생: 저는 'ABC'란 시를 골랐어요. A, B, C로 삼행시를 쓴 게 재미있고 신기했기 때문입니다.

교사: 그럼 마음에 드는 시는 재미있는 시라고 말할 수 있겠네요. 또 다른 의견 없나요?

학생: 저는 '하늘 공원'을 골랐어요. '산책을 마치고 집으로 돌아가는지 산을 넘어가는 구름도 있다'에서 구름을 사람처럼 표현했기 때문입니다. 상상력을 많이 넣어서 재미있었어요.

교사: 네, 좋은 표현, 마음에 와닿는 예쁜 표현이 있는 시도 마음에 드는 시라고 할 수 있겠어요.

학생: 저는 '한약 먹기'라는 시가 좋았어요. 전에 엄마가 주신 한약이 맛이 없고 너무 써서 도망을 갔습니다. 그런데 엄마가 다 먹으면 아이스크림을 사 주신다고 해서 꼭 참고 먹었던 경험이 떠올랐기 때문입니다.

교사: 자신이 경험해본 것이 담겨 있는 시도 마음에 드는 시라고 할 수 있겠네요.

〈마음에 드는 시란 무엇일까?〉

1. 재미있는 것

2. 경험한 것(직접 경험, 간접 경험)

'고추잠자리'라는 시가 있다고 하면, 직접 경험은 고추잠자리를 잡아보았다던가, 잡아보려고 쫓아가보았다던가, 잡은 고추잠자리를 돋보기로 관찰해보았다던가 하는 경험입니다. 간접 경험은 고추잠자리에 대한 책을 읽었다던가, TV에서 본 경험입니다.

3. 호기심이 나는 것

경험해보지는 않았지만 고추잠자리에 대해 관찰하고 써보았으면 좋겠다고 하는 것, 고추잠자리가 어떤 내용일까 궁금한 것을 말할 수 있습니다.

4. 다양한 이야기를 할 수 있는 것

다른 아이들은 그 시에 대해 어떻게 생각할까 궁금하고, 그 시에 대해 할 이야기가 많은 것입니다.

④ 고른 3개의 시 중에서 가장 마음에 드는 시 한 개를 골라 제목과 이유를 적게 합니다.

⑤ 학생들은 자신이 고른 3개의 동시 중에서 단 한 개를 고르기 위해 심사숙고하며 책을 읽은 후 마지막으로 선택합니다. 그리고 개인별로 정한 가장 마음에 드는 시를 시화로 표현하게 합니다. 시를 책 그대로 베껴 쓰고 시화를 자유롭게 그리는 동안 시를 더 깊이 이해하고 음미합니다. 그리고 시의 형식도 감각적으로 익힐 수 있습니다.

〈시감상〉 -똥 찾아가세요
1. 시집 읽기 〈표시 ①②③〉
① 하늘공원: 구름의 모습을 실감나게 표현했다.
② 나무들과 얼음땡: 날씨와 나무가 진짜 사람처럼 표현하여 타국 재미있었고 자연환경에 대해 더 흥미를 갖게 되었다.
③ ABC: ABC로 삼행시를 생각지도 못하게 재밌게 썼고 '나'의 기분을 특이하게 나타낸 것 같다.

2. 가장 좋은 시 〈ABC〉
이유: 평소 시와 다르게 삼행시로 지어서 더 특별하게 재미가 있고 시는 정말 명확하게 쓸 수 있다는 걸 알아서 이고 이 시도 '나'의 기분 위에서 말한 것처럼 특이하고 실감나게 표현해서 이다.

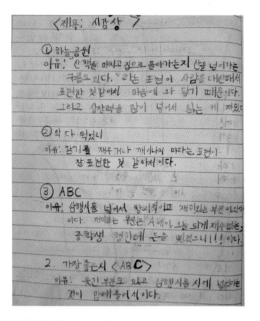

〈제목: 시감상 〉
① 하늘공원
이유: "산책을 마치고 집으로 돌아가는지 산 넘어가는 구름들이다."라는 표현이 사람을 대신해서 표현한 것 같아서 마음에 와 닿기 때문이다. 그리고 상상력을 많이 넣어서 읽는 게 재밌다.

② 약 다 먹었니
이유: 감기를 재우거나 깨어나지 마라는 표현이 잘 표현한 것 같아서이다.

③ ABC
이유: 삼행시통 넣어서 창의적이고 재미있는 부분이었다. 재미있는 부분은 A에이, 오늘 되게 재수없는, 중학생 형한테 돈을 뻬꼈으니!!! 이다.

2. 가장 좋은 시 〈ABC〉
이유: 웃긴 부분도 있고 삼행시를 시에 넣었는 것이 맘에들어서이다.

제목: 작달비 (권왕상씀) (5,4,4,4)

콩알 같은 비방울이
투다닥 탁탁! 투다닥 탁탁!
좌르륵 좌작! 좌르륵 좌작!
쫄래 맞았는데
금세 몸이 흘딱 젖었다.

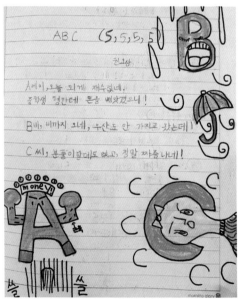

ABC (5,5,5,5)
권왕상

A에이, 오늘 되게 재수없네,
중학생 형한테 돈을 뻬왔으니!

B비, 비까지 오네, 우산도 안 가지고 왔는데!

C씨, 분골이랄데도 없고, 정말 짜증나네!

[감상 중 활동]

5. 모둠 동시와 학급 동시 정하기

개인별로 가장 마음에 드는 동시를 골랐으면 다음 단계로 모둠에서 동시를 정하고, 모둠이 정한 동시 중에서 가장 마음에 드는 동시 한 편을 선택하여 학급 동시로 정합니다.

① 모둠이 모여 앉아 개인이 선정한 시를 시계 반대 방향으로 돌려가며 읽고 평가합니다. 시를 읽을 때마다 바로 평가합니다. 읽고 난 후에 4단계 평가(◎ : 매우 좋음, ○ : 좋음, □ : 보통, △ : 별로 마음에 들지 않음) 등 학급에서 정한 방법으로 표시합니다.

② 모둠원 모두의 시를 읽은 후, 가장 마음에 드는 시에 손을 들어 모둠 동시를 정합니다.

> **TIP!** 모둠 동시를 정하다 보면 손을 든 수가 같거나 자기 주장을 고집하는 학생이 있어 정하지 못하는 경우가 있습니다. 이런 경우 5~6학년이라면 ○분 동안 정당한 근거를 대고 하나로 토론하며 합의하게 할 수 있습니다. 그러나 저학년은 토론을 하며 정하기가 쉽지 않고 시간만 많이 걸릴 때가 많습니다. 그럴 때는 가위바위보 등 쉽게 결판나는 방법으로 정하는 것도 좋습니다.

③ 모둠 동시가 정해졌으면 칠판에 나와 정해진 자리에 동시 제목, 쪽수, 고른 이유를 간단히 적습니다. 칠판은 244p의 그림처럼 나눈 후, 줄을 그어줍니다. 그러면 모둠 대표가 나와서 적을 때 부딪히지 않고, 줄 간격에 맞게 반듯하고 적당한 크기의 글씨로 칠판에 쓸 수 있습니다. 칠판에 쪽수를 적으면 학생들이 쉽게 동시를 찾을 수 있습니다.

④ 모둠 대표가 나와서 시 제목과 고른 이유를 발표합니다. 그리고 전체가 칠판에 적혀 있는 쪽을 펴고 각 모둠 동시를 낭송합니다. 학급 전체가 동시를 낭송하는 것보다는 '모둠 대표(발표자) – 나머지 학생 혹은 교사 – 학생' 순서로 한 행이나 한 연씩 번갈아가며 낭송하는 것이 좋습니다.

⑤ 모둠 동시를 낭송한 후에는 각자 평가를 합니다. 이와 같이 마지막 모둠까지 반복하여 평가합니다. 한 모둠씩 낭송 후에 즉시 평가하는 이유는 낭송을 모두 마친 후에 하게 되면 각 모둠 동시의 내용을 기억할 수 없기 때문입니다.

〈모둠에서 선정한 시 제목을 칠판에 쓴 예시〉

⑥ 모든 모둠이 발표를 마쳤다면 학급 동시를 정합니다. 자신이 속해 있는 모둠을 제외하고 가장 마음에 드는 동시에 손을 들어 가장 많은 표를 얻은 동시를 학급 동시로 정합니다.

⑦ 학급 동시로 정해진 동시를 그대로 베껴 씁니다. 다음 단계에서 교사의 시 낭송을 듣고 떠오르는 풍부한 생각을 그릴 수 있도록 이 단계에서는 시에 어울리는 그림을 그리지 않았습니다.

〈각 모둠의 동시를 평가하는 예시〉

모둠	동시 제목	평가	느낌/좋은 표현
1모둠	꽈리	□	너무 꽥꽥거려 아쉬웠다.
2모둠	용감한 빗방울들	○	용감한 빗방울들의 생김새가 궁금해진다.
3모둠	ABC	△	욕이 나왔다.
4모둠	나무	◎	맑아지고 푸르러지는 하늘이 보이는 것 같다.
5모둠	한약 먹기	□	사약이라고 표현한 것이 좀 그렇다.
6모둠	하늘 공원	◎	자신의 마음을 표현한 것이 감동적이다.

◎ 매우 좋음, ○ 좋음, □ 보통, △ 별로 마음에 들지 않음

TIP! 동시를 평가할 때 느낌이나 좋은 표현은 쓰지 않아도 됩니다. 저학년이나 활동에 익숙하지 않은 경우에는 시간이 많이 걸리므로 간단히 4단계 평가만 합니다.

6. 시와 친해지기

　　학생들을 모두 눈을 감게 한 후 교사가 학급 동시를 시범 낭송합니다. 눈을 감고 들으면 학생들은 주변의 방해 없이 오롯이 교사의 낭송에 귀를 기울입니다. 학생들은 교사가 들려주는 시를 듣고 마음의 도화지에 다양한 그림을 상상하여 그립니다. 상상한 그림을 줄글로 바꿔 써보면 경험한 것뿐만 아니라 상상한 것도 생생하게 나타납니다. 시는 시공간을 초월하고 상상의 한계가 없다는 장점이 있습니다. 형식에 얽매이지 않는 줄글로 자유롭게 표현해보면 재미있는 이야기가 만들어집니다. 그런 다음 시에 어울리는 그림을 그려 넣으면 학생들은 동시집에 있는 그림에 얽매이지 않고 마음껏 상상한 것을 다양하게 그립니다.

교사: 자, 모두 눈을 감고(학생이 모두 눈을 감았는지 확인한 후) 마음의 하얀 도화지와 각자 그릴 마음의 도구를 꺼내보세요. 선생님이 시를 들려줄 테니 여러분은 도화지에 그림을 마음껏 그리기 시작하는 거예요.

　　(교사가 분위기를 잘 살려 낭송한다.)

교사: 자, 조용히 눈을 떠봅시다. 어떤 그림이 생각났나요?

학생: 저는 하늘 공원에서 잠자며 코 고는 소리가 들리는 것 같아요.

학생: 전에 집으로 돌아갈 때 구름들이 저를 따라왔던 기억이 생생하게 떠올라요.

학생: 공원에 여러 가지 색깔의 솜사탕이 둥둥 떠 있는 그림이 생각났어요.

....

TIP! 교사의 첫 번째 낭송이 끝난 후 무엇을 그렸는지 학생 몇 명을 발표시킵니다. 그래야 다시 눈을 감고 교사의 낭송을 들었을 때 무엇을 그려야 할지 모르는 학생들이 감을 잡고 그릴 수 있습니다.

교사: 선생님이 한 번 더 들려줄게요. 아까 다 그리지 못한 사람은 그림을 완성해보고 생각이 떠오르지 않아서 못 그린 사람은 지금 그리기 시작합니다.

　　(교사가 분위기를 살려 다시 한번 낭송한다.)

교사: 자, 이제 눈을 떠보세요. 이제 여러분이 마음의 도화지에 그린 그림을 이야기로 써봅시다.

　　(학생들은 시를 듣고 상상한 그림을 글로 쓴다.)

교사: 글을 다 쓴 사람은 전에 자신이 베껴 쓴 학급 동시에 그림을 그려봅니다.

　　(5. 모둠 동시와 학급 동시 정하기 ⑦을 참고)

〈눈을 감고 '하늘 공원' 시 낭송을 들은 후 떠오른 글과 그림〉

하늘 공원이 맑고 푸르른 느낌이 든다. 구름들이 하늘 공원에서 잠자며 코 고는 소리가 들린다. 하늘에서 구름이 공원으로 내려오는 생각도 든다. 또 구름들의 하늘 공원이라는 단어는 구름들이 하늘을 하늘색으로 마음대로 칠하는 장면을 떠오르게 한다.

집으로 돌아갈 때 구름들이 날 따라다녔던 기억도 생생하게 떠오른다. 그래서 나도 나만의 색깔로 가을을 칠해보고 싶다는 생각이 들었다. 내가 구름이 되어 우리 사람들의 하루를 색깔로 표현하는 장면이 떠오른다.

선생님께서 시를 읽어주실 때 난 하얀 도화지를 꺼내서 내 마음으로 그림을 그렸다. 그림에서 나는 위에 있는 하늘 공원을 텅빈 운동장에 서서 보고 있었다. 하늘 공원의 문을 지나면 여러 구름이 있다. 몇몇의 구름은 이어폰으로 노래를 들으며 산책을 하고 있다. 어떤 구름은 벤치에 앉아서 책을 읽다가 상상에 빠져서 잠이 들었고, 어떤 구름들은 서로 조잘조잘 싱글벙글 웃고 떠들며 무지개 미끄럼틀에 올라간다.

하도 놀아서 지친 구름은 산 너머 집으로 가고, 연예인 구름은 아주 멋을 내며 아름다운 예술을 만들고 있다. 부모님께 혼이 난 아기 구름은 울상을 짓고 있고 곧 울 것 같다. 텅 빈 운동장에 있는 나는 하늘 공원에 너무나도 가고 싶어 안달이 났다.

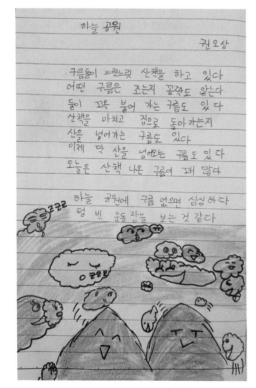

7. 낭송과 몸 표현하기

　시는 소리 내어 읽는 낭송 문학입니다. 시는 여러 번 소리 내어 읽어야 제대로 이해하게 되고 시의 맛을 알게 됩니다. 그렇다고 시를 느껴보지 못하고 낭송부터 하면 무미건조하고 뻣뻣한 낭송이 되기 쉽습니다. 이미 앞에서 학생들은 '시와 친해지기' 활동을 하면서 자신도 모르게 시를 외우고 감흥을 느낍니다. 이 감흥을 느끼게 되면 학생들은 시의 분위기를 살려 실감나게 낭송합니다.

　또한, 시를 여러 번 소리 내어 읽는 동안 자연스럽게 암송하게 됩니다. 낭송을 몇 번 한 후에 시의 내용을 몸으로 표현하는 활동을 하면 시를 감각적으로 받아들일 수 있습니다.

① 교사가 시범 낭송을 합니다.
② 교사와 학생이 한 행씩 번갈아가며 낭송합니다. 처음에는 교사가 한 행, 학생이 한 행씩 교대로 낭송하며 두 번째 낭송할 때는 학생이 한 행, 교사가 한 행씩 교대로 낭송합니다. 이렇게 낭송하면 학생은 교사의 리듬감, 발성, 실감 나는 낭송 등을 자연스럽게 익히며 낭송하는 재미를 알게 됩니다.
③ 교사와 학생이 한 연씩 교대로 낭송하기, 분단별로 번갈아 돌아가며 낭송하기, 모둠에서 개인이 돌아가며 낭송하기, 개인과 전체로 나누어 교대로 낭송하기 등 다양한 방법으로 낭송을 합니다.
④ 낭송을 여러 번 한 후에는 시의 내용을 몸으로 표현합니다.

〈시를 몸으로 표현하는 장면〉

〈시를 몸으로 표현하기(몸 표현) 진행 방법〉

학생들은 시를 몸으로 표현하라고 하면 무엇을 어떻게 해야 하는지 몰라 어리둥절합니다. 친구들이 하는 것을 따라하는 둥 마는 둥 끝나는 경우가 많습니다. '교사의 시범→학급 전체가 다 같이 표현하기→남여로 나누어 표현하기→짝끼리 표현하기' 순으로 점차 소그룹으로 발표하다 보면 시를 자신만의 몸 언어로 표현하는 방법을 알게 됩니다.

1. 먼저 교사가 시를 몸으로 표현하고 학생들은 따라합니다. 교사의 시범을 보면서 따라하는 동안 학생은 여러 사람 앞에서 표현하는 것에 마음을 열게 됩니다. 또 표현하는 방법을 알게 됩니다.

....

TIP! 교사가 시범을 보일 때에는 빙글빙글 돌며 표현하기, 앉고 눕고 쓰러지며 표현하기, 이쪽부터 저쪽까지 달려가며 표현하기, 다리를 혹은 팔을 들어올리며 표현하기 등 다양하고 크게 해야 학생들의 표현 범위가 넓어집니다.

2. 교사의 낭송에 맞춰 학급 전체 학생이 마음껏 몸 표현을 합니다.

....

TIP! 교사의 시범 후에도 몸 표현이 안 되는 학생이 있으면 잘하는 학생이 시범을 보이는 것도 좋습니다. 또는 시의 연 또는 행 단위로 나누어 "이 부분을 표현해볼 사람 있나요?" → "다르게 표현해보고 싶은 사람 있나요?" → "이중에 어떤 표현이 더 좋을까요?"의 과정을 거쳐 학급 전체가 몸 표현을 완성해갈 수도 있습니다.

3. 학급의 남학생은 낭송, 여학생은 몸 표현을 해보고, 남학생과 여학생이 역할을 바꾸어해봅니다. 또 짝끼리도 낭송과 몸 표현을 번갈아합니다. 학생들은 낭송과 몸 표현을 동시에 하기 어렵기 때문에 한 명은 낭송, 다른 한 명은 몸 표현을 하는 것이 좋습니다.

....

TIP! 대체적으로 남학생보다 여학생이 표현력이 좋기 때문에 여학생이 먼저 하는 것이 좋습니다. 학급의 상황에 따라 여러 가지 방식을 적용해봅니다.

4. 모둠끼리 몸 표현을 완성해 앞에 나와서 발표합니다. 이때 나머지 학생들은 낭송을 합니다.

....

TIP! 모둠이 처음부터 끝까지 함께 만들고 익혀서 발표하려면 시간이 많이 필요합니다. 수업 중 몸 표현을 짧은 시간에 효과적으로 발표하려면, 1연은 A학생, 2연은 B학생, 3연은 C학생이 나누어 만들고, 발표도 나누어 하면 효과적입니다.

8. 시를 노래로 표현하기

시를 노래로 표현해보면 시의 리듬감을 느낄 수 있습니다. 알고 있는 노래에 가사를 바꾸어 불러볼 수도 있고, 직접 곡조를 만들어 노래를 불러볼 수도 있습니다. 학생들이 만드는 것이기 때문에 부족할 수 있습니다. 다만 쉽게 만들고 즐거우면 됩니다. 가사는 똑같은데 다 다른 노래가 나와서 더욱 재미있는 활동입니다.

① 교사와 학생이 한 행씩 교대로 불러봅니다. 교사가 "구~름들이 느~릿느릿 산책을 하고 있다." 하고 먼저 부르면, 학생들은 그다음 행을 교사의 곡조처럼 부릅니다. 세 번째 행을 교사가 부르고, 네 번째 행을 학생이 부릅니다. 교사의 곡조대로 따라 불러도 되고, 자기 느낌대로 불러도 됩니다. 이렇게 부르면서 학생들은 '아, 동시가 이렇게 노래가 되는구나.'라고 느낍니다.

② 교사의 곡조와 다르게 노래를 불러봅니다. 교사가 첫 행을 부른 후 "선생님과 다르게 불러 볼 사람 있나요?"라고 물어서 학생을 발표시킵니다.(교사가 세 번째 행을 부른 후 다르게 불러볼 수 있는 학생을 발표시키면서 노래를 완성한다.)

③ 모둠에서 시를 노래로 만들어봅니다. 한 행마다 모두 만들어보고 발표한 후 가장 좋은 학생의 것을 선택해 불러보거나 모둠의 여학생 팀이 한 행을 만들고 남학생 팀이 그다음 행을 만들며 노래로 불러봅니다. 남학생 팀은 여학생 팀이 만든 것을 따라할 수도 있고 다르게 만들어볼 수도 있습니다.

④ 모둠원이 한 연씩 노래로 만들어 맞춰본 후 앞에 나와서 발표합니다. 자신이 만든 부분을 부르는데, 잘하지 못하는 학생이 있으면 잘하는 학생이 도와주며 불러봅니다.

⑤ 나머지 학생들은 들으면서 평가를 합니다.

모둠	평가	모둠	평가	QR코드
1모둠	□	4모둠	◎	
2모둠	○	5모둠	○	
3모둠	◎	6모둠	○	
◎ 매우 잘함, ○ 잘함, □ 보통				

* QR코드를 스마트폰으로 인식하면 시를 노래로 표현하는 과정을 들어볼 수 있다.

9. 질문 만들기

시를 읽고 질문을 만들어보는 활동은 학생들이 질문을 만들기 위해 시를 여러 번 읽고 음미하기 때문에 내용을 파악하는 데 매우 도움이 됩니다. 그뿐만 아니라 학생들이 다양한 시를 쓸수 있게 도와주는 요인이 됩니다. 시의 내용을 경험한 적이 있는지 물어볼 수도 있고 왜 이런 표현을 썼을까 혹은 다른 표현은 없는지 물어볼 수도 있습니다. 학생들은 앞의 질문과 다른, 다양한 종류의 질문을 묻고 답하면서 서로의 경험과 생각을 나누며 시의 표현 방법도 다양해집니다.

학생들은 동화와는 달리 시를 읽고 질문을 만드는 것을 어려워하기 때문에 교사가 질문을 어떻게 만들 수 있는지 예를 들어주는 것이 좋습니다. 교사의 질문에 반 전체 학생이 답해보면 질문을 만드는 법뿐만 아니라 답하는 법도 자연스럽게 익히게 됩니다.

① 먼저 교사가 학급 동시에서 만들 수 있는 질문을 3개 정도 예를 들어줍니다. 학생은 교사의 질문에 답을 합니다.

② 학생들이 직접 질문을 만들어봅니다. 처음에는 한 연에 한 개의 질문을 만들어보고, 익숙해지면 질문 만들기의 개수를 늘립니다. 이때 반드시 질문에 대한 자신의 답을 적도록 합니다.

③ 모둠별로 모여 돌아가며 한 명이 한 개씩 질문하고, 나머지는 답을 합니다. 질문을 할 때는 앞에 나온 질문 외에 다른 것을 하도록 합니다. 자신의 질문이 앞의 질문과 같을 때는 얼른 다른 질문을 생각해서 말하거나 '통과'라고 말합니다.

④ 질문과 답하기를 모두 마친 후에는 모둠에서 가장 좋은 문제 한 개를 정합니다. 먼저 각자 낸 문제 중에서 가장 좋다고 생각하는 문제를 고른 후 모둠이 모여 뽑습니다.

⑤ 모둠에서 뽑은 질문을 학급 전체에 묻고 답합니다.

> **TIP!** 모둠 내에서만 질문하고 답하기를 하고 끝낼 수도 있지만, 모둠에서 좋은 질문을 뽑아 학급 전체에 질문하고 답하기를 하면 좋은 질문을 공유할 수 있습니다. 또 좋은 질문을 고르고 선택하는 과정에서 학생들은 자연스럽게 토론하고 생각할 수 있게 됩니다.

〈'물방울 열매'로 질문 만들기 예시〉

모둠	평가
1연	· 비 오면 한겨울에도 열리는 열매를 무엇이라고 했나요? · 당신은 비 오면 한겨울에도 열리는 물방울 열매를 경험해본 적이 있나요? · 어떻게 열리면 물방울 열매가 되나요? · 물방울 열매를 만들려면 어떻게 해야 하나요?
2연	· 벚나무를 본 적이 있나요? 열매가 달려요? 어떻게 달려요? **TIP!** 학생들 중에서 벚나무를 보지 못했거나 알지 못한다면 질문과 답하기를 이어나갈 수 없습니다. 이런 경우에는 '이렇게 달렸을 것이라고 생각합니다'라고 자기의 생각을 말하도록 합니다. 예를 들어, '요정이 나에게 후레쉬를 비추었다'에서 '요정이 어떻게 후레쉬를 비추었나요?'라는 질문을 받았다고 하면, 요정을 본 적도 경험한 적도 없지만, '아침에 햇살이 나를 비추는 것을 나는 플래시로 비추는 것이라고 생각해요'라고 대답하면 됩니다.
3연	· 나뭇가지 끝마다 쪼끄맣고 하얀 물방울 열매는 어떤 모습을 가진 건가요? · 나뭇가지 끝마다 열리는 쪼끄맣고 하얀 물방울을 당신은 무엇이라고 표현할 수 있을 것 같아요?
4연	· 가지가 휘도록은 어떤 모습을 표현한 걸까요? · 오롱조롱은 어떤 모습일까요? 오롱조롱이 아니면 다른 어떤 말로 표현할 수 있을까요? · 당신은 눈부신 적이 있었나요? · 물방울 열매가 꼭 가지에만 열리나요? 다른 곳에는 열리지 않나요? 그때는 어떤 느낌이었어요?

251

10. 좋은 표현 찾기

시는 두세 가지 의미를 동시에 가지고 있는 문구들이 많습니다. 좋은 표현을 찾으면서 왜 그런 표현을 했을까 생각을 하고 의미를 되새길 수 있습니다. 또 좋은 표현을 찾아보면서 자신의 생각을 실감 나게 표현하는 방법도 배우게 됩니다. 좋은 표현은 재미있는 표현, 마음에 드는 표현, 실감 나는 표현 등을 말합니다.

〈좋은 표현 찾고 이유 말하기 예시〉

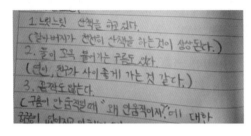

11. 중심 생각 찾기

시를 읽고 중심 생각이 무엇인지 알아보는 것을 어려워합니다. 이럴 때 "작가가 이 시를 쓰면서 우리에게 무엇을 말하고 싶었는지를 가장 잘 나타내는 표현을 찾아볼까요?"라고 물어보면 학생들이 생각하는 잘된 표현보다는 작가의 심정이 되어서 다시 살펴보게 됩니다. 우선 몇 연에 작가의 생각이 드러나 있는지 찾아본 후 가장 중심이 되는 행을 찾아봅니다. 그 다음에 작가가 '이 시를 통해서 독자인 나에게 무엇을 말해주고 싶었나'를 짐작해보면 쉽게 접근할 수 있습니다.

〈중심 생각 찾기 예시〉

아이들과 어떻게 대화(토론) 하면 좋을까?

[토론 전 활동]

1. 암송하며 시 음미하기

여러 활동으로 조각조각 되어 있는 시 전체를 외워서 음미해보는 것이 필요합니다. 시는 외움으로써 완전히 이해할 수 있기 때문입니다. 그렇다고 시를 외우기 위해 숙제를 내준다거나 개인별로 외우는 시간을 줄 필요는 없습니다. 이미 학생들은 여러 번 낭송하고, 질문을 만들고, 줄글로 바꿔 써보는 동안 시의 많은 부분이 자기 것이 되었기 때문입니다. 기억나는 학생부터 한 행씩, 필요하다면 한 구절씩 말하면서 학급 전체가 이어서 암송하면 부족한 학생도 쉽게 참여할 수 있고, 기억나는 것이 없던 학생들도 그 다음이 뭘까를 계속 생각하게 만들 수 있습니다.

교사: 여러분, 시를 한 번 암송해봅시다. 책을 모두 덮습니다. 한 줄도 좋고 두 줄도 좋습니다. 기억나는 사람은 손을 들고 말해볼까요?

학생 1: 구름들이 느릿느릿 산책을 하고 있다.

학생 2: 어떤 구름은 조는지 꼼짝도 않는다.

학생 3: 둘이 붙어가는 구름도 있다.

학생 4: 꼬옥이 빠졌어요.

교사: 맞아요. '둘이 꼬옥 붙어가는 구름도 있다'입니다. 그럼, 그다음은 뭘까요?

학생 5: 산책을 마치고 집으로 돌아가는지 산을 넘어가는 구름도 있다.

교사: 이번에는 처음부터 함께 암송해봅시다.

TIP! 교사도 함께 암송하다가 학생들이 중간 중간 막히는 부분이 생기면 기억할 수 있도록 간단한 발문이나 동작을 통해 도와줍니다.

TIP! 시 전체를 2~3번 암송한 후에는 모둠별로 돌아가며 한 연씩 암송하기, 선생님과 번갈아 한 행씩 암송하기 등 다양한 방법으로 암송을 하면 훨씬 즐겁게 할 수 있습니다.

2. 시를 읽고 감상문 쓰기

시를 감상하고 느낀 점 또는 생각나는 것을 씁니다. 이 감상문이 곧 입론이 됩니다. 감상문을 가지고 토론을 해야 하므로 글에 어느 정도 부피가 있어야 합니다. 왜냐하면 거기서 질문을 만들어내야 하기 때문입니다. (7문장 이상 만든다.)

시를 읽고 느낌을 쓸 때 조심해야 할 것은 '좋았다', '신났다', '아름다웠다'로 간단하게 쓰기보다는 왜 좋았는지, 왜 신났는지, 왜 아름다웠는지 구체적으로 쓰는 것입니다. '여러 가지 느낌이 들었다'가 아니라 그 여러 가지가 무엇인지를 써야 합니다.

〈시를 읽고 감상문 쓰기 예시〉

제목 : '하늘 공원' 동시를 감상하고

이나린

나는 '구름들이 느릿느릿 산책을 한다'에서 '느릿느릿'이라는 표현이 실감났다. 왜냐하면 여러 가지 구름들이 두둥실 느리게 가는 모습이 떠올랐기 때문이다. 또 그 모습이 공원에 산책을 나왔다가 졸려서 공원 의자에서 자는 모습을 뜻하는 것 같아서 웃기기도 했다. 또 '텅 빈 운동장을'에서 텅 빈 운동장이 우리 학교 일요일 운동장과 비슷했다. 그때 나 혼자 운동장을 돌며 매우 심심했었다. 사람이 없으면 외로울 것 같다. 마지막으로 '오늘은 산책 나온 구름이 꽤 많다'라는 문장이 재미있었다. 왠지 한강 공원에서 산책하는 사람들이 떠오르기 때문이다. 하늘이 마치 한강 공원 같은 느낌이 들었다. 약간 부끄러운 것은 둘이 꼬옥 붙어가는 구름이다. 데이트 나온 연인 같기 때문이다.

TIP! 같은 시를 읽고도 학생들이 상상하는 것은 다양합니다. 각자의 생각, 대화, 경험, 실천 등이 다르기 때문입니다. 감상문을 쓴 후에 모둠별로 둘러앉아 친구들의 시 감상문을 돌려 읽습니다. 그리고 학급에서 약속된 평가를 하고 이유를 써줍니다. 같은 시를 감상하고 쓴 글을 친구들과 돌려 읽으면 많은 자극을 받습니다. 자신이 생각지도 못한 다양한 감성에 눈을 뜨기도 하고, 좋은 표현을 보고 다시 느끼기도 합니다. 또 다양한 경험과 실천을 보고 자신의 생활도 반성하며 생각이 점점 깊어집니다.

[토론하기]

3. 모둠 토론하기

모둠 토론은 '서울형토론 모형'을 활용하였습니다. 서울형토론에서는 학생 스스로 학급 논제를 정하고 그 논제를 가지고 모둠별 토론을 진행합니다. 시 감상 수업에서는 논제를 정하는 것은 생략하고 시 감상문을 입론으로 하여 토론합니다. 또한, 모둠 토론은 어떠한 의견이라도 내세울 수 있으며, 상대의 의견에 질문하고 답변하는 등 자유롭고 부담 없는 토론입니다.

〈모둠 토론의 절차〉

1. 모둠은 4인 이내로 구성합니다.

2. 모둠원에게 1토론자, 2토론자, 3토론자, 4토론자로 명명합니다. 1토론자는 2분 이내로 준비한 의견(여기서는 시 감상문)을 발표하고, 다른 토론자는 평가표에 중요 내용을 정리하며 듣습니다.(평가표는 279p 학습지 참조)

3. 1토론자의 발표 내용에 대해 1분 이내로 2토론자가 질문하고 1토론자가 답변을 합니다. 나머지 토론자는 1토론자와 2토론자의 질의응답 내용을 평가합니다.

4. 1토론자의 발표 내용에 대해 1분 이내로 3토론자가 질문하고 1토론자가 답변을 합니다. 나머지 토론자는 1토론자와 3토론자의 질의응답 내용을 평가합니다.

5. 1토론자의 발표 내용에 대해 1분 이내로 4토론자가 질문하고 1토론자가 답변을 합니다. 나머지 토론자는 1토론자와 4토론자의 질의응답 내용을 평가합니다.

6. 2토론자도 2분 이내로 준비한 의견을 발표합니다. 3번, 4번, 1번 순으로 1분 이내의 질의응답으로 토론하고 평가표를 작성합니다. 이후에는 같은 방법으로 4토론자까지 순서대로 진행합니다.

4. 대표 토론하기
[279p 학습지 활용]

대표 토론 형식은 모둠 토론과 같습니다. 시간이 된다면 모둠 토론 후 모둠의 대표를 뽑아 앞에 나와서 대표 토론을 해보는 것도 좋습니다. 모둠 토론을 통해 다른 학생들의 생각을 들어 보았지만, 모둠의 구성원에 따라 토론의 수준이 다르고 4명 내외인 모둠원의 생각이라는 한계가 있습니다. 그렇기 때문에 모둠에서 한 번 걸러진 학생들의 대표 토론은 사고의 깊이와 다양성을 키우고 확장시키는 데 매우 효과적입니다.

TIP! 대표 토론은 모둠의 수가 많은 학급에서는 시간이 오래 걸립니다. 이럴 때는 학급의 모둠 대표 중에서 4명 정도만 대표 토론에 참석시켜서 시간을 줄일 수도 있습니다. 또는, 모둠 대표 모두 대표 토론에 참석시키고 질의응답하는 인원수를 줄일 수도 있습니다. 예를 들어, 7명의 모둠 대표가 토론하고 있다고 하면, 1토론자 입론 발표 후 2·3·4토론자와 질의응답을 하고, 2토론자 입론 발표 후 3·4·5토론자와 질의응답을 하는 방법입니다.

TIP! 나머지 학생들은 평가표를 작성하면서 대표 토론을 보도록 해야 토론에 집중할 수 있고, 입론·질문·답변을 보는 눈도 길러집니다. '입론' 칸에는 각 토론자의 입론을 들으며 중요한 내용을 두세 가지 적습니다. '입론 점수', '질문 점수', '답변 점수' 칸에는 4단계 평가 등 학급에서 정한 방법으로 표시합니다.

〈대표 토론 평가표〉

	1토론자 (김□□)	2토론자 (황□□)	3토론자 (한□□)	4토론자 (박□□)
입론	사람처럼 표현해서 좋았음. 구름이 없으면 날씨가 맑다는 뜻이라서 좋기도 함. 텅 빈 하늘과 텅 빈 운동장이 비슷.	잠자며 코 고는 소리가 들렸음. 자신만의 색깔을 하늘에 칠할 수 있음. 하늘에서 구름이 내려올듯.	구름 학교가 생각남. 하늘 위 구름들과 놀고 싶음. 사람들과 비슷.	구름들이 거의 매일 공원에 나온다고 생각함. 본받고 싶음. 산소 갈 때가 생각남.
입론 점수	9	10	7	9
질문 점수	5, 4, 5	5, 5, 5	4, 4, 5	4, 5, 5
답변 점수	5, 5, 4	5, 5, 4	5, 5, 3	4, 4, 5
총점	37	39	33	36

사회자: ○○초등학교 여러분 안녕하십니까? 지금부터 '하늘 공원을 감상하고 느낀 점, 생각, 상상 나누기'를 논제로 대표 토론을 해보도록 하겠습니다. 먼저 토론자를 소개하겠습니다. (토론자 소개 후) 공정한 토론을 위한 시간 측정에는 ○○○ 님이 수고해주시겠습니다. 판정인께서는 토론을 잘 들어보시고 궁금한 점들이나 자신의 의견들을 잘 메모해두었다가 판정인들과의 질의응답 시간에 말씀해주시기 바랍니다. 그러면 먼저 1번 토론자의 의견부터 들어보도록 하겠습니다. 발언 시간은 2분입니다. 시작!

1토론자: 저는 하늘에 있는 구름을 마치 살아있는 생명체나 사람으로 표현해서 신기하고 재미있었습니다. 특히, 구름들이 산책을 한다고 표현한 것이 가장 재미있었습니다. 저는 하늘에 구름이 없으면 심심하기도 하지만 날씨가 맑다는 뜻이어서 좋기도 합니다. 그리고 시에 나와 있는 것처럼 텅 빈 운동장을 봐도 심심하기도 합니다. 그래서 텅 빈 하늘과 텅 빈 운동장, 둘이 비슷하다고 느꼈습니다. 그래서 더 실감나고 어떤 느낌인지 쉽게 알 수 있을 것 같았습니다.

사회자: 1토론자의 의견 잘 들었습니다. 다음은 2토론자가 1토론자와 1분 동안 질의응답을 하도록 하겠습니다. 시작!

2토론자: 왜 산책하는 구름으로 표현한 것이 제일 좋았습니까?

1토론자: 며칠 전 저녁 때 엄마랑 둘이 산책을 했었습니다. 엄마랑 이야기도 하고 아이스크림도 먹었는데, 그때 좋고 다정했던 경험이 떠올라 산책하는 구름이란 표현이 좋았습니다.

2토론자: 텅 빈 운동장을 본 적이 있습니까?

1토론자: 제가 토요일에 학원 끝나고 집에 갈 때 학교에 두고 간 것이 있어서 들린 적이 있었습니다. 그때 학교 운동장에 사람들이 아무도 없었습니다.

2토론자: 이상입니다.

사회자: 두 분의 말씀 잘 들었습니다. 다음은 3토론자가 1토론자와 1분 동안 질의응답을 하도록 하겠습니다. 시작!

3토론자: 하늘에 있는 구름이 사람처럼 표현되었다고 하셨는데, 이 시에서 어떤 표현이 제일 사람처럼 표현되어 있는 것 같습니까?

1토론자: '둘이 꼬옥 붙어가는 구름'이란 말이 마치 친구들끼리 붙어있는 것처럼 느껴져서 제일 사람 같았습니다.

3토론자:	'구름이 없으면 심심하다'는 것은 무슨 뜻이라고 생각하십니까?
1토론자:	공원에 사람들이 없으면 좀 썰렁하게 느껴지고 같이 놀 친구가 없기 때문에 심심하다는 뜻이라고 생각합니다.
3토론자:	1토론자께서 하늘에 구름이 없으면 심심하기도 하지만 맑다는 뜻이어서 좋기도 하다라고 하셨는데 어떤 뜻인지 자세히 말씀해주십시오.
1토론자:	날이 맑으면 밖에서 많은 것을 할 수 있어서 많이 심심하지 않아 좋다는 뜻입니다.
시간 측정관:	시간이 다 되었습니다.
사회자:	네, 다음은 4토론자가 1토론자와 1분 동안 질의응답을 하도록 하겠습니다. 시작!
4토론자:	만약에 구름이 1토론자의 친구라면 어떤 느낌이 들 것 같나요?
1토론자:	구름이랑 친구여서 신기하고 하늘 공원에 자주 갈 수 있을 테니 좋을 것 같습니다. 또 구름은 힘들 때나 외로울 때 포근하게 감싸주는 폭신한 느낌일 것 같습니다.
4토론자:	1토론자께서는 구름 친구를 시로 어떻게 표현하시겠습니까?
1토론자:	구름은 신기하고 재미있는 친구, 힘든 나를 위로해주는 폭신한 친구라고 표현했을 것 같습니다.
4토론자:	구름의 모습 중 아름다울 때가 언제인 것 같습니까?
1토론자:	하늘과 어우러져 있을 때가 가장 아름다운 것 같습니다.
4토론자:	이상입니다.
사회자:	두 분의 말씀 잘 들었습니다. 앞에 있는 판정단 중에서 질문을 하고 싶은 사람이 있나요? ○○○ 질문해주십시오.
판정단 1:	하늘과 어우러져 있는 구름이 가장 아름다울 것 같다고 하셨는데 예를 들면 어떤 모습인가요?
1토론자:	예를 들면, 저녁에 해가 질 때 붉게 물들어 있는 구름입니다. 그리고 파란 하늘에 아주 하얀 구름이 뭉게뭉게 있는 모습입니다.
사회자:	또 질문하실 분 계신가요? ○○○ 질문해주십시오.
판정단 2:	아까 날이 맑으면 많은 것을 할 수 있어서 좋다고 하셨는데 왜 좋은가요?
1토론자:	요즘 미세먼지가 많아서 운동장에서 체육도 못하고 학교 끝나고 밖에서 놀지도 못합니다. 그런데 미세먼지가 없는 맑은 날에는 체육도 하고 축구도 할 수 있습니다. 그래서 하늘이 맑으면 좋습니다.
사회자:	또 질문하실 분 계신가요? 없으면 2토론자의 입론을 듣겠습니다. 발언 시간은 2분입니다. 시작!
	(이하 논의 과정 생략)

사회자:	이상으로 '하늘 공원을 감상하고 느낀 점, 생각, 상상 나누기'에 대한 대표 토론을 마치겠습니다. 다음은 선생님 말씀을 듣겠습니다.
교사 :	네, 수고 많았습니다. 시를 감상한 후 느낀 점으로 토론을 하니 평소 토론보다 훨씬 여러 가지 다양하게 이야기를 나누는 모습이 인상적이었습니다. 상상력을 요구하는 질문도 좋았고, '나라면 구름을 어떻게 표현했을까' 하는 질문도 좋았습니다. 또 토론을 통해 여러분의 상상이 더욱 구체적이고 풍부해졌구나 하는 느낌을 받아서 기쁩니다.

〈대표 토론을 하는 모습과 판정을 하며 대표 토론을 듣는 장면〉

[표현하기 활동]
이 책을 읽고 어떤 활동을 하면 좋을까?

[창작하기]

1. 대화 글 써서 시로 표현하기

학생들은 한 편의 동시를 깊이 감상하는 동안에 스스로 동시를 써보고 싶다는 생각을 갖게 됩니다. 학생들에게 같은 글감으로 시를 쓰게 하면 다양한 표현을 배울 수 있습니다. 저학년의 경우에는 시의 일부를 바꿔 쓰는 것부터 시작합니다.

우리가 감상한 시는 '자연', '하늘', '구름'을 글감으로 하여 쓴 시입니다. 학생들에게 자연을 대상으로 하여 시를 쓰라고 하면 머릿속에 있는 관념적인 생각으로 지어서 씁니다. 운동장에 누워서 하늘을 바라보며 대화도 해보고 손도 흔들어보고 발도 움직여봅니다. 그런 경험을 바탕으로 대화 글을 쓰고 시로 표현하면 훨씬 실감 나고 표현이 생생해집니다.

<대상(하늘)을 경험하기 수업 장면>

교사와 학생이 운동장으로 나갑니다.

교사: (운동장 한 가운데에 누워 하늘을 본다.)

학생: 선생님, 왜 그러세요? 쓰러지셨어요?

교사: 아니, 하늘을 감상하는 거예요. 여러분도 선생님처럼 누워서 하늘을 감상해보세요.

학생: (교사를 따라 운동장에 눕는다.)

학생: 와! 구름이 빠르게 지나간다!

학생: 저건 태평양이다!

교사: 여러분, 우리 한번 하늘과 놀아볼까요?

학생: 어떻게 놀아요?

교사: 여러분 마음대로 놀아보세요.

(학생들은 하늘과 가까워지려고 팔을 뻗어 흔들기도 하고, 다리를 올려서 차기도 하고, 서로 구름을 잡는다고 뛰면서 재미있게 논다.)

교사: (실컷 놀게 한 후) 모둠이 모여서 구름과 대화를 해봅시다.

(등장인물을 만들어서 대화를 나눈다. 그런 후 그 내용을 각자 공책에 한 쪽 이상 적어본다.)

교사: 여러분이 적은 대화글을 시로 바꾸어 써봅시다.

〈구름과 대화한 내용을 바탕으로 시를 쓴 예시〉

나: 구름아, 하늘 공원은 좋니? 높은 하늘은 추워서 감기 걸릴까봐 걱
　　정이다.
구름: 하늘 공원은 깨끗하고 아주 좋아. 추울 것 같아서 외투를 꼭꼭
　　　입고 왔어.
나: 누구랑 놀러 왔니? 아까는 너의 친구들이 많이 없었는데 지금은
　　너무 많아졌네. 하늘 공원의 풀들이 보이지 않을 정도야.
구름1: 선생님과 친구들하고 놀러 왔단다. 오늘은 하늘 공원으로 견
　　　 학 왔어.
나: 그곳에는 무엇이 있니?
구름2: 해 놀이기구, 달 나무, 별 아이스크림 가게가 있어.
나: 나중에 나도 꼭 초대해주겠니? 해 놀이기구를 꼭 타고 싶어. 또
　　우리 가족과 함께 놀러가도 괜찮겠니?
구름들: 알았어.
나: 아! 가끔씩 해가 너희 친구들한테 가려졌다가 번쩍번쩍 하는데 그
　　건 왜 그런 거니?
구름1: 그건 해 놀이기구가 움직일 때마다 그러는 거야.
나: 우와! 정말 신기하구나!
구름2: 우리 이제 학교로 돌아가야 돼. 안녕! 나중에 꼭 초대할게!
나: 응, 고마워. 안녕!

[다양한 창작 지도]

1. 시의 일부를 바꾸어 쓰기

시의 일부분을 바꾸어 써보는 방법은 저학년도 쉽게 할 수 있는 초보적인 방법입니다. 교사가 중요하다고 생각하는 시구 몇 개에 밑줄을 친 후 자신의 시구를 써보도록 합니다. 이때 바꾸고 난 후 전체의 시를 다시 써보도록 해야 시란 무엇인지 알고, 연과 행에 대한 감각을 익힙니다.

2. 한 연을 창작해서 쓰기

시의 초반에는 주로 대상의 겉모습, 중반에는 대상의 생각 그리고 내가 대상이 된다면 어떤 생각을 할까, 마지막 부분에는 시의 중심 생각(작가의 생각)이 들어있습니다. 시 마지막에 자신이 대상을 경험한 내용이나 대상에 대한 생각을 넣어서 한 연을 창작하라고 합니다. 이렇게 하면 학생들이 쉽게 방향을 잡고 씁니다.

3. 일기를 시로 바꾸어보기

일기는 하루 동안 있었던 일 중에서 가장 인상 깊었던 일과 그 일에 대한 자신의 생각이나 느낌을 쓴 글입니다. 일기를 시로 바꾸어 쓰면 경험하고 느낀 것을 생생하고 솔직한 시로 쓸 수 있습니다. 일기를 한 편 골라 크게 3부분(2~4부분)으로 나눕니다. 한 부분이 한 연이 됩니다. 일기뿐만 아니라 모든 장르의 글을 몇 부분으로 나누어서 시로 표현해볼 수 있습니다.(생활문, 편지글, 동화, 설명문, 기행문 등)

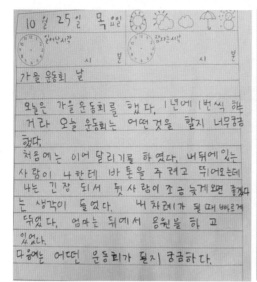

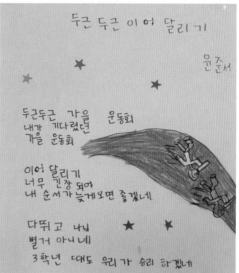

TIP! 일기에 쓰인 내용만으로 시를 바꾸기보다는 일기에 나오는 여러 인물이 서로 대화하고 인물과 사물, 사물과 사물의 대화를 상상해보면 좀 더 다양하고 재미있는 생각을 표현할 수 있습니다. 예를 들면, '운동회가 열렸던 운동장은 무슨 말을 했을까?' 등을 생각해서 써봅니다.

일기 내용을 비유적으로 바꾸어 표현해봅니다. 일기에 '나는 엄마를 사랑한다'라고 썼다면 '엄마를 사랑하는 것을 꽃에 비유해볼까?', '엄마를 사랑하는 마음은 무슨 색일까?' 등을 생각해보고 '엄마를 사랑하는 마음은 빨간 장미꽃'으로 바꾸어 씁니다.

〈학습지 활용법〉

1. 학습지는 기본적으로 본문에 [000p 학습지 활용]이라고 표기해두었습니다.

2. 학습지는 '한 학기 한 권 읽기' 활동 시 복사하여 활용할 수 있도록 제작하였습니다.

3. 학습지는 반드시 활용할 필요는 없으며, '한 학기 한 권 읽기'를 지도하며 필요할 때
   참고 및 활용하면 됩니다.

4. 필요한 학습지들을 모아 워크북 형태로 만들어 활용하면 편리합니다.

'한 학기 한 권 읽기'를 위한

학습지

책 제목과 표지 살피기

_____ 초등학교 _____ 학년 _____ 반 이름 : _____

책의 제목은 무엇인가요?	
제목만 보고 어떤 내용일지 예상해봅시다.	

	눈에 보이는 것	눈에 보이지 않는 것
표지만 보고 어떤 내용일지 예상해봅시다.		

제목과 표지를 함께 살펴보고 어떤 내용일지 다시 예상해봅시다.	

작가에 대해 알아보기

_____ 초등학교 ____학년 ____반 이름 : _____

책을 쓴 사람은 누구인가요?	
책을 쓴 사람에 대해 알 수 있는 것을 찾아봅시다.	
그림을 그린 사람은 누구인가요?	
그림을 그린 사람에 대해 알 수 있는 것을 찾아봅시다.	
책을 옮긴 사람은 누구인가요?	
책을 옮긴 사람에 대해 알 수 있는 것을 찾아봅시다.	

책에 대해 알게 된 것 표현하기

_____ 초등학교 _____ 학년 _____ 반 이름 : _____

책에 대해 알게 된 것이나 떠오르는 것을 만다라트로 나타내어봅시다.

책 제목	

	제목	

	표지	

제목		표지
	제목	
책을 쓴 사람		그림을 그린 사람

	책을 쓴 사람	

	그림을 그린 사람	

책 속의 삽화 살펴보기

_____ 초등학교 ____학년 ____반 이름 : _____

삽화를 살펴보며 이 책의 내용에 대해 짐작할 수 있는 것을 적어봅시다.

삽화1. 책 ( )쪽의 그림	삽화2. 책 ( )쪽의 그림	삽화3. 책 ( )쪽의 그림
삽화4. 책 ( )쪽의 그림	삽화5. 책 ( )쪽의 그림	삽화6. 책 ( )쪽의 그림
삽화7. 책 ( )쪽의 그림	삽화8. 책 ( )쪽의 그림	삽화9. 책 ( )쪽의 그림

삽화를 통해 알아낸 것을 바탕으로 이 책이 어떤 이야기일지 생각하여 적어봅시다.

269

질문 리스트 만들기

_____ 초등학교 ____학년 ____반 이름 : _____

책 속에서 답을 찾을 수 있는 '닫힌 질문'을 만들며 읽어봅시다.

1	
2	
3	
4	
5	
6	
7	
8	
9	
10	

책 속에서 답을 찾을 수 없고, 답이 다양하게 나올 수 있는 '열린 질문'을 만들며 읽어봅시다.

1	
2	
3	
4	
5	
6	
7	
8	
9	
10	

빙고 놀이하며 책 내용과 관련된 문장 만들기

초등학교 _____ 학년 _____ 반 이름 : _____

책을 읽고 떠오르는 책 속의 낱말을 적고 빙고 놀이를 해봅시다.

빙고 놀이에서 나온 낱말을 넣어서 책 내용과 관련된 문장을 만들어봅시다.

등장인물에게 편지 쓰기

초등학교 ____ 학년 ____ 반 이름: _____

책을 읽고, 토론을 하고 나서 알게 된 점, 느낀 점, 생각한 점을 바탕으로 책 속 등장인물에게 해주고 싶은 말을 편지로 써봅시다.

만화로 나타내기

초등학교 _____ 학년 _____ 반 이름 : _____

책을 읽고 토론하면서 알게 된 점, 느낀 점, 달라진 점 등을 생각하며 책에 대한 소감을 만화로 나타내어봅시다.

그림으로 나타내기

_____ 초등학교 _____학년 _____반 이름 : _____

책을 읽고 토론하면서 알게 된 점, 느낀 점, 달라진 점 등을 생각하며 나의 마음을 그림으로 나타내어봅시다.

이어질 내용 상상하기

초등학교 _____ 학년 _____ 반 이름 : _____

책을 읽고, 이어질 내용을 상상하여 글로 써봅시다. 그림과 함께 표현해도 좋습니다.

나의 꿈 만다라트

나의 꿈을 이루기 위해 필요한 것과 그것을 기를 수 있는 방법을 만다라트로 나타내봅시다.

			나의 꿈					

만다라트로 나타낸 뒤의 소감을 간단하게 적어봅시다.

주인공과 나 비교하기

초등학교 ____ 학년 ____ 반 이름 : _____

🧑 주인공과 나를 비교해봅시다.

구분	내가 지겨워하는 일은 무엇인가요?	부모님이 원하시는 나의 장래 희망은 무엇인가요?	내가 원하는 장래 희망은 무엇인가요?
주인공			
나			

🧑 내가 되고 싶은 장래 희망을 한 가지 골라 그림 작가가 표현한 방법처럼 그려봅시다.

일이 일어난 차례 맞추기

 다음 내용 카드를 모둠 친구들과 함께 읽고 이야기의 차례에 맞게 책상 위에 놓아봅시다.

마르콜리노는 오후 3시가 되면 항상 피아노 연습을 시작했어요. 하지만 피아노 치는 것을 아주 지겨워했지요.	하지만 엄마는 마르콜리노에게 훌륭한 피아니스트가 되려면 연습을 더 해야 한다고 말씀하셨어요. 엄마는 마르콜리노가 태어나는 바람에 연습할 시간이 없어서 피아니스트가 되지 못했대요. 그래서 마르콜리노는 엄마를 위해 다시 피아노 연습을 했어요.
일요일, 할아버지께서 엄마의 어릴 적 사진을 보여주셨어요. 마르콜리노는 엄마도 어렸을 때 피아노 치기를 싫어했다는 사실을 알게 되었지요.	다음 날, 할아버지는 마르콜리노를 악기 가게에 데려가서 마음에 드는 악기를 고르게 했어요. 마르콜리노는 튜바를 골랐고 그때부터 날마다 3시가 되면 튜바 연습을 했어요. 훌륭한 튜바 연주자가 되기 위해서요.

※ 내용 카드는 복사하여 잘라서 쓸 수 있습니다.

278

토론 평가표

_____ 초등학교 _____ 학년 _____ 반 이름 : _____

토론을 하면서 중요한 내용을 적고 평가해봅시다.

구분＼이름				
입론				
입론 점수				
질문 점수				
답변 점수				
총점				

찬반대립 토론 사회자 시나리오

찬반대립 토론의 진행 방식은 여러 가지가 있을 수 있으나 여기서는 SEDA(서울초등토론교육연구회, Seoul Educational Debate Association)에서 개발하여 보급한 방법을 제시하였습니다.

*김택신·박순희·안병웅·임광택·조정숙 저, 《생각시리즈 9집》, 서울초등토론교육연구회(2006)의 45p을 참고하여 재구성함.

■ 찬반대립 토론 주제와 규칙 설명
· 지금부터   라는 논제로 찬반대립 토론을 시작하겠습니다. 이 논제를 선정한 이유는 ~입니다. 토론 규칙과 예절을 지켜 끝까지 논리적으로 상대방을 설득하는 토론을 해주십시오.

■ 입론(주장 펼치기)
· 먼저 찬성 측이 주장 펼치기를 하겠습니다. 시간은 2분입니다. 시작!
· 이어서 반대 측이 주장 펼치기를 하겠습니다. 시작!

■ 작전 타임(반론 펴기에 대한 협의)
· 이제 2분간 협의 시간을 갖겠습니다. 양쪽 토론자는 모둠별로 상대측에게 제기할 반론을 준비해주십시오.

■ 반론 펴기(1차 반론)
· 상대측의 주장과 근거에 대한 문제점이나 오류, 불합리한 점, 궁금한 점을 지적하는 시간입니다. 반대 측부터 2분 동안 반론을 펼쳐주시기 바랍니다. 시작!
· 이어서 찬성 측이 2분 동안 반론을 펼치겠습니다. 시작!

■ 작전 타임(반론 꺾기에 대한 협의)
· (   )분간 반론 꺾기를 위한 협의 시간을 갖겠습니다. 질문 목록을 결정하십시오.

■ 반론 꺾기(2차 반론)

· 이제 상대측에게 질문을 하여 진실을 밝히는 반론 꺾기를 시작합니다. 찬성 측부터 ( )분 동안 상대측의 입론과 반론 펴기의 내용에 대해 질문하고 답하는 시간입니다. 지금부터 시작해주십시오!

· 반대 측에서 반론 꺾기를 해주시기 바랍니다. 시작!

■ 작전 타임(최종 변론 협의)

· 최종 변론을 위한 협의를 ( )분 동안 갖겠습니다. 반론을 통해 검증된 사실을 참고하여 입론을 재구성하시기 바랍니다.

■ 최종 변론(주장 다지기)

· 주장 다지기입니다. 반론하기를 통하여 검증된 사실을 참고하여 주장과 근거를 간략하게 마무리하고 자기 편의 주장을 강조해주시기 바랍니다.

· 먼저 반대 측의 최종 변론을 듣겠습니다. 시간은 ( )분입니다. 시작해주십시오.

· 이어서 찬성 측의 최종 변론을 듣겠습니다. 시간은 ( )분입니다. 시작해주십시오.

■ 판정

· 다음은 선생님께서 판정을 해주시겠습니다.

· 판정 결과를 말씀드리겠습니다. 오늘 ＿＿＿＿＿＿＿＿＿＿＿＿＿＿＿＿＿＿＿＿ 라는 논제로 찬성 측과 반대 측 모두 열심히 해주었습니다. 입론에서는 ○○ 측의 논리가 돋보였고, 반론에서는 ○○ 측의 자료 준비, 근거를 들어가며 설득력 있게 주장한 점, 상대의 오류를 정확하게 포착해서 반론하며, 자신들 주장의 타당성을 입증한 점 등이 ○○ 측보다 우세하였습니다.

　　최종 변론에서는 반론에서 주고받았던 결과를 잘 정리하여 다시 한번 자신들의 주장을 강조한 ○○ 측이 우세하였습니다. 그래서 전반적으로 오늘 토론은 ○대 ○으로 ○○ 측이 승리했습니다.

　　승패를 떠나 두 팀 모두 토론 준비와 오늘 토론을 위하여 수고하셨고, 그동안의 노력이 여러분에게는 정말로 좋은 경험이 될 것입니다. 서로 악수로 격려해주시기 바랍니다.

(박수)

찬반대립 토론 준비표

_____ 초등학교 ____학년 ____ 반 이름 : _____

토론 주제	주인공	
주장	( )에 대해 (찬성, 반대)합니다.	
근거		
뒷받침 자료		
우리의 주장에 대해 예상되는 상대측의 반론	→	예상되는 상대측의 반론에 대해 가능한 우리의 반박
상대측 주장		
예상되는 상대측의 근거	→	예상되는 상대측의 주장에 대해 가능한 우리의 반론과 질문

*김택신·박순희·안병웅·임광택·조정숙 저, 《생각시리즈 9집》, 서울초등토론교육연구회(2006)의 52p을 참고하여 재구성함.

찬반대립 토론 기록지

_____ 초등학교 ____학년 ____반 이름 : _____

구분		토론 내용			
우리 입장					
상대측 입장					
입론 (주장 펼치기)	상대측 주장 1		반론 펴기	상대측 주장 1에 대한 반론	
	주장 1의 근거			상대측 주장 1의 근거에 대한 질문	
	상대측 주장 2			상대측 주장 2에 대한 반론	
	주장 2의 근거			상대측 주장 2의 근거에 대한 질문	
반론 꺾기	상대측 입론과 반론 펴기의 내용 요약				
	상대측 주장과 근거에 대한 질문				
최종 변론 (주장 다지기)	우리 주장 정리				
	상대측 반론 요약				
	반론 꺾기				
	예외 상황				

찬반대립 토론 판정표

_____ 초등학교 _____학년 _____ 반 이름 : _____

판정 영역	판정 기준	판정 (O표) 찬성 측 모둠 명		판정 (O표) 반대 측 모둠 명		특기 사항
입론 (주장 펼치기)	1. 토론 주제와 관련하여 입장을 제대로 제시함.		승		승	
	2. 주장에 대한 타당한 근거를 제시하였으며 설득력이 있음(이유, 예, 반례, 통계 자료, 설문 조사 결과, 역사적 사실, 건전한 상식 등)		승		승	
	3. 주요 용어에 대한 정의를 바르게 하였으며 알맞게 사용함.		승		승	
반론 펴기 · 반론 꺾기	4. 상대측의 주장과 근거에 대한 결정적인 반론의 수		승		승	
	5. 정보의 질과 양, 정보 활용 능력, 전달 능력(가시성)		승		승	
	6. 상대측 용어 정의, 근거, 출처, 사실 여부에 대한 확인		승		승	
	7. 질문에 대한 성실하고 적절한 답변		승		승	
	8. 주장과 질문, 답변의 일관성		승		승	
최종 변론 (주장다지기)	9. 타당한 근거를 뒷받침하여 설득력 있게 주장함.		승		승	
	10. 상대측 주장의 부당성과 논리적 약점을 반영함.		승		승	
협력 · 예절	11. 팀원 간의 협력과 역할 분담		승		승	
	12. 예의 바르고 이성적인 태도로 토론함. 토론 규칙 지키기/사회자 존중/높임말 사용/앉아서 하기/ 상대를 바라보고 말하기		승		승	
합 계(승수)						

* 김택신·박순희·안병웅·임광택·조정숙 저, 《생각시리즈 9집》, 서울초등토론교육연구회(2006)의 23~27p을 참고하여 재구성함.

SWOT 분석표

_____ 초등학교 ____ 학년 ____ 반 이름 : _____

SWOT 분석을 해봅시다.

스와트는 강점(Strength), 약점(Weakness), 기회(Opportunities), 위기(Threats)의 네 가지 요소를 이용하여 문제를 분석하고, 대책을 세우는 방법입니다.

(예) – 주인공에게 주어진 기회에 주인공의 강점을 어떻게 이용할 수 있을까?

　　 – 주인공의 강점으로 위기를 어떻게 극복할 수 있을까?

　　 – 주인공에게 주어진 기회를 놓치지 않기 위해 주인공의 약점이 나타나지 않게 하는 방법은 없을까?

　　 – 위기를 피하면서 약점을 감출 수 있는 방법은 없을까?

	강점	약점
	피아노 연습	
	기회	위기

	피아노 연습을 하면	피아노 연습을 하지 않으면
강점(S)		
약점(W)		
기회(O)		
위기(T)		

원탁 토론 사회자 시나리오

■ 지금부터 논제 　　　　　　　　　　　　　에 대한 원탁 토론을 시작하겠습니다.
먼저 1번부터 자신의 의견을 발표해주시고, 발표자의 다음 번호부터 순서대로 논평을 합니다. 자유논평 시간에는 발표자의 의견에 질문이나 동의, 비동의, 보충 의견을 발표할 수 있습니다. 입론이나 자유논평을 할 때는 자신의 생각이 잘 드러나고 이해하기 쉽도록 간결한 문장을 사용하도록 합니다. 그럼, 1번 학생부터 입론 발표를 시작하겠습니다.
(1번 입론이 끝난 다음)

1번 학생의 의견을 잘 들었습니다. 2번부터 자유논평을 시작하겠습니다. 한 사람이 끝나면 다음 사람은 자동으로 시작됩니다.
2번 학생은 자유논평을 시작해주십시오.
(2번 발표가 끝난 다음)

2번 학생의 의견을 잘 들었습니다. 다음 3번부터 자유논평을 시작하겠습니다.
(이런 식으로 계속 반복된다.)

(모든 학생의 입론과 자유논평이 끝난 다음)
모두 수고하셨습니다. 모둠 친구들과의 토론 내용을 바탕으로 수정할 부분은 없는지 생각해 보고 자신의 최종 의견을 정리해보세요. 2분 후 최종 의견 발표를 시작하겠습니다.

(모든 학생의 최종 의견 정리가 끝난 다음)
1번 학생부터 자신의 최종 의견을 발표하겠습니다. 한 사람이 끝나면 바로 다음 사람이 시작합니다. 1번 학생, 최종 의견을 발표해주십시오.

(모든 학생의 최종 의견 발표가 끝난 다음)
모두 수고하셨습니다. 이번 토론 시간이 여러분의 생각에 깊이를 더해 주었을 것이라고 생각합니다. 이것으로 논제 　　　　　　　　　　　　　에 대한 원탁 토론을 마치겠습니다.

원탁 토론 학습지

_____ 초등학교 ____ 학년 ____ 반 이름 : _____

원탁 토론 주제를 적어봅시다.

각 모둠 대표의 의견과 그에 대한 자유논평을 듣고 메모해봅시다.

패널	주장	근거	자유논평
1			
2			
3			
4			

모둠 대표들에게 말하고 싶은 자신의 생각이나 궁금한 점을 써봅시다.

토론 후 토론 주제에 대한 자신의 생각을 써봅시다.

참고 문헌

1. 김혜숙 외, 『지혜로운 생각을 키우는 철학 수업 레시피』, 교육과학사, 2017.
2. 김혜숙 외, 『생각을 키우는 토론 수업 레시피』, 교육과학사, 2011.
3. 김택신·박순희·안병웅·임광택·조정숙 저, 『생각 시리즈 9집』, 서울초등토론교육연구회, 2006.
4. 교육부(교육알리미), 「한 학기 한 권 읽기' 내년부터 시작합니다!」, 교육부, 2017.
5. 서울특별시교육청, 『초등 독서·토론·논술 장학 자료 - 교과서와 함께하는 독서·토론·논술교육』, 2008.
6. Matthew Lipman, 박진환, 김혜숙 역, 『고차적 사고력 교육』, 인간사랑, 2005.